IGLESIAS

EDICIONES RUEDA

INTRODUCCIÓN

Este sí es un tesoro patrimonial como hay pocos en el mundo. En esta ocasión, lo primero es confesar que nuestro libro se nos ha quedado pequeño. Cuando lo planteábamos, reuníamos criterios y redactábamos las primeras relaciones, teníamos en mente reunir los mejores y más hermosos templos de cuantos se levantan en España. Tal cosa es posible, pero para catalogarlos a todos y proporcionar sobre ellos una mínima información serían necesarias muchísimas más páginas de las que disponemos en este volumen, tal es la abundancia de iglesias, oratorios y capillas, y tanta es su calidad y su importancia en lo arquitectónico, lo artístico, lo religioso y lo social. Además, ¿cuáles son las mejores iglesias? ¿Las más antiguas? ¿Las mejor construidas? ¿Las mejor conservadas? ¿Las más suntuosas? ¿Las de estilo más depurado? Fué gracias a los desvelos de Don Rafael Pascual, el polifacético párroco de la localidad de Anguita (Guadalajara), y de Don Felipe Peces Rata, el culto y amabilísimo Canónigo y Archivero de la Catedral de Sigüenza, que dimos nuestros primeros pasos habiendo dejado a un lado los miedos y el exceso de precauciones. El segundo de ellos trazó para nosotros y para nuestros lectores la dirección del camino, y a partir de aquel momento, todo fue andarlo.

Decidimos incluir todas las provincias españolas, y entre los magníficos templos menores que éstas poseen, hemos reunido en las páginas que siguen poco más de ciento treinta iglesias. El lector juzgará si hemos seleccionado las mejores de entre las más antiguas, las visigóticas y las prerrománicas de los siglos VI al XI; si hemos incluído lo mejor de todo el románico (siglos XII al XIII), de gran importancia en nuestra geografía; del estilo gótico (siglos XIV y XV), que también dejó en estos suelos algunas de sus mejores obras; del Renacimiento (siglos XV y XVI), que coincide con el principio de la decadencia del gran imperio de los Austria; o del barroco (siglos XVII y XVIII), cuando las grandes influencias culturales europeas comenzaban a ventilar axfisias de siglos en la cultura española. A estos períodos de la Historia del Arte se limitan las descripciones y templos de nuestra obra.

Sepa el lector que en este viaje que hemos emprendido por las iglesias de España hemos hallado maravillas. Ya es, por definición, una maravilla la traza de un templo, y debe de serlo mucho más construirlo y consagrarlo. Todas las culturas y religiones de todos los tiempos han acotado su espacio para lo maravilloso y lo sagrado, y lo han hecho siguiendo unas reglas estrictas, siempre transmitidas por la tradición y los saberes más antiguos, y ajustándose a complejos ritos y ceremonias de «limpieza» y consagración de los terrenos y de los materiales empleados. No debemos olvidar que los templos son representaciones del ámbito sagrado, y son, por principio, un símbolo, algo que va mucho más allá de una simple definición. Casi todo en los templos tiene, además de una función, un significado, es símbolo de algo que a lo largo de los siglos, aunque pueda parecer contradictorio, se hermetiza tanto como puede manifestarse. Cuestión de sensibilidades, se diría. O de conocimiento. O de ambas cosas al tiempo.

El hecho es que estamos ante el ámbito de lo maravilloso, tanto en lo relativo a lo exterior, a los edificios y su trazado, como a lo interior, allí donde se guarda lo sagrado. Un interior donde prolifera una asombrosa colección de obras del arte más refinado, realizadas en los mejores materiales por los artistas más exquisitos para las más finas sensibilidades de todos los tiempos. Disponer de un tesoro así es un lujo que estamos en la obligación de conocer si queremos conservarlo para el futuro en toda su dimensión. Ojalá que sea así.

Federico Puigdevall
Director Editorial

STA. MARÍA DAS AREAS (Fisterra, A Coruña)

La leyenda cuenta que casi cien años después de la llegada de los romanos a este «fin del mundo», unos extranjeros, portando consigo un cadáver, llegaron aquí en barco desde la remota Jerusalén. Lupa, la reina del lugar, no estaba dispuesta a permitir el desembarco de los extraños, pero se sucedieron prodigios que la llevaron a convertirse al catolicismo, y el cuerpo de Santiago el Mayor pudo por fin llegar al Campo de la Estrella. Así comenzó la vinculación de Fisterra con Santiago y la peregrinación jacobea. Fue para unos puerto de acceso y para otros fin del camino después de haber lavado los pecados ante la tumba del apóstol.

Santa María das Areas se alzaba ya desde el siglo XII sobre lo alto del promontorio de granito que domina el pueblo. La afluencia de visitantes en el siglo XV era tal, que en 1479 se construyó un hospital de peregrinos del que no quedan ni las ruinas. La iglesia ha corrido mejor suerte y se levanta sólida, fuerte, después de haber resistido los asaltos, las guerras y las inclemencias climatológicas.

El acceso se realiza por los restos del pórtico románico. La fachada principal, también románica, está flanqueada por contrafuertes. Los únicos elementos decorativos son dos arquivoltas que enmarcan la puerta, apoyadas sobre columnas acodadas y que cobijan un tímpano liso. Sobre el dintel destaca el escudo de los Altamira, benefactores de la iglesia.

La torre del campanario está formada por tres cuerpos y rematada en pirámide, coronada por una linterna. En el interior, presenta una sola nave dividida en cuatro tramos por tres arcos apuntados de estilo gótico, apoyados sobre semilunas adosadas a los muros que se corresponden con los contrafuertes exteriores. El muro norte y la ventana del testero son de origen románico. Las capillas corresponden a distintos estilos arquitectónicos. Las de Santa Lucía, Ntra. Sra. de las Angustias y San Miguel, son góticas. La del Rosario es plateresca, mientras que la del «Cristo da barba daurada» es ya barroca. El retablo del altar mayor es de Francisco de Antas, quien fue maestro de obras de la Catedral de Santiago en el siglo XVII. También es destacable una estatua sepulcral yacente del siglo XV. Pero en esta tierra de leyendas y milagros, el auténtico centro de la iglesia es el ya mencionado «Cristo da barba daurada», que Vasco Pérez Mariño, obispo de Ourense y natural de Fisterra, encargó al escultor Romay.

Mide dos metros, y la cabellera, los bigotes y la impresionante barba dorada son de pelo natural y están colocados en una cabeza de madera que muestra la boca abierta en un rictus de dolor. El cuerpo, también de madera, ha sido recubierto con espartos y enfundado en lino, al que se le han dado varias capas de pintura. Ese volúmen ha permitido al artista dar una gran realismo a cada una de las heridas. Los brazos y las manos han sido realizados por el mismo método. Su aspecto ha desatado la imaginación popular, y hay quien afirma que le crecen cada día los pelos y las uñas. Hay quien cree que, en realidad, se trata de una antiquísima momia.

A la izquierda, el interior de la nave única de Sta. Mª. das Areas. Arriba, la fachada y el altar mayor, de piedra.

SANTA MARÍA A NOVA (Noia, A Coruña)

Sobre Santa María a Nova o del Don, declarada monumento histórico-artístico nacional en 1973, no hay acuerdo. Afirman unos que es románica de transición y aseguran otros que su sólida estructura es de estilo gótico *mariñeiro*. Hay quienes la definen como iglesia de cementerio y quienes la tienen sólo por una parroquia alrededor de la cual se enterró a los muertos locales; otros, que buscan extraños caminos de conocimiento, como Charpenter, dicen: «era Noia, marcada ya por su leyenda, el lugar donde se conseguía la definitiva iniciación de ese Camino al que desde hace milenios llegan los hombres en busca de conocimiento». Se asegura que las lápidas que rodean la iglesia eran el testimonio dejado por los peregrinos que habían superado el proceso y ascendido a un rango superior, por lo que enterraban allí sus vidas anteriores.

Fue un francés que llegó a obispo de Santiago quien mando edificar Santa María a Nova, sobre una vieja iglesia del pueblo. Agradeció la ciudad de Noia la obra de Berenguel de Landoira dándole posterior refugio entre sus muros, cuando llegaron a Compostela tiempos de revueltas y tropelías.

Desde el exterior, el templo tiene un aspecto robusto y algo achaparrado, aunque aparecen ya los típicos arcos apuntados tanto en puertas como en ventanas y muros exteriores. Sobre la puerta de entrada, un tímpano policromado de la Epifanía, insólito en un recinto fúnebre, introduce entre los adoradores del Niño al obispo Landoira, a la izquierda de la Virgen. Junto a una ventana de la fachada principal están grabadas una cabeza y una vieira. El interior sorprende por su aire de recogimiento. Es de nave única con techo de madera no muy elevado, que se apoya en los arcos transversales de ojiva. El gran rosetón de la fachada es casi la única fuente de iluminación, además de alguna pequeña ventana que sigue los cánones de la tradición románica, la luz se concentra sólo en el altar mayor. El camino avanza entre losas sepulcrales trasladadas desde el cementerio, que se han depositado sobre el suelo del templo. Toda la luz se concentra en el dorado retablo mayor de estilo rococó. A la izquierda, un arco plateresco marca la capilla de los Carneiro, familia de banqueros que se ocupó de las finanzas de la sede compostelana durante el siglo XIV. Está cubierta por una bóveda en forma de vieira y además de los sepulcros de Pedro y Álvaro Carneiro, cubiertos por estatuas yacentes, se han trasladado a su interior armas, restos de sepulturas y otros restos arqueológicos encontrados en Noia y que la han convertido en un pequeño museo. De Pedro Carneiro se sabe que está aquí enterrado porque fue alcalde de la villa y concedió grandes sumas a la iglesia a cambio de un lugar donde reposar eternamente él y su familia. La sacristía que completa el conjunto fue levantada en el siglo XVIII.

La iglesia de Santa Maria a Nova, en Noia, está rodeada de enterramientos y sepulturas muy antiguas.

SANTA MARÍA DE MEIRA (Meira, Lugo)

En el año 994 un pequeño grupo de eremitas que se había refugiado en estas tierras donde nace el Miño, al oeste de la Sierra de Meira, decidieron cambiar su vida solitaria por la oración en común y se constituyeron en orden monacal. Xiraldo, uno de sus primeros abades, fue quien inició la construcción de una pequeña iglesia dedicada al Salvador. A su alrededor, creció una aldea que el rey Alfonso VII otorgó en su día a su vasallo Álvaro Rodíguez, quien a su vez, la cedió al abad de Eixido, que impuso en ella la reforma cisterciense.

En el siglo XII el monasterio había ganado suficientes influencias y riquezas como para decidirse en 1185 a iniciar las obras de un nuevo templo que sería dedicado a Santa María. La cabecera data de esa época, mientras que el crucero se construyó entre los años 1200 y 1205 y finalmente las naves y la fachada central entre 1025 y 1225. Finalmente ya en el año 1258, siendo abad Eimerico, se procedió a consagrar la iglesia y el monasterio adjunto. Su pujanza se mantuvo durante varios siglos y puede decirse que vivió su mejor momento en el siglo XVII, cuando con el nombre de Escuela Superior de Filosofía, se convirtió en uno de los cinco centros de formación de quienes querían consagrar sus vidas a la orden de san Bernardo. Las tropas napoleónicas, cuando invadieron esta zona, lo convirtieron en un hospital de sangre, y en el año 1835 la desamortización de Mendizábal terminó definitivamente con la vida monástica. Mientras parte de los edificios monacales eran utilizados para diferentes fines y actualmente albergan las dependencias municipales, la iglesia continuó como parroquia local y se ha mantenido en perfectas condiciones hasta hoy. En 1931 todo el conjunto fue declarado monumento histórico-artístico.

Sorprendentemente, Santa María de Meira no siguió en ningún momento las normas arquitectónicas que imponía Compostela, por lo que es probablemente el más perfecto ejemplo que se conserva en Galicia del arte llamado borgoñón, propugnado por los religiosos del Císter.

La fachada con trazas románicas del sobrio edificio construido, en el granito característico de estas tierras, se organiza en torno a una portada de arco de medio punto abocinado, que conserva los herrajes originales y está flanqueada por tres pares de columnas acodilladas de muy sencilla ornamentación. Por encima se suceden cuatro arquivoltas con rica decoración vegetal. Encima de estos arcos decorativos se abren simétricamente dos estrechas

La fachada de la iglesia de Santa María de Meira, de traza románica, con su imponente rosetón. Al lado, una de las naves laterales del templo.

ventanas, sobre las que se eleva un imponente rosetón que está adornado con tres círculos concéntricos. Ligeramente adelantada respecto al cuerpo principal de la iglesia, se presenta la torre, con reloj y campanario con espadaña.
El interior del templo está distribuido en planta de cruz latina ccn tres naves de crucero separadas por pilares compuestos y rematadas por una cabecera unida por cinco capillas que incluyen una chirola o sacristía interior. La nave central, de bóveda de cañón, es más ancha y alta que las demás y está divida en nueve tramos por arcos fajones que se sostienen sobre columnas adosadas a los pilares. Las naves laterales, en cambio, están cubiertas por bóveda de arista que se apoya en arcos.
La nave del crucero se cubre con bóveda cuatripartita, apuntada y de nervios. Consta de tres cuerpos en cada brazo separados por un arco, lo que origina tres capillas: la central que sobresale en planta con un tramo recto y otro semicircular y las laterales que son de forma rectangular y tienen un testero común.
El ábside central y los dos absidiolos de cada lado presentan decoración románica, como las puertas norte y sur. Existían en el edificio varas puertas más pero la mayoría, como la que utilizaban obligatoriamente los «conversos» de otras religiones, fundamentalmente judía y musulmana que quisieran participar en las ceremonias de culto, fueron tapiadas en diferentes épocas.
Junto a los muros laterales pueden observarse varios sepulcros. La mayoría pertenecen a miembros de la familia Bolaño, cuyo escudo de armas reproducen. También puede contemplarse una interesante lápida abacial. Pese a los años de abandono, la iglesia ha conservado interesantes retablos, entre los que destacan el del altar mayor, de estilo neoclásico, y el del crucero, del siglo XVII, así como una interesante colección de orfebrería religiosa.

En la fotografía pequeña, arriba, los herrajes de la puerta de la iglesia, que son originales. Junto a estas líneas, la nave central, con el altar mayor al fondo.

SAN SALVADOR (Vilar de Donas, Lugo)

A lo largo de los siglos los líquenes han cubierto los muros de San Salvador, en Vilar de Donas. Y es lógico, porque algunas de sus piedras llevan aquí desde el año 942, cuando fue bendecido un primitivo cenobio en el que deseaban dedicarse a la vida contemplativa un puñado de hombres y de mujeres que deseaban alcanzar la eternidad por caminos de recogimiento y oración. Fué así hasta que en el año 1184 Juan Arias de Monterroso, el propietario del lugar, donó las tierras a la Orden de Santiago, fundada en 1161, cuando Fernando II reinaba en León, por doce caballeros arrepentidos de toda una vida dedicada a los saqueos, los pillajes, las fornicaciones, las borracheras y otros pecados, que decidieron fundar la congregación con dos objetivos: luchar contra los musulmanes y proteger a los peregrinos hacia la ciudad de Compostela de las asechanzas de maleantes, ladrones y asesinos.

En el siglo XIII los caballeros de Santiago vivían sus años de esplendor, y decidieron convertir Vilar de Donas en su Casa Capitular en Galicia y a la iglesia de San Salvador en sepulcro de aquellos de los suyos que morían defendiendo el Camino.

El templo actual está algo apartado del actual itinerario, por lo que muchos no se deciden a desviarse un trecho para contemplarlo. Quienes no cometan ese error encontrarán un sólido edificio, rodeado de campos verdes, mayoritariamente románico y con algunas posteriores modificaciones góticas y cistercienses.

Restos de lo que fue un pórtico románico custodian la sencilla fachada, que se distribuye en torno a una portada con arco de medio punto rodeada por cuatro arquivoltas, las dos exteriores adornadas con motivos vegetales, la central con líneas en zigzag que representarían las olas marinas y la interior con nubes que simbolizan la bóveda terrestre. Por encima, un tornalluvias con arquillos, sobre el que se sitúan las tallas de San Miguel, San Bartolomé y la Virgen con el Niño. Destacan los herrajes de la puerta, que parecen del mismo estilo de los que aparecen en las iglesias románicas del Pirineo aragonés.

Según los cánones de la tradición arquitectónica románica, escasas y estrechas ventanas se abren en los muros para facilitar la entrada de la luz, por lo que el interior se nos presentaría en penumbras a no ser por la iluminación añadida en reformas recientes. La estructura interior es simple: una sola nave de armadura de madera, con planta de cruz latina, tres ábsides semicirculares, el central mucho más grande y un crucero sobre el que se alza un baldaquino de piedra exento, rematado por un castillo, que es el único de este tipo en la arquitectura gallega .

A lo largo de la nave, se suceden junto a los muros los sepulcros de los caballeros de Santiago que aquí fueron enterrados.

Los escultores que habían trabajado en la fachada continuaron la labor en el interior del templo. Son trabajos primitivos, algo toscos, que no profundizan demasiado en la piedra. Ángeles, hombres con alas, grifos, animales fantásticos nunca descritos, se incli-

A la izquierda, la portada principal de San Salvador, en Vilar de Donas. Arriba, dos detalles de los frescos góticos, con la Anunciación.

La tumba de un caballero santiaguista, en la fotografía pequeña; el retablo de piedra con la representación del milagro de O Cebreiro, y las llamadas «pinturas galantes».

nan desde los capiteles hacia los fieles o trepan hacia lo más alto. En un ángulo aparece tallada una espiral que recuerda la de la capilla de Eunate, en Navarra.

El mismo estilo algo elemental pero contundente es responsable del retablo del altar mayor. El autor trabajó aquí el granito para plasmar con fuerza en su zona central una de las imágenes más características de la época románica: el Descendimiento de la Cruz: Jesucristo aparece envuelto en un sudario y a su derecha están la lanza, las varas de los azotes y los clavos y a la izquierda, más varas y otro clavo. En otra zona del retablo hay una referencia a un milagro acaecido muy cerca de aquí, en O Cebreiro. Al parecer se encontraba un religioso de la orden de San Benito oficiando misa para un único feligrés, cuando el sacerdote se preguntó si no sería mejor que ese pobre hombre no se hubiera quedado en casa para comer un trozo de pan y beber un poco de vino, en vez de caminar entre la nieve para acercarse a la iglesia a tomar la comunión. En ese momento, se produjo el milagro y el pan se convirtió en carne y el vino en sangre.

Detrás del altar mayor, se encuentra el ábside principal, en el que se han descubierto unas pinturas del siglo XIV o XV que pasan por ser las más importantes de su género en Galicia y que por sí solas justificarían que en 1931 San Salvador fuera declarado monumento nacional. Al parecer, fueron varios los artistas que trabajaron en estas paredes. Uno de ellos nos dejó una clara referencia «Anno de Mill CCCCXXXIV Petrus Nunii de Turis yo fecit». Es decir: me hizo Pedro Nunni de Turis en 1434. Otras inscripciones mencionan el reinado de Juan II de Castilla. Por su parte, Ángel del Castillo en su *Inventario Monumental Artístico de Galicia,* publicado en 1987, fecha las obras a finales del siglo XV o comienzos del XVI, y lo hace basándose tanto en los vestidos de los personajes como en la escritura gótica que se utilizó para las inscripciones. Las pinturas al fresco se organizan en torno a una imagen de Cristo en Majestad, flanqueado a su izquierda por Pablo y el evangelista Lucas y a su derecha por Pedro y otro de los evangelistas, Marcos. Pero en torno a esta ortodoxa imagen aparecen otras escenas: un grupo de mujeres sonrientes rodea una representación de la Anunciación a María. En otro lugar, damas y caballeros con ropas cortesanas conversan íntimamente. La escena ha desatado la imaginación. ¿Qué hacen estas criaturas risueñas, vestidas con ropajes elegantes y elaborados tocados, entregadas a las delicias cortesanas, en medio de una iglesia dedicada a custodiar hasta el Juicio Final los cuerpos de los guerreros de la fe? Álvaro Cunqueiro quedó tan fascinado por el misterio de estas «donas» que les dedicó algunos de sus escritos.

El erudito gallego Chamoso Lamas asegura que estas pinturas son una restauración o puesta a punto de otras anteriores y que el pintor del siglo XIV sólo reproduciría en un estilo que le era más cercano y conocido las escenas grabadas en la piedra en una época anterior en la que hombres y mujeres convivían libremente en el primitivo cenobio. Como la imaginación es libre, incluso hay quien asegura que Leonardo da Vinci se inspiró en estas «donas» gallegas para crear la sonrisa de su Mona Lisa.

SANTA COMBA (Bande, Ourense)

Santa Comba de Bande, una de las pocas iglesias visigóticas del siglo VII que se han mantenido en pie en la Península, se alza en la sierra do Xurés, en una zona de robledales, granitos, lobos y hasta licántropos, que de todo hay en estas tierras por las que los romanos penetraron en Galicia. Sobre la antigüedad de la construcción hay referencias claras en el *Cartulario de Celanova,* donde se recoge el documento por el que un diácono de nombre Adonyo (Odonyo) hace donación a San Rosendo de algunos bienes, y se indica que el rey Alfonso III había encomendado la repoblación de Galicia a un tal Adoario (Odoario) quien levantó castillos, amuralló ciudades y pobló villas y dispuso de una de ellas a favor de su primo hermano Adoyno: «sita en las orillas del Limia, con sus iglesias que muchos años antes estaban fundadas, una dedicada a Santa María, siempre virgen y la otra a Santa Colomba, virgen y mártir; estas iglesias hacía más de doscientos años que estaban fundadas y estaban deslucidas y sucias». La fecha de la donación es del año 872, que con la modificación gregoriana se convertiría en 910, de lo que se deduce que la iglesia podría ser incluso anterior a San Juan de Baños y a Quintanilla de las Viñas. Fue declarada Monumento Nacional el 11 de agosto de 1921.

Recibió durante algunos años el nombre de Santa Colomba de San Trocado o simplemente San Torcuato, puesto que aquí fueron trasladados los restos del santo desde Acci (Guadix) cuando la ciudad granadina fue invadida por los musulmanes. El sepulcro de mármol, desgastado por las manos y las herramientas de los fieles, que procuraban llevarse una esquirla como amuleto de la buena suerte, se conserva en la capilla, pero el cuerpo fue trasladado al monasterio de San Salvador de Celanova en el siglo XVII. La tradición en Bande y Lobeira considera el traslado un auténtico robo y cuentan que hasta los bueyes se negaban a tirar del carro que trasladaba las reliquias.

La iglesia, orientada de este a oeste, es de pequeñas dimensiones y sus muros están construidos con sillares de granito labrados alineados en hileras irregulares. El tejado de la nave principal está formado por losas de piedra y los de las restantes naves han sido realizados con tejas del país. Las bóvedas están construidas con ladrillos y son de cañón peral-

Santa Comba de Bande es una de las iglesias más antiguas de la Península., Arriba, detalle de un fresco.

tado salvo en la del crucero, de arista capialzada, en el centro de la cual resalta un pequeño cimborrio que proporciona una luz muy matizada. El pórtico tiene tres puertas, aunque una de ellas está tapiada. Sobre ella hay un escudo y una inscripción que dice: «Esta capilla fvndo y doto Gaspar Rodrigues de Arvo i abbad de Santa Comba».

Tiene planta de cruz griega formada por dos brazos de igual longitud, con un ábside un poco prolongado y dotado de una cubierta propia. Posee un atrio que se comunica, a izquierda y derecha, con habitaciones laterales que en su día debieron utilizarse como refugio de peregrinos y como aposento de los religiosos que habitaron en este lugar. El arco triunfal es de herradura y está sostenido por dos pares de columnas con cuatro capiteles con collarinos. Dos de ellos proceden de algún edificio anterior construido en la época romana y los dos restantes son contemporáneos a la construcción del templo. Encima del ábside se encuentra una pequeña cámara a la que sólo es posible acceder a través de una pequeña ventana. La opinión más generalizada es que servía para guardar los tesoros de la iglesia, aunque hay quien opina que se trata de un lugar resguardado para la meditación.

La decoración interior es muy simple y elemental y se limita a impostas cordiformes que recorren toda la línea de los arcos del crucero. La mayor concentración ornamental se produce en el ábside. Una estrecha orla tallada a bisel, arranca de la bóveda y se prolonga a lo largo del muro testero. Los ornamentos parecen haber sido copiados del mundo clásico romano: racimos de uvas, hojas y flores.

De izquierda a derecha y de arriba a abajo, detalle del fresco de la Anunciación; la nave del templo; un arco de herradura, la bóveda, y la orla tallada en la piedra que recorre el muro del testero.

SAN MIGUEL (Celanova, Ourense)

La grandeza del Santuario de San Salvador de Celanova, declarado monumento histórico-artístico en 1931, hace que muchos visitantes pasen por este lugar sin contemplar la joya que se oculta en su jardín: la capilla mozárabe de San Miguel.

El origen de ambos es común y se remonta a Rosendo, santo medieval cuya vida y obras están perfectamente documentadas en una época de guerras e invasiones, de migraciones forzadas por las hambrunas y sobre todo, del gran miedo de quienes creían que con el milenio llegaría el Juicio Final y el momento en que toda la humanidad se presentara a rendir cuentas ante Dios. Fueron muchos los que decidían entonces entregar su vida a la oración, ya fuera como eremitas en apartados refugios o bien en cenobios con reglas de común comportamiento.

Rosendo fue dedicado desde niño a la vida religiosa y sus padres lo encomendaron a la tutela de su tío Alberico, obispo de Mondoñedo. Llegado el momento de la muerte del prelado, el sobrino sucedió al tío y restauró y fundó iglesias y monasterios. Pese a sus trabajos de guerrero y gobernante, sus inquietudes espirituales le obligaban a retirarse durante largas temporadas a alguno de los monasterios de su diócesis y fue precisamente durante la estancia en uno de ellos, Caaveiro, cuando decidió fundar un nuevo monasterio en su solar familiar.

Su hermano, el conde Froilán Gutiérrez, le hizo donación de las tierras que necesitaba en 936. Construido en apenas seis años, fue bendecido en 942. Los monjes y el primer abad, Franquila, llegaron desde el monasterio de San Esteban de Ribas de Sil. En 955, Rosendo se convirtió a su vez en abad, cargo que mantuvo hasta su muerte, ocurrida en Celanova el 1 de marzo de 977. Pero pese a su deseo de retirarse del mundo, no pudo olvidar las inquietudes del gobierno. El rey gallego Ordoño III puso bajo su jurisdicción las tierras entre Riocaldo y Santa María de Ortigueira, y doña Elvira, durante la minoría de edad de su sobrino Ramiro III, le encargó del gobierno y pacificación de Galicia, desde la primavera de 968 hasta los primeros meses del año 969. Dadas la fama y el prestigio de Rosendo, no es extraño que desde el primer momento reyes y nobles concedieran dádivas a Celanova. La madre y los hermanos de Rosendo, Froilán, Muñoz y Adosinda fueron los primeros en facilitarle tierras y bienes y dejaron en herencia gran parte de sus riquezas al monasterio, que prosperó y creció durante siglos.

Isabel de Portugal, la reina que sería Santa, descansó aquí durante la peregrinación a Compostela que emprendió a la muerte de su esposo, don Dionís. Éste fue también el lugar donde Fernando II de Castilla y Alfonso I de Portugal pactaron los límites de su reino. Su fama de santidad hizo que el emperador Carlos lo eligiera como primera opción para su retiro, antes que sus asesores le dirigieran hacia Yuste.

La desamortización acabó con Celanova, que se convirtió sucesivamente en cuartel, cárcel, ayuntamiento, escuela, depósito de sal... Tras la Guerra Civil fue de nuevo cárcel y sirvió de asilo para niños pobres. Hoy, el viejo monasterio ha recuperado parte de antiguas funciones. Es sede del Ayuntamiento, del

La pequeña capilla de San Miguel, en Celanova, construida en el siglo VII, es una de las iglesias más antiguas de toda España.

Abajo, de izquierda a derecha, el arco de herradura con alfiz que da paso al interior del ábside, la cúpula, y el cuerpo central, con el vestíbulo al fondo.

Instituto de Enseñanza Media y biblioteca municipal, y es lugar de oración. Pero ya hemos dicho que quien llegue hasta aquí no debe dedicar todo su tiempo al gran edificio barroco que fue construido entre los años 1661 y 1685 en sustitución del primitivo monasterio de San Rosendo. Hay que rodear la monumental iglesia para llegar a la que fuera huerta del monasterio, detrás de la cabecera de la iglesia barroca, donde se encuentra la capilla u oratorio de San Miguel de Celanova.

Se trata de un edificio de pequeñas dimensiones. Apenas 8,5 metros de largo por 3,85 de ancho y 6 de altura, y pertenece al estilo mozárabe propio del llamado «arte de repoblación». Para su construcción se utilizaron elementos característicos de la época visigótica, como pequeños sillares de granito, escuadrados pero sin llegar a formar hileras. La portada es lateral, está orientada al sur y carece de adornos, con excepción de una inscripción grabada sobre el sillar en la que puede leerse en latín: «Tú, oh Dios, creído autor de esta obra. Tú, oh Cristo, borra los pecados a todos los que aquí oren. La presente memoria recomienda a Froila, tu indigno siervo, quien desea e te conjura, oh bien amado que esto lees, para que hagas memoria de mi, pecador, en la oración sagrada».

El edificio se compone de tres piezas: el vestíbuloo contraábside, la nave y el ábside, que tienen plantas cuadrangulares. El cuerpo central tiene bóveda de aristas de ladrillo que se eleva el doble de altura que el resto del edificio y sobresale también de la nave en forma de crucero, con contrafuertes prismáticos en los muros. Su tejado está construido a cuatro aguas y se apoya sobre modillones lobulados con rosetas, círculos y otra figuras geométricas que recuerdan motivos aparecidos en los castros.

El ábside forma el último cuerpo de la iglesia y está separado del central por un arco de herradura con alfiz y con bóveda galonada con el característico arrabá de las construcciones mozárabes. Este ábside es de planta de herradura, en la parte interior y rectangular en la exterior y tiene cúpula peraltada con sección de herradura. Su tejado se inclina a dos aguas sobre una pequeña cornisa denticulada.

Las ventanitas que hay en los frentes de la nave y del ábside, así como en los testeros del cuerpo central, tienen todas interiormente arcos modillones en forma de herradura, pero las preocupaciones defensivas de una época de guerras y banderías hacen que en el exterior se conviertan en aperturas como saeteras.

Resulta sorprendente que en medio de la multitud de modificaciones que sufrió a lo largo de los siglos el conjunto monacal esta pequeña capilla se haya conservado sin cambio alguno. Tal vez este hecho se debe a que la tradición dice que había sido conservada como oratorio por el propio San Rosendo. Otras fuentes aseguran que durante un tiempo sirvió como hospedería para los monjes peregrinos que solicitaban alojarse en Celanova. En la huerta que rodea la iglesia se han encontrado diferentes lápidas sepulcrales que permiten suponer que durante un tiempo fue utilizada como capilla funeraria.

LA PEREGRINA (Pontevedra)

Esta es la historia de una Virgen que peregrinó no se sabe muy bien cuándo ni desde dónde, para terminar en Pontevedra y competir con imágenes antiguas y prestigiosas hasta ganarse el favor popular y terminar como patrona de hecho, en sustitución de la más veterana Virgen de la Esperanza y de la O. No se ponen de acuerdo las crónicas sobre el origen de la tradición. Pudo llegar con los frailes de San Francisco desde Sahagún, donde se conserva otra capilla que está dedicada a María ataviada como viajera. Su camino puede transcurrir con los peregrinos que recorrían el camino portugués a Santiago que discurría desde Lisboa por tierras de Batalha, Coimbra, y Braga para entrar en Pontevedra por la Porta de Trabancas o da Vila. Otra tradición, aún más antigua, habla de un viaje de María de Belén, que en su vejez se trasladó desde Éfeso a Galicia para visitar el sepulcro de uno de los hijos de Zebedeo y apóstol de su hijo y se detuvo a descansar en la villa romana de Pontus Veteris.

Fuera como fuera, en el siglo XVIII, se constituyó una Cofradía en honor de Nuestra Señora del Refugio y la Divina Peregrina que quedó entronizada en la ermita dedicada a otra imagen viajera, la Virgen del Camino. La competencia entre los cofrades terminó con la salida de los recién llegados, quienes edificaron una nueva iglesia. Los planos y la dirección de la obra fueron encargados a Antonio Souto, que era sargento del Regimiento de Milicias Provinciales, del que no se conoce otra obra. La primera piedra fue colocada en 1788.

En el exterior destaca su fachada convexa, de dos cuerpos el primero de pilastras y el segundo con columnas corintias y rematado con un frontón partido, rematado por la imagen de la Fé. En el cuerpo superior están emplazadas tres imágenes en hornacinas con bóvedas de vieira: San Roque y Santiago custodian a la Virgen, luciendo los tres los ropajes característicos de los peregrinos. El cuerpo central está flanqueado por dos torres gemelas, esbeltas y de dos cuerpos adornados con pináculos.

En el interior puede apreciarse que la planta tiene también la forma de una vieira, en la que se ha insertado una cruz. Dentro de la concha queda inscrito un círculo que está cubierto por cúpula, linterna y cupulín, todo según los cánones del estilo barroco. El altar mayor está presidido por un importante retablo neoclásico rematado en frontón comenzado por Melchor de Prado en 1789, pero murió antes de concluirlo y fueron su hermano Manuel y después Juan Pernas Gambino quienes lo acabaron en 1814. El único motivo para la construcción de este templo circular fue proteger, guardar y servir de lugar de culto a la imagen de la Virgen Peregrina. No se trata de la primitiva imagen barroca realizada en el siglo XVII por Luis Vermel, que por alguna razón que no ha llegado a nuestros días, fue donada por la cofradía a la parroquia de Estás, en Tomiño, donde todavía se la venera. La actual talla de madera fue realizada en el siglo XIX por los maestros de Girona. La Peregrina sostiene en su brazo izquierdo al niño Jesús y sus ropajes siguen la moda de la corte del rey francés Luis XV. El vestido y el manto con esclavina llevan bordados adornos de estilo vegetal, así como vieiras. Cubre la cabeza un sombrero adornado con conchas de peregrino y en la mano derecha porta bordón de romero y calabaza.

La fachada circular de la iglesia de La Peregrina, a la izquierda. Abajo, el interior, con el retablo renacentista.

El templo de San Andrés de Hío, con su famoso cruceiro. A la derecha, el altar mayor.

SAN ANDRÉS (Hío, Pontevedra)

San Andrés de Hío es una pequeña parroquia del municipio de Cangas situada en un privilegiado lugar de las Rías Baixas, que figura en todas las guías turísticas como poseedora del más bello cruceiro de Galicia, como efectivamente así es. Varias obras valoran también, la belleza del conjunto formado por el cruceiro, la iglesia y la casa rectoral, que tiene todo el encanto de un pazo rural. Fue el escultor Cerviño quien recibió en 1871 el encargo de levantar aquí un cruceiro, lo que hizo en el estilo llamado barroco rural gallego. Sobre el duro granito propio de estas tierras, el maestro talló varios grupos escultóricos. En la base se abren unas hornacinas en las que aparecen las ánimas del purgatorio, la Virgen dialogando con su hijo resucitado; y Adán y Eva entre llamas. En el fuste de la columna, de nuevo se multiplican las escenas: María pisa la cabeza de la serpiente, mientras que Adán y Eva descubren su desnudez. Cuatro querubines sostienen el capitel, en el que se representa el descendimiento de la Cruz con la Virgen María y San Juan. Junto a ellos José de Arimatea y Nicodemo, así como las herramientas y escaleras utilizadas para desenclavar a Jesús del madero.

La iglesia parroquial es resultado del trabajo de varias generaciones, que quisieron mejorarla y ponerla al día. Su origen románico es bien visible en la portada. Presenta una estructura abocinada, más destacada por las dos arquivoltas de medio punto y doble bocel, que se apoyan en una imposta. Los capiteles presentan decoración vegetal, salvo uno que luce talla de lazos. Los fustes de las columnas, por su parte, son lisos. La arquivolta que cierra el conjunto tiene forma de banda de pequeños boceles con decoración en arista. En el tímpano aparecen varias figuras de niños sosteniendo libros e instrumentos que rodean un aspa central, en recuerdo de la cruz de San Andrés. Los canecillos que sostienen los aleros del tejado son también románicos y muestran figuras un tanto irreverentes. Finalmente, el conjunto está rematado por un campanario y una cruz latina.

De forma de cruz latina es precisamente la planta de la iglesia. En el interior destaca la combinación de las bóvedas de arista características del gótico, utilizadas en la nave, con las barrocas de casetones empleadas en la capilla mayor y en el crucero. En el altar mayor hay un retablo dividido en tres partes. El cielo está arriba, el infierno abajo y el purgatorio en medio. En el infierno y entre llamas, apareció durante varios siglos una hembra demoníaca dotada de generosos pechos en los que mamaban con entusiasmo sus hijos. La llamada «Dama de Hío» despertó entusiasmos y devociones entre los vecinos, quizá porque muchos de ellos, aunque no creían en meigas, sabían que haberlas, las había y ésta fue siempre tierra de aquelarres y brujerías. En Cangas vivió una de las más famosas brujas gallegas, María de Soliña, que murió en los calabozos de la Inquisición. Y cuentan que cerca, en el arenal de Coiro, se reunían las brujas los noches de San Juan, San Pedro y Nuestra Señora. Cuando visiten la iglesia no busquen a la dama, cayó bajo la acción de un párroco que descubrió que era a ella a quien muchos fieles traían votos.

SANTA MARÍA DEL NARANCO (Oviedo)

Ramiro I sólo fue rey durante ocho años, y quedan muy escasas huellas escritas del monarca que gobernó sobre los valles asturianos y cántabros. Sin embargo Ramiro I ha logrado pasar a la historia, a los documentos de la UNESCO y a las guías turísticas. Gracias a él los españoles sabemos de una montaña llamada Naranco no sólo por las hazañas de los ciclistas o los escaladores, sino por la existencia de esta iglesia singular.
No quiso el monarca dedicar esta ladera meridional del monte, apenas a tres kilómetros de su corte de Oviedo, a los edificios de culto como pensará cualquier viajero actual que observe la escasa distancia que separa Santa María de San Miguel de Lillo. El lugar estaba destinado a su propio asueto. Un lujoso pabellón para cazar. Sólo a finales del siglo XIII, cuando San Miguel sufrió un corrimiento de terreno, el palacio fue consagrado como iglesia. Sin embargo, ninguna bendición pudo acabar con la atmósfera profana del lugar. No es necesaria una imaginación desbordante para adivinar a caballeros y damas contemplando el paisaje desde las armoniosas galerías de la segunda planta.
El edificio tiene dos plantas rectangulares muy alargadas: veinte metros de longitud por apenas seis de anchura. Está construido en piedra sillar bien escuadrada y se levanta sobre una base con la que se igualan los desniveles del terreno. Desde el exterior, las fachadas este y oeste presentan tres pisos que sólo se corresponden por dos en el interior. Son muy similares; la única diferencia detectable es la apertura de tres vanos rematados en arco de medio punto en la planta baja oriental, mientras en el oeste aparece una puerta. Las dos tienen podio, imposta estriada, mirador de triple arquería con arcos de medio punto muy peraltados, otra imposta, una ventana de triple arquería que repite en reducidas dimensiones el arco del mirador, y cubierta a dos aguas. Para subrayar la separación vertical se utilizaron bandas rectangulares de discreto resalte terminadas en medallones que caen en las enjutas de los arcos del mirador. Es esa combinación y la altura de los arcos lo que contribuye a dar a todo el edificio un aire de ligereza que recuerda más a las villas romanas que a otras construcciones religiosas medievales.

El edificio de Santa María del Naranco, en Oviedo, que fue palacio antes que templo. A la izquierda, una galería.

Las otras dos fachadas están conformadas simétricamente a ambos lados de un cuerpo central por dos conjuntos de cuatro contrafuertes. En el lado norte se abre una escalera exterior de dos tiros que permite acceder al piso superior y a los miradores laterales. Probablemente existió una estructura similar en el lado sur, pero ha desaparecido.
En el interior, la planta baja aparece dividida en tres partes. La central está cubierta con bóveda de medio cañón, construida con piedra toba y reforzada con arcos fajones que se elevan desde un zócalo perimetral a la manera de banco. Mientras unos autores aseguran que parece tratarse de una cripta, otros le atribuyen la función de oratorio real y otros simplemente de dependencias de servicio. Las dos habitaciones laterales tienen las mismas medidas que los miradores del piso superior y no están abovedadas sino cubiertas por tablones de madera que se apoyan en los muros. La situada al Oeste está aislada del resto del edificio y sólo se puede acceder a ella desde el exterior. La luz penetra en ella a través de pequeñas ventanas con arcos de medio punto. En la habitación situada al este del edificio hay un baño comunicado con el interior y el exterior y conducciones de agua.
La planta superior está dividida en tres zonas. Las dos tribunas o miradores flanquean la gran sala. Siete arcos de medio punto peraltados aparecen en los muros norte y sur. El arco central que se corresponde con la puerta exterior es el de mayor tamaño y a medida que se alejan de él disminuyen de altura y anchura. Esos arcos descansan sobre grupos de cuatro columnas con fustes sogueados con capiteles de forma troncocúbica de influencia bizantina. Destacan especialmente los capiteles de las arquerías de los muros norte y sur. Tienen collarino con doble sogueado y carecen de ábaco. Las caras frontales y laterales están divididas en campos por otros sogueados. Cada una de las zonas así marcadas fue aprovechada por artistas de la época para tallar felinos, perros, lobos y figuras humanas con algo que tanto podría ser un bastón o una espada, mientras otros personajes acarrean fardos sobre su cabeza. Los expertos quieren rastrear orígenes armenios y persas en estas esculturas que tal vez fueron simple arte figurativo, pero no pueden dejar de reconocer como totalmente autóctonas las lacerías, collarinos y cenefas. Al escultor o escultores de Santa María les cabe también el honor de haber sido los primeros en grabar sobre la piedra la cruz de los Ángeles que todavía es símbolo de Asturias. Por encima de esta arquería, una imposta recorre los muros y sirve de base a la bóveda de medio cañón construida en piedra toba. Está reforzada con siete arcos fajones que dividen la superficie en ocho tramos y se prolongan hacia abajo mediante una faja decorada con figuras humanas en relieve, cruces y motivos abstractos. De las fajas parecen pender treinta y dos medallones de dos círculos concéntricos sogueados. El exterior tiene ornamentación abstracta y en el interior aparecen animales fantásticos de influencia probablemente oriental. El pavimento de la sala está formado por un enlosado sobre el que se superpuso un lecho de cantos. Cuando el edificio cambió su función de pabellón real a capilla, se dispuso en el mirador del lado oriental un ara de altar que seguramente era el que se encontraba en San Miguel de Lillo. Lo que el viajero ve hoy en ese emplazamiento es sólo una copia del original, trasladado para más seguridad al Museo Arqueológico de Oviedo, donde se expone. Tanto en el original como en la reproducción aparece una inscripción alusiva a la consagración del lugar como templo en el siglo IX.
En diciembre del año 1985 la UNESCO declaraba Patrimonio de la Humanidad a este edificio, con San Miguel de Lillo y Santa Cristina de Lena, considerando que la iglesia representa una obra maestra del genio creativo humano.

El interior de la sala principal, de un estilo propio que recuerda las construcciones palaciegas romanas.

SAN MIGUEL DE LILLO (Oviedo)

A menos de trescientos metros de Santa María de Naranco se alza lo que queda en pié de la basílica de San Miguel de Lillo. Parece haber sido edificada aprovechando un edificio anterior, según lo demuestran no sólo algunos elementos arquitectónicos sino la inscripción aparecida en el ara que fue trasladada primero a Santa María y posteriormente al Museo Arqueológico de Oviedo: «renovaste este habitáculo consumido por la vejez». Tal vez porque se aprovecharon los cimientos que resultaron insuficientes para las elevadas bóvedas del nuevo edifico, quizá porque el arquitecto fue más iluminado artista que paciente constructor y erró los cálculos; pudiera ser dicen algunos que por el afán de utiliza materiales sólidos que aguantaran imperturbables el paso del tiempo o simplemente porque las aguas de un riachuelo cercano socavaron los basamentos lo cierto es que a mediados del siglo XIII, una parte de la iglesia se desplomó.

Acudieron los vecinos a rescatar cuando menos el altar, que como dijimos fue trasladado al entonces palacio real de Santa María del Naranco. Posteriormente gentes con mejor intención que arte procedieron a restaurar el lugar. Para ello levantaron un muro para el que aprovecharon las piedras destrozadas y añadieron una cabecera de estilo románico que se estilaba en su época.

Todas esas razones provocan en el actual visitante del conjunto una sensación de falta de armonía que resulta más dolorosa por cuanto éste debió de ser un edificio de proporciones perfectas, resuelta en una relación de 1:3 entre anchura y altura.

La estructura original estaba compuesta por una planta rectangular de unos veinte metros dividida en tres naves, de las que la central era más alta y más ancha que las laterales. La cabecera, de la que no quedan restos, era tripartita. Se accede por un vestíbulo del que parten dos estrechas escaleras por las que se llega a la tribuna real, que está flanqueada por dos pequeñas estancias destinadas probablemente a que los reyes pudieran tomarse un descanso cuando se alargaban las ceremonias. Sobre la tribuna hay otra pequeña estancia que carece de acceso. Varios autores afirman que pudiera haber a cada lado de la iglesia una estructura lateral a modo de transepto o incluso que a través de toda una serie de construcciones auxiliares que al ser de menor calidad han desparecido, estuviera unida con Santa María del Naranco.

Las cubiertas de las naves que todavía subsisten presentan algunas características peculiares. La bóveda de cañón reforzada por arcos fajones que recubre la nave central sigue un eje oeste-este y se alza once metros sobre el nivel del suelo, por lo que el material elegido para su construcción debía ser ligero al tiempo que resistente. La elección fue piedra toba. Las naves laterales, de ocho metros de altura, están cubiertas también por bóvedas de cañón, para las que también se utilizó piedra toba, pero que siguen un eje perpendicular al de la nave central, en dirección norte a sur, con lo que refuerzan la estructura del edificio. Esta distribución de espacios es lo primero que llama la atención.

La separación de las naves del templo se llevó a cabo por arcos de medio punto sobre gruesas columnas. Su presencia es uno de los datos que han

Abajo, San Miguel de Lillo, un edificio de altura sorprendente para su tiempo.

Detalles de una de las jambas de la puerta, y de los arcos, sogueados y medallones de la llamada Tribuna Real.

llevado a los expertos a creer que se aprovecharon restos de un antiguo templo, pues el arte asturiano utiliza pilares. Las columnas descansan sobre basas en las que están representados los cuatro evangelistas y los animales que les sirven de símbolo; sobre ellas se asientan unas arquerías de medio punto con roscas sogueadas. Por encima, continúa la pared maciza hasta alcanzar la bóveda.

La tribuna real se encuentra como ya dijimos, sobre el vestíbulo y centrada en relación a la iglesia. Está cubierta por bóveda de cañón y se comunica por las escaleras con arcos de medio punto. Sobre el muro se abre una ventana cubierta por una celosía realizada en una gran losa de piedra que es uno de los elementos más característicos de esta iglesia que en su momento, debió tener una decoración suntuosa. En todo el conjunto se utilizó la talla en relieve y no en bisel como era común en el arte visigótico. Sobre los basamentos de las columnas se tallaron tetramorfos y monjes escribiendo, semejantes a los que aparecían en las ilustraciones de los códicies importados de los monasterios sajones. Grifos y otros motivos geométricos parecen tener inspiración irlandesa. Existen varios ejemplos del característico sogueado y dibujos geométricos y vegetales cubren capiteles y pilastras.

El interior del templo estuvo en su momento decorado por pinturas murales. Quedan algunos restos en el muro sur, en los que se abandona la decoración romana y aparecen algunas figuras humanas. Una de ellas, con una figura sedente tras la que aparece otra persona de pié es interpretada por algunos autores como la Epifanía más antigua de España. Otros han querido identificar una representación de la Anunciación y en el muro este puede distinguirse la figura de un ángel que tañe un instrumento de cuerda. Probablemente no era el único que aparecía en el conjunto, puesto que el titular de la iglesia es San Miguel el arcángel jefe de las milicias angelicales. Fue éste uno de los primeros templos que se le dedicaron pues su culto comenzó en esos años. En cualquier caso, las pintura murales de Lillo son las más antiguas que se conservan en España. En 1985 la UNESCO resaltó los méritos excepcionales de la iglesia de San Miguel de Lillo y la declaró Patrimonio de la Humanidad.

Las jambas de la puerta de acceso al templo son dos grandes piezas rectangulares de piedra que han sido decoradas con reproducciones de un díptico de marfil, datado en el año 506. En ellas puede verse al cónsul romano Areobindus rodeado por sus lictores, inaugurando unos juegos circenses. Probablemente fue copiado de una pieza que se encontraba en poder de Ramiro I. Quisieron el monarca y el escultor recordar así en los húmedos valles astures que ellos, pese a la humildad de su actual condición, se sentían y sabían herederos del Imperio Romano, no sólo frente a la invasión musulmana, sino sobre todo a la despoblación, la pobreza y la desesperanza que se habían apoderado de las pocas tierras que no tenían como capital a Córdoba.

Mérito tiene además que en apenas ocho años de reinado, Ramiro I se dedicara entre otras cosas a construir edificios de gran belleza. Hijo del rey Bermudo I, sucedió a Alfonso II el Casto, quien construyó el primer santuario dedicado a Santiago en Compostela. Para llegar al trono se deshizo de Nepociano y del conde palatino Aldroito. Su rigor con sus rivales y con todos los delincuentes le valió el sobrenombre de «el de la vara de la justicia».

Frontal de la curiosa iglesia de Santa Cristina de Lena, con un bello nártex que sobresale de la fachada.

SANTA CRISTINA DE LENA (Pola de Lena)

Trescientas sesenta y cinco esquinas dicen los vecinos que tiene esta iglesia. Ni una más ni una menos. ¿Por qué? Ése es uno más de los interrogantes que plantea la iglesia de Santa Cristina de Lena. Además existen dudas sobre las razones que llevaron a su ubicación en este solitario prado entre las parroquias de Vega del Rey y Campomanes, en el municipio de Pola de Lena, camino obligado entre Asturias y León. Tampoco están claras ni la función a que estuvo destinada, ni quién ni cuándo ordenaron su creación. Se encuentra emplazada sobre una elevación que domina la cuenca del río Lena y parece conectar en cadena con toda una serie de atalayas: Castiecho, El Picu Corros, Penderá y Carabanés. Todos ellos han cumplido funciones defensivas desde la prehistoria hasta la última Guerra Civil y la iglesia muestra en sus paredes incluso las huellas de algunas acometidas guerreras.

Varios narradores aseguran que Santa Cristina fue la capilla del antiguo monasterio visigótico de San Pedro y San Pablo de Felgueres, levantado por el abad Flaino. Años después fue restaurada por el mismo maestro del Naranco, aunque muy probablemente la orden no llegó de Ramiro I, sino de su hijo y sucesor Ordoño I que ocupó el trono de Oviedo desde 1850 hasta su muerte en 1866 .

Estamos ante un templo de pequeñas proporciones y apariencia más modesta que los edificios reales de las laderas del Naranco. Se aprecia un volumen compacto formado por un cuerpo central al que se adosa un saliente en cada una de las cuatro caras lo que conforma una planta de cruz latina que la diferencia de las otras iglesias asturianas del periodo, que tienen planta en forma de basílica. Cada uno de los cuerpos de que se compone está cubierto por tejados a dos aguas. El remate de la cabecera es recto, y los contrafuertes contribuyen a dar una impresión de gran solidez al conjunto. A diferencia de los dos edificios del Naranco, aquí el nártex o vestíbulo sobresale de la fachada, lo que relaciona este templo con el de San Julián de los Prados.

El eje principal sigue una orientación este-oeste y sobre él se sitúan la tribuna y el presbiterio, que avanzan hacia la nave central. La tribuna fue edificada sobre el vestíbulo y se accede a través de una escalera que parte de la pared izquierda de la nave. A los lados se abren pequeñas estancias. El conjunto se prolonga en el interior de la nave central.

La cabecera presenta una estructura bastante compleja en el interior ya que aquí puede contemplarse el iconostasio más antiguo que se conserva en España. Se trata de una barrera arquitectónica construida para marcar de una forma física las grandes diferencias espirituales que separan a los simples fieles del clero. En Santa Cristina de Lena ese espacio destinado a los sacerdotes aprovecha la diferencia del terreno y remarca la importancia de su cometido al estar situado a mayor altura que el resto del templo.

Detalles y conjunto del iconostasio. A la derecha, las escaleras que ascienden a la tribuna y al espacio sacerdotal, vistas desde un lateral del templo.

La simbólica barrera de separación esta remarcada por tres arcos dobles que se apoyan sobre columnas con fustes de una sola pieza y capiteles de orden corintio, y han sido adornados con espirales acordonadas. En los tímpanos aparecen celosías de un diseño semejante a los de las iglesias del Naranco. Bajo los dos arcos laterales, sendas escaleras de siete peldaños permiten alcanzar el presbiterio. El arco central aparece cerrado por un cancel. Está compuesto por dos placas unidas por una pieza central. La decoración a base de racimos estilizados, cruces, ruedas y espirales, permite identificarlas como visigodas. Sólo una de las inscripciones que presenta es legible en la actualidad y dice *«Offeret Flainus abba in onore Apostolor d i s c or Petri Pauli»*. Parece pues que estamos ante una pieza original recuperada del viejo monasterio edificado en tiempos visigodos para honrar a los dos santos.
La nave principal tiene cinco tramos de los que dos están ocupados por la tribuna y el presbiterio. En los muros norte y sur, arcos ciegos se apoyan sobre columnas simples de fustes lisos y capiteles troncocónicos divididos por molduras sogueadas. En cada uno de los triángulos así marcados se representan figuras humanas con bastones y felinos. La estancia esta cubierta por una bóveda de cañón reforzada por cuatro fajones que descansan sobre impostas. A los lados de la nave central se abren dos espacios que podrían haber sido destinados a sacristía. También están cubiertos por bóvedas de cañón pero que siguen un eje perpendicular al de la cubierta de la nave central, técnica que parece reproducir los esquemas de San Miguel de Lillo.
Otro elemento de la decoración del templo que parece haber sido aprovechado de una construcción anterior son las dos columnitas centrales de la ventana que mira hacia oriente. En vez de capiteles tiene dos búhos formados por un material marmóreo, blanquecino y mate que poco tiene que ver con la piedra toba del resto de la construcción. Pudieron pertenecieron a un edificio romano o anterior.
Sobre cómo llegó la advocación de Santa Cristina a esta iglesia perdida en las tierras astures donde su devoción es casi desconocida, existen leyendas que remiten a una joven cristiana, hija de un prohombre pagano, que quería consagrar a Dios su vida y cuyo padre se opuso a que la muchacha entrara en un convento. Ni las amenazas ni después el aceite hirviendo pudieron acabar con la fe de la joven que murió en el martirio y se convirtió en Santa Cristina. Otras historias prefieren explicar que la imagen actual se encontraba en lo que fue Santa Cristina de Xomezan, hoy un despoblado sin vecinos, y que fue trasladada a la iglesia de Lena.

SANTA MARÍA (Castro Urdiales, Cantabria)

Tiene algo de fortaleza que ofrece refugio contra los males que lleguen por mar o por tierra. Se yergue en un promontorio que se alza sobre el mar, haciéndole la competencia al faro que ilumina a los navegantes. Fue Alfonso VIII, el rey que repobló y fortificó la costa cántabra en el siglo XIII quien la mandó construir siguiendo las normas del gótico. Impresiona su mole más de catedral que de iglesia de pueblo costero, aunque conviene recordar que Castro Urdiales vivía en esa época un momento de especial riqueza como consecuencia del comercio marítimo. Su emplazamiento junto al mar es probablemente la causa fundamental del deterioro que a lo largo de los siglos ha sufrido. En su construcción se empleó arenisca de grano fino, de color variable, originaria de la zona.

Desde el exterior destacan los grandes ventanales con arco gótico y el rosetón que ilumina la nave central. Una cornisa separa los dos cuerpos de la fachada con todo un muestrario de cabezas humanas, animales, hojas y seres fantásticos. Dos torres macizas enmarcan la puerta, también visiblemente deteriorada por la sal marina. La rodean cuatro arquivoltas que no parecen haber sido decoradas.

La iglesia es de planta basilical con tres naves paralelas y un ábside poligonal al que se abren tres capillas laterales. La nave central es de gran altura.

El altar mayor y el triforio de la iglesia de Santa María, en Castro Urdiales. Abajo, el templo visto desde el exterior.

Los basamentos de los pilares están muy separados del arranque de los arcos de la bóveda, efecto buscado por el arquitecto para aumentar la impresión de amplitud del conjunto, pero que perjudicó a la estabilidad y obligó a reforzarlo con arcos en voladizo en el siglo XVI. Los capiteles están adornados con motivos vegetales.

Las bóvedas son ojivales con cuatro plementos en las naves secundarias y ocho en la principal. La cabecera tiene un tramo recto y otro en forma de decágono partido por la mitad, con tres capillas separadas por tramos rectos. En uno de estos tramos se abrió en 1612 una capilla de planta cuadrada. En el siglo XIX Eladio Ladero levantó en el muro del Evangelio una capilla dedicada a San José. Anteriormente, se habían abierto en el muro de la Epístola otras dos construcciones: la capilla octogonal de Santa Catalina y la puerta de los hombres, neoclásica. El triforio es de gran riqueza, con tracería. Preside la iglesia la imagen de Santa María la Blanca, talla en piedra del siglo XIII que muestra a la Virgen sentada con el niño sobre el brazo izquierdo y una vara florida en la derecha. Porta corona de ocho placas con talla de cinco piedras en cabujón. La imagen apareció junto con tres tallas góticas del siglo XIV que representan a los Reyes Magos, escondida en una capilla que había sido tapiada. Las leyendas del lugar dicen que fueron los habitantes de Castro Urdiales los que la ocultaron así para que no las robaran los ejércitos napoleónicos.

No es ésta la única escultura de valor que conserva. Destacan un Cristo crucificado del siglo XIV y varias imágenes barrocas del XVIII, entre las que sobresalen un Cristo yacente que muestra el estilo de Gregorio Fernández y un Cristo de la Victoria atribuido a Domingo de la Rioja. En el retablo de la capilla Carasa hay un Cristo en agonía obra de Zurbarán.

STA. JULIANA (Santillana del Mar, Cantabria)

En el siglo IX, un grupo de monjes seguidores de la regla de san Benito llegaron a una pequeña llanura cercana a la costa y resguarda por las montañas de los peligros que podían llegar desde el mar. Con ellos viajaba un féretro en el que se hallaban los restos de una mártir, de nombre Juliana, que había perecido durante la persecución de Diocleciano, en Nicomedia de Bitinia, hoy Turquía. Levantaron una ermita y un primitivo monasterio y pronto recibieron ayuda de los nobles del lugar. A principios del siglo XII construyeron una iglesia románica y poco después se pasaron a la orden de canónigos de San Agustín. Del nombre de la santa, Iuliana, tomó el suyo la población que creció alrededor para convertirse en Santillana de Mar.
Las épocas de prosperidad llegaron y pasaron y Santillana y su colegiata se hundieron en el olvido y la miseria. En 1879 llegó a la aldea un periodista canario, pintor y crítico, que iba a convertirse en el novelista español más importante de su siglo: Benito Pérez Galdós. Es su primera visita a la localidad y llega hasta la iglesia, cerrada para evitar que el ganado paste en su interior. La visita le conmueve y comienza una campaña junto a su amiga Emilia Pardo Bazán, para salvar ese tesoro. Lo consiguió. En 1889 Santillana fue declarado monumento histórico nacional y comenzó la rehabilitación. La casualidad hizo que el mismo año Marcelino Sáinz de Sautuola descubriera las cuevas de Altamira.

Una amplia escalera de piedra enmarcada por dos leones permite el acceso por el muro sur. La visión resulta impresionante por el volumen de la construcción y por el tono dorado de la sillería arenisca. Algunas construcciones como la logia con quince arcos sobre el muro sur, fueron añadidas en los siglos XVI y XVII. En cambio, la torre cilíndrica pertenece a la construcción románica. La portada principal se cubre por sencillas arquivoltas coronadas por figuras en relieve, muy deterioradas. En medio destaca un Pantocrátor sostenido por cuatro ángeles en vuelo. Por encima hay un frontón de época renacentista, con una hornacina donde se encuentra una imagen de Santa Juliana pisando al demonio.
La iglesia presenta planta de tres naves de las que la central es mayor y más alta. Cada una de las naves laterales acaba en una pequeña capilla. Otra nave alta corta la primera en cruz y crea así una planta de cruz latina. La iglesia se divide en

La fachada de la iglesia de Santa Juliana, en Santillana del Mar. A la derecha, un detalle del Pantócrator, sostenido por cuatro ángeles.

cinco tramos de los que el último corresponde al crucero. Las bóvedas son de crucería simple y fueron colocadas en el siglo XIII en sustitución de las primitivas de madera. El crucero está cubierto en los lados con bóvedas de cañón y con cúpula de pechinas en el centro. Pilastras cruciformes que adosan medias columnas con sus capiteles separan las naves. Éstos presentan escenas bíblicas como Adán y Eva, luchas de guerreros legendarios, entre los que destacan San Jorge con el dragón y motivos grotescos y sexuales. En el ábside de la izquierda hay un bajorrelieve de santa Juliana que también aquí domina al demonio; en el de la derecha se representa a una Virgen con el Niño.

En la capilla mayor destacan un frontal de plata elaborado en México en el siglo XVII, y cuatro Apóstoles de piedra tallados en un románico muy primitivo que quizás pertenecieron a la fachada hasta la construcción de la logia. El retablo hispano-flamenco es del siglo XVII y tiene una predela de madera tallada y policromada con los cuatro Evangelistas. En el baptisterio destacan un gran Pantocrátor y la pila bautismal, del siglo XII, en la que está tallada la escena bíblica de Daniel en el foso de los leones.

En la nave central de la colegiata se encuentra el sepulcro de Santa Juliana, esculpido en el siglo XV. Otro monumento funerario notable es el sarcófago de la infanta doña Fronilde, en la nave de la derecha, cerca de la sacristía. Toda su superficie está adornada con flores de seis pétalos y dibujos geométricos. La sacristía se levantó con la logia de la fachada en el siglo XVII, y en ella se guardan una cruz procesional del XV y una rica colección de vestimentas litúrgicas y capas originarias de los siglos XVI y XVII.

Para concluir la visita hay que ver el claustro, construido a finales del siglo XII. Lo componen catorce arcos de medio punto, sustentados por grupos de cuatro columnas. El muro oriental desapareció hace años y ha sido reconstruido. Sus capiteles presentan toda la riqueza de la escultura románica: apóstoles, Daniel con los leones, el bautismo de Jesús y la decapitación de San Juan Bautista, caballeros y damas, perros y leones, motivos vegetales y geométricos, escenas de la vida cotidiana y ángeles, muchos ángeles en diversas escenas. El claustro ha sido varias vaces restaurado y ya no cumple las funciones de osario de pueblo, aunque conserva tumbas como el sarcófago de Pelayo, obispo de Oviedo en el siglo XII. Entre los muros sur y oeste se levanta una capilla de estilo gótico avanzado.

Un torreón circular de estilo románico, al fondo, y la gran logia renacentista. Abajo, dos alas del claustro, construido a finales del XII.

SANTA CRUZ (Castañeda, Cantabria)

Un crucero del siglo XVII tallado con trazos toscos marca el comienzo del camino que conduce a la colegiata de la Santa Cruz, en Castañeda. Aunque sus referencias se han perdido, porque varios incendios destruyeron los archivos del lugar, se sabe que la comarca fue feudo de la familia Lara y dependió después de los reyes castellanos. Cuando Alfonso XI murió en el sitio de Gibraltar, Castañeda fue heredado por su hijo don Tello. En 1420, también por herencia, se convirtió en un condado de la casa de los Manrique. Un documento del siglo XII hace referencia al abad «Iohannis de Santa Cruz de Chastanieta» y es precisamente esa época la que corresponde a su estilo, aunque el edificio sea una reconstrucción realizada sobre uno anterior. El templo original era de nave única con tres ábsides, pero en el siglo XIII se le añadió una nave transversal en el lado norte y en el XVIII uno de los ábsides fue sustituido por la capilla del capitán Juan de Frómesta. El acceso se realiza por la fachada oeste. La portada es grande y profunda. Está rodeada por ocho arquivoltas que se apoyan sobre un cimacio con decoración de palmetas. Un artista talló en los capiteles toda una variedad de animales, entre los que destacan serpientes y felinos, aunque los años y la acción del viento han destruido buena parte.

En la fachada norte, protegida por un soportal del siglo XVII, se abre otra puerta doble con arcos apuntados cuyos capiteles están adornados con motivos vegetales y seres mitológicos como arpías y centauros. Esta puerta es el acceso más fácil a primera ampliación de la colegiata, de comienzos del siglo XIII. En la zona sur se levanta una torre en dos cuerpos, el superior algo más estrecho que el inferior, con ventanas dobles divididas por columna, que está rematada por una cornisa lisa a la que sostienen canecillos decorados. Hay que recorrer los muros exteriores para observar el ábside principal, con ocho arcos de medio punto con capiteles y guardapolvos decorados.

Al entrar sorprenden dos cosas: el tamaño del templo, superior a la mayoría de edificios románicos que se conservan en España, y el Cristo crucificado del siglo XIV que cuelga sobre el altar. El edificio tiene planta de cruz latina de una sola nave y transepto en el que se abrían los tres ábsides. La bóveda fue modificada en el siglo XVI. La cúpula del crucero está sostenida sobre trompas apoyadas en arcos torales adornados con animales y dibujos geométricos. A la derecha de la cabecera se abre la capilla construida por el capitán Frómesta en 1706. En el lado opuesto se encuentra el retablo mayor, del siglo XVII. Entre los sepulcros destaca el del abad Munio González cuya estatua yacente cubre el sarcófago del siglo XIV sostenido por leones.

La colegiata de Santa Cruz de Castañeda y el interior de su nave central, con el ábside principal. A la derecha, un capitel románico con animales.

SAN PEDRO (Cervatos, Cantabria)

Toda la historia del monasterio románico de San Pedro de Cervatos aparece recogida en una copia del actualmente desaparecido *Cartulario* que realizó en 1778 el notario del rey, Fernando Fernández Andrade. Según esta misma copia, el primer abad se llamaba Juan y queda constancia de los nombres de otros doce abades anteriores al siglo XV. Su importancia fue considerable durante toda la Edad Media y llego a poseer iglesias y heredades en tierras situadas muy al sur de Burgos. La decadencia del lugar comenzó en el siglo XIV y avanzó inexorablemente a lo largo del XV. Tras siglos de desidia y abandono, la colegiata se benefició del interés por el románico cántabro despertado a finales del XIX y en 1895 fue declarada monumento nacional. Entre los años 1901 y 1904 Manuel Aníbal Álvarez emprendió una restauración que devolvió al conjunto buena parte de su esplendor.
San Pedro de Cervatos aparece como un viejo edificio del que sobresale la torre del campanario. Uno de sus elementos más destacados es la puerta principal. Está situada en el muro orientado a mediodía, resguardada por un terajoz. La portada está resaltada por un arco de medio punto y rodeada por tres arquivoltas que parten de cada una de las tres columnas que se sitúan a ambos lados de la puerta. Los capiteles están decorados con representaciones de animales. El dintel se forma con dos arquitrabes superpuestos y monolíticos y está decorado con dos fajas paralelas. En la inferior, fueron tallados vegetales con hojas de cinco pétalos, mientras que en la superior aparecen grupos de leones. El tímpano parece un bordado oriental apenas calado, se cubre con tres lajas verticales y está decorado también con motivos vegetales semejantes a los de la faja inferior. A cada lado de las enjutas del arco exterior se incrustaron tres tallas de piedra.
De nuevo vemos repetido en estos muros un tema muy popular en la Edad Media y que aparece en las restantes colegiatas: Daniel en el foso de los leones, una imágen considerada un símbolo de la resurrección después de la muerte, que atrajo por su elementos dramáticos a los canteros medievales. Comparten el protagonismo con Daniel en la portada, representaciones de Adán y Eva, un obispo, una imagen de María sentada con el niño en brazos, el arcángel San Miguel venciendo a Satanás y el titular del templo, San Pedro. Por encima de estas esculturas, la cornisa se corona con trece canecillos

La hermosa colegiata románica de San Pedro de Cervatos. Abajo, detalle de un pequeño capitel en una de las ventanas del ábside.

Detalles de una escultura en el exterior, un capitel con animales entrelazados, una capilla y el interior del ábside, a la derecha.

que ostentan cabezas de animales, y varias de esas escenas subidas de tono que tanto gustaba realizar a los canteros de la época en los lugares más apartados. Los interesados en conocer lo poco que han variado los juegos eróticos en los últimos mil años, deben llevar unos prismáticos o una cámara con un potente zoom. Las metopas entre los canecillos también están profusamente decoradas. En este mismo muro sur, por encima de la puerta, se abren también dos ventanas no simétricas, situadas a distinta altura y con arcos de medio punto protegidos por guardapolvos muy decorados. Las dos tienen capiteles muy trabajados. Los de la derecha forman otro grupo erótico, mientras que los de la izquierda presentan animales enfrentados. La cornisa de este muro se sostiene por otros veinticuatro canecillos en los que la imaginación del autor produjo toda una pléyade de personajes reales y fantásticos, entre los que destacan saltimbanquis y tocadores de arpa.

Antes de entrar en el templo, conviene admirar la torre del campanario, edificada posiblemente a finales del siglo XII por el abad Martín para celebrar la consagración del obispo Marino de Burgos. Es una construcción prismática de tres cuerpos, con arquerías ciegas apuntadas en el segundo y troneras ya apuntadas en el tercero, que se apoyan en capiteles corintios en los que fueron tallados arqueros, centauros y otros animales mitológicos.

En el interior, la iglesia es de una sola nave con bóveda de crucería que probablemente pertenece al siglo XV, cuando fue sustituida la primitiva cubierta de madera por una más sólida de piedra.

El ábside semicircular es alto y está dividido en tres cuerpos verticales separados por altos contrafuertes hasta la línea de imposta. Se apoyan en ellos los fustes monolíticos de columnas que están rematadas por capiteles decorados con espirales, hojas y animales. Sobre los capiteles y los canecillos se sitúa la cornisa desde la que se levantan diez arquerías ciegas. En cada cuerpo del ábside se abre una ventana de medio punto protegida, como las del muro meridional, por guardapolvo. Dos originales ménsulas-capiteles sostienen el arco del triunfo, que lleva como ornamentación animales superpuestos.

A la izquierda de la nave, se abre una capilla cubierta por una bóveda decorada en la que puede leerse: «Pavper svm ego. Et in laboribus a yubentute mea qvonian in flagela paratvs svm», que traducido del latín medieval quiere decir: «Yo soy pobre y probado en sufrimientos desde mi juventud puesto que he sido preparado para los azotes». Esta curiosa inscripción rodea un cesto en el que aparecen los instrumentos del martirio de Cristo. La iglesia conserva otros elementos de interés, como una valiosa imagen de la Inmaculada Concepción de Felipe Cuetos, discípulo de Gregorio Fernández, de 1673, o el retablo del altar mayor, con imágenes del culto a la Vera Cruz, atribuido al mismo autor.

SAN SEVERINO (Balmaseda, Vizcaya)

Balmaseda es la capital de la comarca de Las Encartaciones, en el límite entre Vizcaya y Cantabria. Un tanto apartada siempre del resto de Euskadi, su situación privilegiada la convirtió en plaza fuerte, mercado, parada del Camino Real y estación de ferrocarril, pero también le ocasionó disgustos considerables, como cuando fue arrasada por las tropas napoleónicas o se convirtió en plaza fuerte carlista frente a los embates isabelinos.

En el siglo XV se levantó junto a la muralla, en un campo que desde entonces se convirtió en el centro de la villa, una iglesia dedicada a un santo de inspiración jacobea, San Severino, cuya fachada principal se organiza en torno a una puerta rodeada por arquivoltas apuntadas. A ambos lados del pórtico se abren ventanales góticos de distinta anchura. Un gran rosetón situado sobre la puerta remata el centro de la fachada y proporciona iluminación al interior. Las reformas ejecutadas en el año 1730 por La Incera en estilo barroco contribuyeron a añadir altura y movimiento al conjunto.

La torre del campanario es de 1726, y sus tres cuerpos barrocos van disminuyendo en anchura y están rematados por una linterna del mismo estilo.

En el interior, el templo se abre en tres grandes naves abovedas sostenidas por tres columnas a cada uno de los lados. La nave central, más elevada, está cubierta por bóveda de crucería de ocho paños y cuatro arcos. Las dos laterales tienen bóvedas, también de crucería con cuatro paños y dos arcos. Las columnas están rematadas por capiteles en los que se entrelazan figuras humanas, animales y vegetales. El ábside tiene siete lados, y está cubierto con bóveda radial y vanos geminados entre los que se abren vidrieras realizadas que, a pesar de su aspecto gótico, están realizadas a finales del siglo XIX. Junto a los muros destacan cinco enterramientos. Los más interesantes aparecen en el segundo tramo del lado sur donde, bajo arcos apuntados con chambrana de vegetales y pináculos vacíos, duermen su eterno sueño un hombre y una mujer que el escultor atavió con vestimentas propias de burgueses acaudalados.

En las diferentes reformas que se realizaron en los siglos posteriores se añadieron al templo tres capillas, entre las cuales la del centro resulta la más interesante. Sobre el altar destaca un también un retablo de estilo plateresco que los especialistas creen salido del taller del maestro Guiot de Beaugrant. Otro de los tesoros de la iglesia es su órgano Cavaillé Coll, del año 1892.

La fachada de San Severino, en Balmaseda, con dos grandes ventanales góticos y un rosetón. Al lado, el interior de la nave principal.

SAN PEDRO DE TAVIRA (Durango, Vizcaya)

La historia no deja claro cuál de los dos Sanchos sucesivos que reinaron en Pamplona fundó la villa de Tavira en la merindad de Durango. En la duda, puede el lector elegir a su gusto si prefiere al VI de los mismos, que reinó entre 1150 y 1194, emprendió guerras con sus vecinos, firmó satisfactorios tratados de paz, rebajó los impuestos, socorrió a los necesitados, fomentó los estudios en el clero y la nobleza, protegió las artes e introdujo en Navarra el principio de indisolubilidad del matrimonio. Por todas estas razones se le conoce como El Sabio. Su hijo y sucesor, que añadió al nombre el ordinal VII, fue un rey amigo de los almohades. Enamorado de la hija de un emir, vivió en África y combatió en sus filas. A su vuelta luchó contra Castilla, que había invadido su territorio. Años después formó parte de la alianza cristiana y combatió en las Navas de Tolosa, donde ganó las cadenas que aún adornan el escudo de Navarra. Por todo ello se ganó el apelativo de El Fuerte. De modo que ya saben, un rey Sabio o un rey Fuerte fundó en 1095 Durango en un pequeño templo que todavía subsiste, considerado el más antiguo de Vizcaya: San Pedro de Tavira. En 1105 Alfonso VIII de Castilla ocupó el condado y la villa pasó a formar parte de Castilla.

La vida de la población no iba a ser fácil. El siglo XV fue especialmente tumultuoso. Tres familias, los Ibargue, los Zaldíbar y los Unzueta protagonizaron luchas banderizas que obligaron a fortificar muchas casas de la localidad. A mediados de este siglo se produjo un suceso que marcó la historia local. Todo comenzó con la llegada de Alonso de Mella, un fraile de la orden de San Francisco, nacido en Zamora y hermano del cardenal Juan de Mella. Su predicación denunciaba la acumulación de riquezas, discrepaba sobre la interpretación de las escrituras, denunciaba los abusos de los obispos y las declaraciones del Papa y anunciaba la llegada del Espíritu Santo que implantaría un reinado de amor. Muchos le siguieron. Tantos que las autoridades eclesiásticas y civiles tomaron cartas en el asunto. Más de cien hogueras elevaron hasta el cielo de Durango las cenizas de los «iluminados». Algunos consiguieron escapar, como fray Alonso.

La iglesia de San Pedro vivió también avatares de la historia que contribuyeron a su deterioro. Hoy se encuentra es el extremo sur de la villa y conserva algunos elementos románicos. Entre los siglos XV y XVI se reconstruyó y se introdujo el gótico de la mayor parte del templo actual. En el interior destaca el antepecho mudéjar del coro, único en Vizcaya. Conserva dos valiosos retablos, uno plateresco y otro barroco, y varias tallas religiosas de gran valor. En el siglo XVII fue añadida en el lado norte una capilla barroca consagrada a la Virgen del Rosario.

La iglesia de San Pedro de Tavira, en Durango, está considerada la más antigua de la provincia de Vizcaya.

LA ASUNCIÓN (Lekeitio, Vizcaya)

El visitante que llega a Lekeitio no puede dejar de contemplar la silueta impresionante de la iglesia de Nuestra Señora de la Asunción, que se levanta en el centro del pueblo, con el casco urbano a la izquierda, el puerto y la bahía delante y las playas a la derecha, en la plaza de la Independencia. Se la considera una de las más perfectas muestras de la arquitectura gótica que se conserva en Euskadi.
Cuentan las crónicas que aquí se alzó un primitivo templo antes incluso de que tuviera identidad como villa, ya que la construcción inicial se realizó en el año 729. A comienzos del siglo XIV se reconstruyó el templo, que fue consagrado el año 1380.
Lekeitio vivía días de esplendor y riqueza. Sus hombres habían dejado atrás las costas del Cantábrico en su interminable persecución de las ballenas y llegaron hasta las lejanas costas de Groenlandia, donde descubrieron el bacalao. Pero el camino al norte era muy largo y muchas veces se dedicaron con éxito a practicar, según recoge Julio Caro Baroja, otro de los trabajos favoritos de los hombres del mar, los ataques corsarios. Mientras, marineros de bajura continuaban pescando en la costa, florecían las industrias conserveras y Lekeitio era a su vez objeto de alguna que otra incursión de quienes llegaban por mar para arrebatarle sus riquezas.
En medio de esta prosperidad llegó la tragedia: un incendio arrasó buena parte de la ciudad y destrozó gravemente la iglesia de la Asunción, que tuvo que ser restaurada entre 1488 y 1509 y fue consagrada por tercera vez, en 1521.
Desde el exterior, la iglesia tiene una apariencia impresionante en la que destaca la utilización de grandes arbotantes unidos a arcos sumamente fijos que contrastan el empuje que realizan las bóvedas. No faltan los pináculos, ventanillas de tracería, gárgolas, agujas y chapiteles. Mención aparte merece la belleza de los ventanales y rosetones que son una acabada muestra de lo mejor que aportó la época al trabajo en vidrieras.
La portada aparece rodeada por arquivoltas de arcos apuntados y se adorna con junquillos y roscas. Sobre ella se encuentra un numeroso grupos de esculturas de gran valor. Por encima, se abre un gran ventanal decorado con tracería de estilo gótico flamígero. La fachada occidental está adornada también con numerosas esculturas. Durante el siglo XIX se

En la página de la izquierda, la portada gótica de la iglesia de La Asunción, en Lekeitio, y el coro. Arriba, el impresionante retablo de su altar mayor, y la girola.

emprendió otra modificación que consistió en derruir las capillas que se abrían en la fachada norte de la iglesia para ser sustituidas por un pórtico de cinco tramos abovedados.

La torre del campanario está emplazada en el ángulo suroccidental. Fue edificada durante el siglo XVIII y sigue los cánones del estilo barroco imperante en esa época. Esta dividida en dos cuerpos; ambos son piramidales. El primero es más ancho y muy austero y el segundo más estrecho, en el que se sitúan las campanas. Una linterna remata el conjunto.

En el interior observamos que la iglesia se abre en tres naves escalonadas que se elevan a diferente altura y presentan una ligera desviación del eje central. Están cubiertas con bóvedas de crucería con nervaduras. La central está rematada por un estrecho triforio que tiene ocho arcos en cada tramo. En el siglo XIX se construyó la girola en la cabecera.

Una de las joyas del templo es el magnífico retablo gótico florido del siglo XVI que preside el altar mayor. Probablemente fue importado desde las tierras flamencas por uno de los numerosos barcos que cubrían las rutas del norte de Europa. Se considera el tercero de España por su tamaño, nueve calles y cuatro cuerpos, es similar al de la Catedral de Oviedo y resulta solamente superado por los de las catedrales de Sevilla y de Toledo. Un buen número de tallas y doseles rodean la escena central, en la que es representada con todo lujo de detalles la Pasión de Jesucristo. La imagen de la patrona de la iglesia y de la ciudad, Nuestra Señora de la Asunción y de la Antigua no ocupa el altar mayor, sino que puede contemplarse en una capilla que se abre a la izquierda de la girola.

En el muro sur se abren numerosas capillas entre las que destaca la tercera de la derecha, consagrada al culto de la Santa Ana. En su altar mayor se conserva otro interesante retablo de origen flamenco. También son de destacar en ésta y en otras de las capillas de la iglesia varias tumbas y sepulcros.

Destacan también el coro, construido durante el siglo XVII, la imagen de la Magdalena, el órgano Caballe-Coll y la rica colección de orfebrería que posee el templo.

Para los amantes de las curiosidades conviene recordar que esta iglesia fue el lugar donde dos reinas acudieron muy a menudo a rezar. La primera fue Isabel II de España, que alternaba las vacaciones entre su palacio de San Sebastián y el de Uribarren, que se encuentra enfrente de Santa María. Fue precisamente en esta residencia de verano, donde recibió en 1868 la noticia de que había sido destronada y desde donde partió hacia su exilio en París. Mediado el siglo XX, otra reina triste paseó por estas calles y acudió a menudo al templo. Se trataba de la princesa italiana Zita, convertida por matrimonio en emperatriz de Austria y condenada al destierro desde el año 1920.

SAN MIGUEL (Oñati, Guipúzcoa)

En el siglo XI fue una sencilla parroquia como tantas otras. Un pequeño templo de una nave dedicado a la Virgen del Rosario. Sucesivas mejoras levantaron en sus paredes elevados arcos góticos y en el siglo XV se le añadieron otras dos naves. Con tales reformas resultó un templo muy semejante al actual, de tres naves cubiertas por bóvedas de crucería. Después se fueron añadiendo diversas capillas. En el siglo XV se labró la portada, en el XVII se construyó la cripta, más tarde se añadieron el retablo mayor, el arco del coro de estilo barroco y finalizó el conjunto una torre de estilo neoclásico.

El destino de la iglesia de San Miguel quedó marcado por la historia de una familia poderosa y de un hombre excepcional. Los condes de Guevara, que fueron los señores feudales del lugar, fueron los primeros en engrandecer el conjunto puesto que deseaban que sus restos reposaran en este lugar por toda la eternidad. Primero eligieron la capilla del Rosario y en el siglo XVII construyeron una cripta. El gran protagonista de ese lugar es el sepulcro de alabastro de Pedro de Guevara, que se alza sostenido por unos leones dolientes. Una inscripción en caracteres góticos rodea la base.

Pero fue Rodrigo Mercado de Zuazola quien convirtió en excepcional lo que ya era una hermosa iglesia. Había nacido en Oñati entre los años 1460 y 1470. Recibió las órdenes sacerdotales en 1480 y se convirtió en párroco de la villa, pero él prefirió continuar sus estudios en Lérida, luego en Salamanca y Valencia y convertirse en doctor en Derecho Civil y Canónico. Poco después de licenciarse se convirtió en Inquisidor de aquel reino, perteneció al Supremo Consejo de la Inquisición de Castilla y fue prefecto general de la misma institución en Aragón. Fue también obispo de Mallorca y gobernador de Navarra, que acababa de ser conquistada. Carlos I le llamó a su lado y lo convirtió en presidente de la Chancillería Real de Granada. Posteriormente fue nombrado obispo de Ávila, donde residió hasta su muerte en 1548.

Rodrigo Mercado no olvidó nunca la que había sido su parroquia, donde quería ser enterrado. Consiguió el permiso para construir su capilla funeraria a cambio de dotar a la iglesia de un claustro, e inició la construcción de lo que sería su legado cultural y el lugar donde reposarían sus restos: la capilla de la Piedad. El lado del Evangelio lo ocupa el mausoleo, que fue construido en la ciudad donde en esos momentos residía Mercado, Granada. Diego de Siloé eligió para su trabajo mármol de Filabres y

Las paredes del claustro de la iglesia de San Miguel, en estilo gótico florido.

Abajo, de izquierda a derecha, San Miguel, un detalle del sepulcro de los condes de Guevara, y el pórtico norte de la iglesia.

como tema central al obispo arrodillado en un reclinatorio, asistido por las Virtudes. Esta imagen sería reproducida en la fachada de la Universidad. Aparece también en el mausoleo el escudo de Rodrigo de Mercado, con la leyenda: SOL IUSTITIAE XPO DEUS NOSTER A SOLIS ORTU USQUE AD OCASUM (Jesucristo Dios nuestro, sol de justicia desde el amanecer hasta el ocaso). Todo un universo de cintas, monstruos, guirnaldas y grutescos decoran del conjunto. Contrasta con la suntuosidad del mausoleo un sencillo sepulcro atribuido a Pierre Picart, con un pilar y un arca decorada con tres medallones y la fecha 1548, año de la muerte de Rodrigo de Mercado. El retablo de la capilla fue realizado entre 1533 y 1536, tiene predela, cinco calles y tres cuerpos rematados por un ático o frontón triangular. La ejecución de los primeros elementos y las trazas son del escultor Gaspar de Tordecillas, discípulo de Berruguete, que populariza del estilo plateresco. Diversos escultores y entaladores vascos dejaron sus nombres grabados sobre el retablo: Juan de Ayala, Miguel de Iragorri, Andrés de Mendiguren y Juan de Olazarán. Aparecen en el retablo escenas de la Pasión, la vida de la Virgen y toda una corte celestial de santos, profetas y ángeles. El conjunto está resguardado por una reja con grandes balaustres. Una forja presenta el Santo Entierro y el escudo del obispo. En el siglo XVII fue elevado el presbiterio, para construir bajo él la cripta de los Guevara. De la misma época procede el dorado retablo que preside el altar mayor. Es de estilo barroco y fue tallado por Juan Bautista de Suso. Los protagonistas son el santo titular de la iglesia, San Miguel, junto con San Sebastián y San Roca. Por lo que respecta a la neoclásica torre, es obra de Manuel Martín de Carrera. Se levantó en piedra sillar y consta de dos cuerpos. Destacan las estatuas de cuatro doctores de la iglesia latina: San Agustín, San Ambrosio, San Gregorio Magno y San Jerónimo. Otras joyas de la iglesia son su púlpito de talla renacentista y el órgano instalado en el año 1817.

La visita no estaría completa sin admirar el claustro exigido a Rodrigo Mercado para poder yacer en este templo. El problema para arquitecto y mecenas parecía insalvable: no había espacio, porque el río Ubao limita el perímetro. Construyeron un claustro que sobrevuela el río apoyándose en dos puentes en estilo gótico flamígero. Todos los historiadores señalan a Rodrigo Mercado como el introductor del Renacimiento en el País Vasco. Fernando Chueca Goitia ha escrito: «Mercado, llevado por su vida y sus honores a ser un extranjero, que desde su ordenación sacerdotal no pisó su tierra, enviaba contra ella, como ejércitos, las avanzadas de una cultura que florecía en Granada y en Castilla». Las muestras están ahí, a la vista de todos.

LA ANTIGUA (Zumárraga, Guipúzcoa)

La «catedral de las ermitas vascas» está situada en las estribaciones del monte Beloki, rodeada de un bosque de encinas centenarias. Cuenta la leyenda que para construirla se aprovecharon las rocas que habían lanzado desde el monte Aitzkorri los paganos. En la fachada sur se abre una interesante portada románica, algo apuntada, de principios del siglo XIII. Está rodeada por cuatro arquivoltas, con capiteles formando imposta y fustes cilíndricos. Ocho saeteras románicas iluminan el templo, de una sola nave de 31 x 20 metros, cubierto a dos vertientes y orientado al este. El ábside con forma de trapecio fue añadido en 1480. Destacan en él un ventanal y un Calvario.

Pero lo más sorprendente de La Antigua quizás sea la interesante combinación de la piedra con la madera de roble, trabajada aquí por artistas excepcionales. Seis anchas columnas de sillares sostienen un complejo andamiaje de madera en el que se asienta un gigantesco coro avanzado, muy al estilo de las iglesias del sur de Francia. Todo el conjunto ha sido profusamente decorado con figuras de animales, dibujos geométricos, cabezas femeninas y diferentes aperos. En el altar mayor destaca la imagen de una sonriente Virgen gótica que sostiene al Niño en la mano izquierda y una manzana en la derecha, y que tiene fama de ser muy milagrera. Son de remarcar también un Cristo gótico y una Piedad románica, y las imágenes renacentistas de la Virgen de Zubiaurre y de Santa Ana. Enrique II otorgó el patronato de esta iglesia a la casa de Lezcano. Lo que hoy es ermita fue durante más de dos siglos una iglesia parroquial que prestaba servicio a varias poblaciones cercanas, entre ellas Zumárraga. Pero los vecinos insistieron en numerosas ociasiones en que deseaban disponer de una iglesia más cercana al casco urbano por motivos de seguridad. Parece ser que en el origen de ese cambio se ocultaba también el deseo de escapar de la tutela de los señores de Lezcano. Después de celebrados varios pleitos, el 7 de junio de 1574, Juan Martínez de Sábalo solicitó por carta ejecutoria el traslado de la parroquia a la villa, que se realizó en 1576. Se improvisó una nueva iglesia en una casa particular y por orden del obispo de Pamplona se trasladaron a ella la pila bautismal, las imágenes, ornamentos y campanas de «la antigua». Conservó la vieja parroquia, su imagen de María y parte de sus privilegios, como ser el lugar donde se rezaba antes de sembrar y se agradecían las buenas cosechas. Por estar en lugar apartado, sirvió en algún momento de lazareto.

La nave de La Antigua, con su excepcional combinación de madera y piedra. En la fotografía pequeña, el Cristo gótico. Abajo, el exterior.

SANTA MARÍA DEL CORO (San Sebastián, Guipúzcoa)

Entre 1730 y 1781 un río de oro fluyó entre las costas de Venezuela y San Sebastián. Felipe V, el nuevo rey Borbón, había otorgado a la Compañía Guipuzcoana el monopolio del comercio con la lejana colonia. El cacao empezaba a convertirse en un producto deseado en Europa y los mismos barcos que lo traían regresaban con telas, espejos, joyas, muebles y toda clase de productos codiciados por los caraqueños. La compañía se enriqueció e hizo ganar mucho dinero tanto al rey, propietario del 15 por ciento de la empresa, como a los accionistas y trabajadores vascos que participaron en ella. Algunos de esos miles de pesos se emplearon en construir la iglesia de Santa María del Coro, comenzada por los arquitectos Pedro Ignacio de Lizardi y Miguel de Salazar en el año 1743 y concluida por Francisco Ibero. La portada se construyó en el estilo churrigueresco colonial y fue trabajada como si se tratara de un retablo, con estatuas en hornacinas. La más elevada guarda una imagen de San Sebastián. El interior es de planta rectangular con remate semicircular y el ábside empotrado en la sacristía. La planta de salón se divide en tres naves, de cuatro tramos, separadas por grandes pilares octogonales de igual altura y cubiertas con bóveda de crucería gótica. Las naves laterales, que son más estrechas, tienen arcos fajones elípticos.

El altar mayor, neoclásico, es obra de Juan de Villanueva, que era en esa época director de la Academia de Bellas Artes de San Fernando. Está decorado por un lienzo de San Sebastián que fue pintado por el maestro Bocia en el siglo XIX. El atractivo principal de la iglesia y del altar es la imagen de Santa María del Coro, patrona de la ciudad. Su talla morena no pasa de treinta centímetros y ha estado siempre profusamente engalanada. En 1813 un ladrón hizo desaparecer los adornos de plata y madera dorada, pero los donostiarras le donaron innumerables joyas, la mayoría de las cuales no se exhiben a la vista del público.

De los otros altares que guarda la iglesia, el del Consulado es de estilo churrigueresco; el de San Pedro fue construido por Felipe de Arizmendi en estilo barroco y el tercero, neoclásico, es de Ventura Rodríguez y está consagrado al Corazón de Jesús.

Son de destacar también la sillería, la balaustrada y el órgano, que están situados en el coro.

La portada principal y la nave central, con el altar mayor, de la iglesia de Santa María del Coro, en San Sebastián.

NUESTRA SEÑORA DE ESTÍBALIZ (Estíbaliz, Álava)

Las crónicas no explican cuándo fué fundado este monasterio, que guarda la imagen de la patrona de Álava. Sí se conserva una escritura de 1074 en la que Álvaro González de Guinea hace donación del altar de la derecha al monasterio de Santa María de Estíbaliz. Consta en antiguos pergaminos que en 1138 María López, sobrina de Diego de Haro, señor de Vizcaya, cedió el monasterio al prior de Santa María la Real de Nájera y probablemente fue bajo su dirección cuando se inició la construcción de la actual iglesia. Durante siglos fue utilizada como parroquia hasta que resultó gravemente deteriorada y se abandonó el culto. En 1904 fue cedida al Ayuntamiento y la Diputación Foral, que emprendieron su reconstrucción. En 1923 volvió a instalarse en el lugar una comunidad benedictina y ese mismo año fue coronada la imagen de la Virgen que en 1941 fue declarada patrona de Álava. El templo es románico aunque con elementos del primer gótico. La fachada principal, que se abre en el sur, es una obra cumbre del románico vasco: la «Puerta Speciosa». Cuatro arquivoltas de arcos apuntados se apoyan en columnas acodadas, decoradas con entrelazos, rombos y flores de cuatro pétalos. Dos capiteles son corintios y dos presentan rosetas y roleos muy bien trabajados. Mención aparte merecen las jambas, decoradas con un Pantócrator y escenas bíblicas, entre las que destaca la Anunciación. Por encima de la portada discurre un tejaroz con canecillos. Más arriba se abre una ventana con tres arquivoltas sobre columnas. Remata el conjunto una espadaña con un torreoncillo circular para acceder a las campanas.

El interior tiene planta de cruz latina con una sola nave de tres tramos. El crucero central está cubierto con una bóveda de ojiva primitiva. Se apoya sobre pilastras que tienen ocho medias columnas adosadas con capiteles muy bien labrados, probablemente en distintas épocas. Los más antiguos muestran el pecado original y la expulsión del Paraíso. La capilla mayor la forman un tramo rectangular y otro semicircular. Su ábside se abre al crucero por arco apuntado y se cubre con dos tramos de bóveda. La imagen principal fue tallada en madera de cerezo en el siglo XII y después policromada. También es destacable la pila bautismal del siglo XIII, con un pedestal redondo en el que se adosan medias columnas con capiteles de hojas.

La puerta principal de la iglesia de Nuestra Señora de Estíbaliz, o «Puerta Speciosa», es una de las obras cumbres del románico en Euskadi. En la fotografía pequeña, un detalle de una pilastra.

STA. MARÍA DE LOS REYES (Laguardia, Álava)

La villa fortificada de Laguardia dominó las tierras de la Rioja alavesa. El rey Sancho Abarca de Navarra fue el primero en levantar junto a un poblado llamado Biasteri, una fortaleza para proteger sus tierras de las invasiones musulmanas y castellanas. Uno de sus sucesores, Carlos III el Noble, la eligió como residencia durante largas temporadas, y Sancho IV el Fuerte le otorgó fuero de población y privilegios de mercado e impuestos, al tiempo que prohibía la celebración de juicios de Dios y emprendía la fortificación de la ciudad con murallas de sillería y torres almenadas. En 1461 se incorporó a la corona de Castilla y en 1486 encabezó una de las siete cuadrillas de la Hermandad de Álava. Desde 1964 es conjunto artístico y monumental.

En el extremo norte del pueblo se sitúa la iglesia de Santa María los Reyes, junto al colegio Víctor Tapia, que ocupa el lugar del castillo medieval. Los historiadores aseguran que el templo estuvo ligado en su origen a una comunidad religiosa pero no hay acuerdo sobre si se trataba de monjes, canónigos regulares, o como creen muchos, una fortaleza de la Orden del Temple.

La iglesia es fruto del trabajo de varias generaciones de artistas que continuaron, corrigieron o modificaron las obras de sus predecesores. En la parte norte y noroeste puede observarse la zona que sufrió menos modificaciones. Es el muro exterior que da al patio de la escuela. Fue construido a principios del siglo XII y es de la factura románica propia de la época. Está decorado con varios arquillos ciegos y fajas lombardas. El muro occidental situado frente a la torre abacial, y que se corresponde con los pies del templo, muestra dos ventanales románicos de transición.

El arte gótico aparece en el extremo noroeste del muro de poniente en una puerta no practicable con arquivoltas sobre sencillas columnas rematadas por capiteles vegetales. Un tejaroz sostenido por canecillos con decoración vegetal y antropomórfica remata el conjunto.

La portada de acceso es la más perfecta muestra del estilo gótico, que también se hace presente en su interior. Pero esta joya permanece cuidadosamente oculta para quien no se decida a cruzar la puerta meridional de la iglesia que se abre en una fachada renacentista. Tras ella se encuentra una impresionante portada gótica realizada a finales del siglo XIV que es de las pocas policromadas que se conservan en España. La protección que le ha proporcionado durante siglos la fachada realizada posteriormente permite que podamos contemplarla en todo su esplendor.

La iglesia de Santa María de los Reyes en Laguardia (Álava), de estilo gótico y con reformas renacentistas.

Está realizada en piedra y la forman cinco arquivoltas góticas con un arco muy apuntado. En la decoración alternan todo tipo de motivos antropomórficos y vegetales. Las jambas están ocupadas por seis apóstoles a cada lado de la portada. Son tallas muy delicadas, de un tamaño algo mayor que el natural. Se presentan de frente aunque algunos ladean ligeramente la cabeza. Las túnicas tienen pliegues muy realistas y casi todos barbas de diferentes estilos. Cada uno lleva en la mano un libro y el objeto con el que la tradición cristiana los ha identificado. Sobre un elevado pedestal, en el parteluz de la doble puerta, se encuentra la imagen de la Virgen de los Reyes. Es una magnífica talla de la mejor tradición gótica, en la que María, de pie, parece sonreír al Niño, a quien sostiene en el brazo izquierdo. La doble puerta se remata por la parte superior con arcos trilobulados escarzanos que sirven de base al tímpano, que se divide en tres fajas horizontales decoradas con relieves que representan escenas de la vida de María: la Anunciación, la Visitación, la Adoración de los Magos, la Dormición de la Virgen. En la parte superior del tímpano aparece la culminación de la vida de Nuestra Señora: su coronación como reina y señora de los cielos. Las esculturas fueron realizadas en el siglo XIV por un maestro de la piedra cuyo nombre no ha llegado a nuestros días y la policromía la aplicó Juan Francisco de Rivera tres siglos después.

En el interior, la iglesia presenta planta rectangular de tres tramos y cabecera, con tres naves longitudinales, separadas por pilares y una nave de crucero con dos capillas en los extremos. El ábside es semicircular en el interior y poligonal visto desde el exterior. Durante las reformas de la época gótica se elevó la altura y fueron introducidas bóvedas de crucería con terceletes. Posteriormente la bóveda del crucero se cambió por una de estilo renacentista decorada con relieves. Los dos tramos restantes de la bóveda de crucería presentan bóvedas góticas realizadas en tramos trapezoidales.

En 1549 se realizó una reforma renacentista que renovó la cabecera desde el púlpito al retablo mayor, las dos capillas laterales, la sacristía, en el lado de la Epístola, y la capilla de San Martín, junto a la pila bautismal.

Los artistas Juan de Barcardo, Juan de Arizmendi y Juan de Iralzu fueron los autores, en el siglo XVII, del retablo del altar mayor, una obra de transición entre los estilos renacentista y barroco.

El campanario de la iglesia de Santa María de los Reyes es una torre exenta a los pies del templo que muy probablemente formó parte de las murallas de la villa. Tiene planta cuadrada y dos estilos distintos. De finales del siglo XII y principios del XIII son las ventanas emparejadas y el arco de la fachada oriental, así como las enjutas de las ventanas superiores del lado oriental con la imagen del Salvador. La segunda parte fue realizada entre los siglos XIII y XIV y a ella corresponden las ventanas góticas del primer piso y el balcón sobre el que se encuentra una imagen de San Benito en un gablete muy apuntado, rematado con un florón.

Vista del lado sur de la iglesia de Santa María, en Laguardia

Una estampa invernal de la torre de dos cuerpos de Santa María la Real, en Nájera, vista desde el claustro.

SANTA MARÍA LA REAL (Nájera, La Rioja)

Entre los años 923 y 1076 Nájera, un lugar situado al pie de los cerros de Malpica y Monsarroso, se convirtió en corte de los reyes de Navarra, porque Pamplona había sido arrasada en una incursión de Abderraman III. Uno de sus reyes salió un día de cacería con su azor, al que soltó para perseguir a una perdiz. Siguió a los animales hasta una cueva oculta entre el follaje, donde encontró una escena insólita: en un tosco altar se alzaba una talla de la Virgen María ante la que alguien había depositado una jarra con lirios y azucenas. Sobre el altar reposaban en perfecta armonía la perdiz y su cazador. El rey presintió el milagro y más cuando poco después venció a los musulmanes en la batalla de Calahorra. Por ello fundó un monasterio sobre la gruta milagrosa en 1054.

El monasterio comenzó atendido por benedictinos, pero en el siglo XI, Alfonso VI lo dona a San Pedro de Cluny. Vivió momentos difíciles en el siglo XIV y los de mayor esplendor entre el XVI y el XVIII. El XIX comenzó con la invasión napoleónica que destrozó el conjunto. Sirvió después de hospital, cárcel, colegio e incluso teatro, hasta que a principios del siglo XX se instalaron los franciscanos y poco después comenzaba su rehabilitación.

La iglesia fue reconstruida durante la segunda mitad del siglo XV. Se distribuye en tres naves de cinco tramos con capillas en la cabecera. Gruesos pilares soportan arcos apuntados y la nervadura de la bóveda de crucería. El crucero está cubierto por bóveda estrellada. El campanario fue construido en sillería y mampostería en el siglo XVII. Tiene planta cuadrada y consta de dos cuerpos.

La Virgen de la Jarra, una talla románica de madera dorada y policromada que supuestamente es la que hallada por el rey, preside el altar mayor, incorporada a un impresionante retablo barroco, de un único cuerpo y tres calles distribuidas por columnas salomónicas, además de banco y ático. Este último fue remodelado en 1771 por José Benito Cortés del Valle en estilo rococó. Francisco Ventura de Olavarrieta en 1696 y Benito Bravo entre los años 1770 y 1771 doraron y policromaron las tallas. A cada lado del presbiterio hay retablos que son también obra de Benito Cortes y fueron policromados por Bravo. En el del lado del Evangelio destacan las imágenes de San Juan Bautista, San Esteban y Santa Eugenia y en el del lado de la Epístola, San José, San Benito y San Plácido.

Junto al presbiterio se encuentra el sepulcro del primer duque de Nájera, Pero Manrique de Lara, realizado en el siglo XVI en estilo renacentista y adornado con el escudo de la familia. Enfrente se abre la capilla de los Ariz con un retablo obra de Juan Bazcardo.

Dos heraldos que portan eternamente los colores de los reyes de Nájera guardan el acceso al panteón de los reyes, donde reposan García y su mujer Estefanía de Foix o de Berenguer (que en eso no hay acuerdo entre los historiadores); Sancho Abarca y su esposa Urraca, hija de Fernán González; Bermudo III de León; Sancho V el de Peñalén y su esposa doña Placencia, y Sancho VII el Sabio, fundador de Vitoria y su esposa Sancha de Castilla. Todos los sepulcros, realizados en el siglo XVI, en estilo manierista, están cubiertos por estatuas yacentes,

salvo las del fundador y su esposa que están en actitud orante. Entre estas dos sepulturas se encuentra la entrada a la cueva. Allí puede verse sobre una hornacina, la talla gótica policromada de la Virgen de la Rosa o del Alcázar, llamada así por proceder del Alcázar Real.

De vuelta a la iglesia, en el último tramo del lado del Evangelio se puede acceder a la capilla de la Cruz, donde se encuentra el llamado mausoleo de infantes, y donde destaca especialmente el sepulcro de doña Blanca de Navarra. Es una obra del siglo XIII que guarda los restos de la hija de García Ramírez de Nájera, que fue esposa de Sancho III de Castilla y murió al dar a luz al futuro Alfonso VIII. El mausoleo está cubierto de tallas en bajorrelieve que desarrollan temas clásicas como el Pantócrator, la matanza de los Santos Inocentes o la parábola de las vírgenes necias y las prudentes. Pero la escena más destacada es la muerte de la reina, que reposa plácidamente mientras dos ángeles elevan su alma y el rey, sostenido por sus cortesanos, llora su dolor.

Destaca también en la iglesia el impresionante coro iniciado en 1535 por Juan de Acha y Juan Martínez de Mutio. Tiene 36 sillas en el coro alto y 27 en el bajo. La elegante sillería de nogal nos ha llegado profusamente decorada con figuras en relieve. La silla central está decorada con un cimborrio de sección octogonal de dos cuerpos. En su respaldo aparecen don García y Sansón. Como autores de estas tallas excepcionales se cita a Andrés y Nicolás de San Juan o a los hermanos Amutio. Lo que parece innegable para muchos autores es su origen judío, pues el autor dejó su firma en la imagen de un hombre con melena y barba judías y vestido además con las tradicionales túnica y capacete.

Desde la iglesia se puede acceder al claustro por la puerta imperial de Carlos I, de estilo gótico florido con arco conopial sobre otro carnapel y coronado por el escudo con el águila bicéfala y la inscripción «Hispaniae Regum Stegmata». Otro acceso se encuentra en la cabecera de la iglesia, a través de la puerta de los reyes, también de estilo glótico florido, adornada con motivos vegetales y antropomórficos y los escudos de Castilla y Navarra.

El claustro, de dos pisos y planta rectangular, fue edificado a mediados del siglo XVI. La primera planta se abre al patio en arcos apuntados cubiertos por una asombrosa decoración plateresca de caprichosas tracerías. La segunda está decorada con arcos de medio punto entre pilares adosados con capiteles jónicos.

En el ala norte del claustro se encuentra la capilla de la Vera Cruz, mandada construir por Mencía López de Haro, hija de los señores de Vizcaya, quien reinó en Portugal. Se accede a través de un arco apuntado con tracerías. En el interior se conservan cinco sepulcros, el de doña Mencía, decorado con los escudos de Portugal y los Haro; el de García Manrique de Lara; el de los hermanos López Díaz de Haro, y el del soldado poeta que introdujo el estilo renacentista en nuestro país: Garcilaso de la Vega.

Arriba, la nave central, con el altar mayor, y un detalle del coro de la iglesia de Santa María la Real, en Nájera.

SAN BARTOLOMÉ (Logroño, La Rioja)

La portada principal, el interior, y la torre de la iglesia de San Bartolomé, en Logroño, declarada monumento nacional.

Esta iglesia riojana dedicada al patrón de los curtidores fue una de las más visitadas por los peregrinos del Camino de Santiago. San Bartolomé fue uno de los doce apóstoles y según la Leyenda Aúrea, predicó el Evangelio en Arabia y Laconia, pero los engaños de un hermano de Polimer, rey de Armenia, lo llevaron a una trampa de sus enemigos quienes le hicieron desollar vivo en el año 71.

La iglesia que Logroño le consagró, y que ha sido declarada monumento nacional, destaca por su espléndida portada gótica, que está considerada la más importante muestra de este tipo de escultura en La Rioja. Es de principios del siglo XIV y se estructura en torno a un arco apuntado y seis arquivoltas con molduras. Las jambas inferiores presentan una ornamentación floral semejante a la del Pórtico Real de Chartres. En el dintel están representados los doce apóstoles y en cada lado, con todo lujo de detalles, la vida, el martirio y la recuperación de las reliquias del santo. Tiene especial dramatismo la escena en la que se ve al apóstol predicando con su propia piel colgando de los hombros. Las esculturas están algo deterioradas por los años, pero aún se aprecia la fuerza de esos rasgos arcaizantes de formas muy redondeadas y con ojos globulares.

Cuando se construyó el coro, el tímpano fue desplazado de su lugar original entre las arquivoltas para dejar una abertura que iluminara el interior. Ahora está situado más arriba. Muestra la imagen de Cristo Triunfante, flanqueado por la Virgen y san Juan. El interior del templo, en sillería, tiene planta basilical y está formado por tres naves muy cortas, separadas por pilares poligonales, de dos tramos cada una, crucero alineado entre los muros del edificio y triple cabecera con ábside semicircular y colaterales rectos. El ábside de estilo románico es la parte más antigua de la iglesia y permaneció oculto durante siglos tras el retablo barroco del altar mayor. Está cubierto por bóveda de cañón apuntado y decorado por el característico ajedrezado románico.

Durante el siglo XIV el edificio sufrió una importante reforma de la que surgieron la bóveda estrellada del crucero y las de terceletes situadas en los brazos del crucero y los tramos de la nave central. Al entrar en el templo, a la derecha, está la capilla de la familia Cabredo, con dos sepulcros góticos con esculturas yacentes. La torre que se alza sobre el ábside es de base cuadrangular y consta de cuatro cuerpos de diferentes épocas. El primero está construido en sillería, el segundo combina la piedra y el ladrillo, y los dos últimos, de ladrillo, están considerados la más antigua de las construcciones mudéjares que se levantaron a orillas del río Ebro.

SAN PEDRO DE LA RÚA (Estella, Navarra)

Desde cualquier punto de Estella puede contemplarse uno de los templos más importantes del Camino de Santiago y el más antiguo de la ciudad: San Pedro de la Rúa, construida sobre un promontorio. Para entrar en ella hay que llegar hasta la plaza de San Martín y subir la larga escalera de acceso. Tanto la iglesia como todo el barrio que la rodea fueron declarados en el año 1956 monumento nacional.

El edificio ha sido construido en estilo de transición entre el románico y el cluniacense con posteriores modificaciones. La fachada norte presenta una línea de saeteras defensivas que le otorga aspecto de fortaleza, y en buena parte lo fue en su época, pues estaba adosada al palacio real, con el que formaba todo un baluarte. La fachada del oeste, más ancha, presenta altas ventanas rematadas con ladrillo. A los pies de la iglesia se elevan dos airosas torres prismáticas.

La portada se abre en el lado norte, en un pórtico originalmente románico que presenta arcos lobulados con influencias claramente musulmanas, cuidadosamente decorados y que encierran un tímpano polilobulado. Las arquivoltas múltiples están ligeramente apuntadas y muestran signos como la mano de Dios, con tres dedos extendidos (símbolo de la Trinidad) que sale de entre las nubes sobre un fondo de cruz y rodeada por una circunferencia. Debajo aparecen una estrella de seis puntas y una margarita de seis pétalos. En uno de los capiteles puede observarse a dos pájaros barbudos con cuatro patas y rabo de león que según algunos cronistas parecen simbolizar la resurrección de la carne. En otro capitel se desarrolla una escena que unos interpretan en clave erótica y otros en la iniciática pero cuando mínimo es curiosa para decorar una iglesia: un centauro arma su arco y apunta cuidadosa a una sirena que mantiene una cola en cada una de sus dos manos.

En el interior del templo hallamos una planta irregular de tres naves y triple cabecera con tres ábsides semicirculares. En el central hay que señalar la presencia de una columna formada por tres serpientes entrelazadas.

La bóveda principal es de lunetas y obedece a una modificación que se realizó en el siglo XVII. Las laterales son de crucería simple, en estilo gótico.

La iglesia guarda entre otros tesoros las esculturas de San Andrés y San Pedro, una Virgen románica y la talla gótica de Nuestra Señora de la O. Son también remarcables la sillería románica del coro, profusamente tallada y la pila bautismal.
En el exterior, conviene visitar el claustro románico. Sufrió una mutilación bárbara a manos de uno de los gobernantes más cultos que ha tenido España, el Cardenal Cisneros, quien preocupado por las actitudes levantiscas que creía ver en el reino de Navarra, ordenó demoler una serie de castillos y plazas fuertes. Junto con los muros del que defendía Estella cayeron dos de las crujías. Quedan en pie la galería norte y la oeste, que nos permiten conocer el talento artístico de quien grabó sobre los capiteles una compleja serie de escenas. En una, dos hombres levantan a un muerto de una cama adornada con seis flores de ocho pétalos, mientras dos ángeles sostienen por encima una especie de tijera. A la derecha hay una svástica vegetal con flores de cinco pétalos. En otra hay un sarcófago entreabierto sostenido por cuatro pies. Están grabadas cuatro flores de ocho pétalos en un arco sostenido por columnas y capiteles. Por encima aparece la Jerusalén celestial y todo el conjunto parece estar protegido por dos ángeles. Otras dos están dedicadas a los peregrinos y magos que viajaron desde Oriente a Jerusalén para adorar al Niño. En una aparecen montados a caballo, interrogando a Herodes. La otra es una epifanía en la que un mago rinde la rodilla mientras que los otros dos conversan entre sí. Otro capitel cercano muestra a unos caballeros vestidos con largas túnicas que luchan entre sí, mientras cabalgan sobre una extraña bestia de dos cuerpos y una sola cabeza, lo contrario que ocurre a otros dos luchadores, cubiertos con un ligero taparrabos y protegidos por sus respectivos escudos, mientras son contemplados por un animal de un solo cuerpo que presenta dos cabezas cubiertas por un collar de perlas. Por último, otro de los capiteles presenta un relieve en el que un personaje de poder se muestra en actitud de ordenar a unos hombres, que llevan la cabeza descubierta.
En la galería oeste predominan los motivos vegetales y animales y el arquitecto dispuso un grupo de cuatro columnas oblicuas con cierta semejanza con las de la catedral francesa de Aix.

A la izquierda, la poderosa torre de San Pedro de la Rúa, en Estella, vista desde el acceso al templo. A la derecha, el claustro, y detalle de columnas en espiral.

SANTA MARÍA DE EUNATE (Obanos, Navarra)

Dicen que una llama en honor a los muertos enterrados en su suelo iluminaba a los peregrinos extraviados, y que la ermita de Santa María actuaba como un faro en el Camino hacia Santiago. Sus orígenes han despertado muchas conjeturas, aunque parece que se construyó hacia 1170. Muchos quieren atribuirle origen templario por la similitud de su planta octogonal con la iglesia del Santo Sepulcro, en Jerusalén, o con la mezquita de la Roca en la misma ciudad, que un día perteneció a los caballeros del Temple. A favor de esta hipótesis concurren otros hechos: haber tenido los caballeros la protección del rey Sancho VI el Sabio de Navarra, y la tradición templaria de edificar iglesias poligonales. Pero no hay pruebas concluyentes, y otros aseguran que se trata de la iglesia de un hospital de peregrinos confiado a la orden de San Juan de Jerusalén.

En todo caso, la iglesia de Santa María de Eunate sorprende en medio de la llanura, rodeada por una arquería poligonal a modo de claustro descubierto que copia en paralelo y a unos cuatro metros la figura octogonal de la planta del templo. Ese claustro exterior, que no tiene utilidad aparente, está formado por treinta y tres arcos en muy diferente estado de conservación. Un documento hallado no hace mucho relata un pleito de 1654 en el que Juan Galbán, cantero de Ezcároz, reclama a los mayordomos de la cofradía de Eunate el pago por rehacer diecisiete arcos y siete pilares caídos. Son los que nos presentan una figura sólida y sencilla sobre columnas cuadradas, sin ningún tipo de adorno. Los restantes están formados por delgadas columnas paralelas rematadas por capiteles decorados. Algunos están deteriorados, pero se pueden descubrir todavía rostros humanos, volutas, hojas de acanto, piñas... en algunos aparecen figuras embozadas en capas, leones enfrentados o una figura de Cristo aunque sin estar clavado en la cruz. Esta última representación resulta significativa si se tiene en cuenta que en el proceso contra la orden del Temple se les acusó de adorar a la «Cruz sin Crucificado».

Traspasada la arquería, se accede al edificio principal, de sillería. Sus muros, más elevados de lo habitual en el románico, presagian la llegada del gótico. Una serie de columnas con capiteles con motivos vegetales aguantan los ángulos vivos del octógono y llegan hasta los modillones del tejado. A cada lado hay columnas más pequeñas con capiteles labrados con hojas de acanto, que llegan hasta una imposta que corre al nivel de las ventanas. Estas columnas adosadas soportan grandes arcos apuntados. En tres de ellos se abrieron ventanales de medio punto con arcos de bocel.

En el lado de la Epístola aparece adosada una torrecilla de planta cuadrada con escalera interior que permite acceder al tejado, para encender la linterna. La cubierta del edificio tiene forma de pirámide octogonal y está formada con lajas de piedras.

La bonita iglesia de Santa María de Eunate, iluminada por los rayos del sol naciente. En la fotografía pequeña, detalle de unos capiteles en la arquería exterior.

La portada norte de Santa María de Eunate, con sencilla decoración románica. Abajo, detalle de unos canecillos.

intercaladas con lucernarios. Una espadaña de doble arco de medio punto corona la cubierta. Al muro del este se adosó un ábside pentagonal con canecillos que representan cabezas monstruosas, algunas de ellas devorando seres humanos. En los lados del ábside, hay una ventana muy abocinada. Se alternan dos ciegas y tres abiertas con lucernarios alargados como saeteras. Los arcos son de medio punto, con arquivolta lisa apoyada en columnas cortas con capiteles con hojas de acanto.

El acceso al templo se realiza por dos puertas, la principal en el norte. Cuatro arcos de bocel y tres arquivoltas que se apoyan en columnas con capiteles custodian la entrada. La superior tiene figuras en una talla poco profunda, ejecutada con seguridad: un hombre desnudo; varias cabezas barbudas; un caballero que se envuelve en la capa; un rostro que saca la lengua; dragones alados, uno con cabeza de hombre y otro con cabeza de obispo; una mujer desnuda entrelazada con una serpiente que repta desde sus pies hasta la copa que sostiene en la mano; una arpía coronada; animales irreconocibles a cuatro patas... todo un bestiario que hace volar la imaginación. La otra portada está formada por un sencillo arco de medio punto bajo un guardalluvia decorado con flores de ocho pétalos.

Dentro, los muros de sillería permiten diferenciar dos niveles en altura. En cada ángulo del octógono se superpone una combinación de columnas. La inferior termina en un capitel y una imposta corrida y biselada donde comienza la columna superior, mucho más corta, y sus cimacios se prolongan hasta la ventanas en paralelo a la imposta exterior. Los capiteles tienen motivos vegetales de hojas y acanto, salvo los más cercanos al ábside. En uno de éstos fue tallada una mujer con los brazos en la cintura que danza al son que interpretan dos músicos que tocan el rabel.

El interior del ábside no es poligonal como el exterior sino semicircular, y sus paredes se estructuran en dos pisos. El inferior tiene una arquería ciega con cinco arcos apuntados. De ella arrancan pilares cuyos capiteles soportan las nervaduras de una bóveda de horno.

La cúpula es octogonal. Comienza en una imposta que dibuja el octógono base y la sostienen fuertes nervaduras apuntadas de sección cuadrada que recuerdan a algunas edificaciones musulmanas. Esta iluminada por lucernarios. En la cúpula, como en toda la ermita, se observan irregularidades en el octógono, ya que todos los ángulos son distintos.

COLEGIATA DE SANTA MARÍA (Roncesvalles, Navarra)

En el año 1127 Sancho de Larrosa, obispo de Pamplona, fundó un hospital de peregrinos en Ibañeta que en 1132 trasladó a Roncesvalles para que prestara un servicio más eficaz bajo la milagrosa protección de una Virgen que según las crónicas se había aparecido en este lugar a unos pastores. A finales del siglo XII Sancho el Fuerte decidió establecer aquí una abadía a la que concedió el privilegio de ser propietaria de la totalidad del término municipal que la rodeaba. El prior de la comunidad era considerado la segunda autoridad del reino de Navarra y tenía asiento en las Cortes. La comunidad la formaron canónigos de San Agustín hasta 1983, fecha en la que se convirtieron en cabildo regular. La imagen exterior del conjunto de edificios resulta severa debido a las reformas que se han realizado con los años, pues sufre importantes daños por las copiosas nevadas de la zona. Esas reformas han dañado exteriormente lo que debía ser un espléndido edificio gótico, junto con la catedral de Cuenca, el más antiguo de su estilo levantado en España. Destaca en el conjunto una gran torre cuadrangular que cumplió en un tiempo funciones de defensa.

El interior sorprende por su grandiosidad. La iglesia está distribuida en tres naves y triforio. Gruesas columnas, rematadas en arcos apuntados, se alzan bajo una doble columna donde se abrieron ventanales que iluminan el conjunto. En las naves laterales aparecen arquillos superpuestos coronados por pequeños rosetones. Destacan también las estrechas vidrieras de la cabecera. En el centro de la iglesia se alza un baldaquín de plata que fue tallado en el siglo XX por el artista barcelonés Sunyer. En su interior está la imagen gótica de Nuestra Señora de Orteaga. Es una imagen tallada en madera de cedro y forrada de plata, salvo las manos y el rostro, que sostiene en el brazo izquierdo al Niño con quien parece estar hablando. En la derecha sostiene un ramo de flores multicolores. Los estudiosos cree que podría proceder de los talleres de Toulouse, lugar de origen de la esposa del fundador de la Colegiata. A la derecha del coro se puede admirar una imagen de la Dolorosa, realizada en terracota y adornada con lágrimas de diamante, que se atribuye a los talleres de Pedro de Mena.

La cabecera de la iglesia fue construida sobre una cripta que salvaba el desnivel del terreno y a la cual se puede acceder desde el muro del Evangelio. Consta de un tramo recto de bóveda de cañón y un ábside pentagonal, en cuyos tres paños centrales se

Una vista de conjunto de la Colegiata de Santa María, en Roncesvalles. En la fotografía pequeña, la tumba del rey Sancho el Fuerte.

El claustro de Roncesvalles en invierno. Abajo, la entrada a la llamada «capilla preciosa», o de San Agustín, antigua sala capitular de estilo gótico.

abren ventanas abocinadas. Sus paredes y bóvedas están totalmente cubiertas por una profusa decoración con motivos vegetales, cenefas y grecas tridimensionales, realizadas en el siglo XIII.

El sencillo claustro actual sustituyó a finales del XVI al anterior de estilo gótico que se derrumbó en la nevada del año 1600. Junto a él se abre la antigua sala capitular también de estilo gótico, convertida en «capilla preciosa» o de San Agustín. El protagonista del lugar es el rey Sancho el Fuerte. En el centro de la sala aparecen su sarcófago y el de su esposa la reina Clemencia. A juzgar por el tamaño de la estatua yacente tallada sobre el sepulcro, el rey era un gigante que medía 2,25 m. Fue su sobrino y heredero Teobaldo quien mandó construir la sepultura y dejó constancia en las crónicas de que el tamaño de la estatua se correspondía con el de su pariente. La vidriera representa la batalla de las Navas de Tolosa, que tuvo lugar el 16 de julio de 1212, cuando los ejércitos de Castilla, Aragón y Navarra, auxiliados por voluntarios franceses y portugueses vencieron a los almohades. Y ya que estamos en tierras legendarias, no podía faltar otro elemento que ocupó la imaginación de muchos niños: cuelgan de estas paredes una parte de las cadenas que Sancho tuvo que romper para penetrar en la tienda del cuarto califa almohade Mamad ibn Ya'qûb, al que los romances llaman Miramamolín.

Queda por visitar el Museo instalado en la biblioteca de la Colegiata. También hay aquí restos de la batalla de las Navas de Tolosa, como una magnífica esmeralda que adornaba el turbante del rey moro. Hay también otros tesoros, como el evangeliario románico de plata que perteneció a los reyes de Navarra; el llamado Ajedrez de Carlomagno, que es un relicario con incrustaciones de oro realizado en Montpellier en el siglo XIV; una arqueta de plata dorada y filigrana gótico mudéjar; la primera edición en euskera del libro *Gero*, realizada el año 1643, y una maza del rey Sancho.

Destacan también algunas pinturas como un *Tríptico de la Pasión*, de la escuela de El Bosco, y una *Sagrada Familia con San Juanito*, atribuida a Luis Morales. Al parecer fue un encargo del obispo de Badajoz Francisco de Navarra, que la dejó en herencia a la Colegia de Roncesvalles, donde había ejercido el cargo de abad.

Antes de abandonar la abadía De Roncesvalles hay que visitar la pequeña capilla gótica de Santiago. Dicen que está edificada justo en el lugar donde Roldán rompió su espada y donde cayeron los Pares de Francia. Numerosas estelas funerarias recuerdan lo breve de las glorias mundana. Si llega a este lugar el miércoles anterior a Pentescostés, no se sorprenda ante una larga procesión de penitentes cubiertos con capirote negro. Cumplen con una vieja tradición y la fiesta terminará como una alegre romería. Si algún día llega usted a Roncesvalles como peregrino a Santiago de Compostela, no se marche sin solicitar la bendición. La recibirá como hace diez siglos y puede ser que le proteja de los males que puedan acecharle en el camino.

SANTA MARÍA LA REAL (Sangüesa, Navarra)

En 1090 el rey Sancho Ramírez concedió a este burgo situado a orillas del río Aragón el Fuero de Jaca, que fue confirmado y ampliado por sus sucesores. Fue una etapa importante del Camino de Santiago y de esa época nos ha llegado la iglesia de Santa María la Real, declarada monumento nacional ya en 1889.

Lo más sorprendente es la complejidad de la portada, en la que dejaron su firma dos maestros. En la segunda figura de la izquierda de la columnata del pórtico, que representa a la Virgen María con un libro abierto en las manos, se lee: «Leodegarius me fecit». Este maestro de la escuela de Borgoña fue el escultor también de San Esteban de Sos. El otro maestro reconocible es el que trabajó en San Juan de la Peña. A Leodegarius se le atribuyen las seis esculturas labradas que sostienen los capiteles del pórtico. A la izquierda, María Magdalena, María, Madre de Dios y María, la madre de Santiago y Juan. Las figuras de la derecha son tres hombres. Los primeros parecen San Pedro y San Pablo, pero el tercero está perfectamente identificado: Judas Mercator, el propio Iscariote, de menor tamaño que los demás, desnudo y colgando de una soga. En los capiteles se representan la Anunciación, la Presentación en el templo y el juicio de Salomón.

Cinco filas de arquivoltas profusamente decoradas surgen de los capiteles. En la primera hay apóstoles, profetas y monjes. La segunda es una representación de oficios: zapateros, carniceros, herreros. En los restantes se combinan mujeres, hombres con barba, acróbatas, músicos, guerreros y ángeles. Los huecos se han llenado de dibujos vegetales y geométricos. En el dintel está representado un apostolado completo en arquillos de medio punto; el tímpano representa el Juicio Final con una talla de Cristo en majestad rodeado de santos. San Miguel pesa las almas: algunas son lanzadas hacia unos horrendos rostros.

Todavía queda en la portada la línea de enjutas que se dibujan bajo las galerías superiores y que son probablemente obra del maestro de San Juan de la Peña. Monstruos, arpías, un guerrero con la vaina de la espada vacía, un animal con cabeza de mujer. Las siguientes escenas parecen recoger la leyenda de Sigurd, matador del dragón, y del herrero Regin, que forja la espada mágica. Aún más arriba, sobre el vértice del arco exterior, una gruesa moldura separa el pórtico de los tramos superiores. En dos galerías de arcos de medio punto están los apóstoles, San Pablo, y un Pantócrator coronado.

Aún en el exterior destaca la cabecera, con tres ábsides románicos semicirculares. El central está dividido en tres cuerpos y los laterales, más bajos, en dos. Disponen de contrafuertes y ventanas. El tejaroz se apoya sobre canecillos labrados. La torre que cubre la linterna del crucero tiene base cuadrada sobre la que alzan tres cuerpos octogonales que se estrechan al tiempo que se simplifica su decoración.

El interior es de tres naves con crucero cerrado por una cúpula ahogada en la torre. Está presidida por un magnífico retablo del siglo XVI tallado por Jorge de Flandes y la Virgen de Rocamador, una de las grandes devociones de los peregrinos a Santiago.

La iglesia de Santa María la Real, en Sangüesa. Arriba, conjunto y detalle de las columnas de su magnífico pórtico de estilo románico.

SANTA MARÍA LA MAYOR (Calatayud, Zaragoza)

Calatayud es, como siempre, un oasis verde en medio de unas montañas de tierra gris sobre las que nada parece crecer. Por encima de los edificios modernos de una ciudad que sigue manteniendo en vigor su condición de cabecera de comarca, se alza el campanario de la colegiata, que todavía sigue siendo el edificio más alto de la ciudad.

Nada queda hoy en día de la primitiva mezquita y muy poco de la primera iglesia de Santa María la Mayor, que fue consagrada en 1249 por el obispo de Tarragona Pedro de Albalate. Cuatro años después el obispo García Frontín realizaba un censo de templos aragoneses y le otorgaba la categoría de parroquia mayor de la ciudad e iglesia de la nobleza.

Sucesivas obras fueron modificando y cambiando la colegiata de Santa María a lo largo de los siglos hasta llegar al templo que hoy contemplamos. Ya hemos dicho que lo primero que atrae la atención sobre ella es su elevado campanario. Se trata de una alta torre octogonal, adosada a la izquierda del ábside. En su parte inferior se aloja una capilla y sobre ella se eleva una torre de tres cuerpos que se va estrechando hasta llegar a lo más alto. Una escalera permite ascender hasta el campanario. Cuenta con pilastras en las aristas del octógono que realizan la función de contrafuerte. Está construida totalmente en ladrillo, como el resto del templo, y tiene frisos decorativos y vanos de medio punto.

La portada de la iglesia llama poderosamente la atención y sorprende por la hechura totalmente diferente de la de la torre. Fue esculpida en estilo plateresco, sobre alabastro de Fuentes del Jiloca, y trabajada como un gran retablo. Dos maestros le dedicaron sus esfuerzos a partir de 1525: Juan de Talavera y Esteban de Obray. Tiene cuerpo principal y ático, flanqueados por columnas abalaustradas. La puerta se abre en arco de medio punto con la rosca adornada con cabezas de querubines.

En la jamba de la derecha aparecen las imágenes de San Prudencio, San Roque y Santa Lucía, mientras que la de la izquierda está ocupada por Santa Catalina, Santiago y San Iñigo. Por encima del arco aparecen la Virgen con el Niño en brazos amparados por toda la corte de querubines y ángeles y flanqueados por las figuras de San Pedro, San Pablo y los dos San Juan. Más arriba, en el ático, está la Venida del Espíritu Santo sobre los apóstoles. Es el Pentecostés que celebra la tradición cristiana. Las imágenes principales están rodeadas por toda clase de relieves ornamentales y grutescos. A finales del siglo XIX se emprendió la labor de restauración, que fue realizada por el arquitecto Ricardo Magdalena y el escultor Dioniso Lausén.

Las puertas que se abren en medio de esta joya de alabastro son de madera de roble y nogal y el mismo escultor De Obray talló en ellas nuevos grutescos y la Anunciación, que firmó con su nombre. El magnífico aspecto que ofrecen en la actualidad es fruto de la restauración que durante diez años, entre 1917 y 1927, se realizó en Zaragoza.

La impresionante torre mucéjar de Santa María la Mayor, en Catatayud, construida en ladrillo, como la totalidad del templo.

En el interior nos encontramos con una amplia planta de salón formada por tres naves de la misma altura separadas por cuatro pilares cruciformes de origen toscano. La nave central se cubre con cúpula con linterna sobre tambor en el tramo que corresponde al crucero y con casquetes elípticos sobre pechinas en los tres restantes. Las naves laterales están rematadas por bóvedas de arista. El ábside poligonal que cierra la iglesia es la parte más antigua del templo y procede del primitivo edifico mudéjar. Completan el conjunto el coro y la sacristía, que fueron realizados en la época barroca.

El retablo mayor es de 1617, de los talleres de Calatayud. Pedro de Jáuregui fue el arquitecto; Jaime de Viñola, el escultor y Francisco Florén el pintor. Es de gran tamaño y consta de sotabanco, banco y cuerpo de tres calles separadas por entrecalles. Está dedicado a temas relacionados con la Virgen. En el centro aparece la imagen barroca de la Asunción de María del escultor local Gabriel Navarro. Otro retablo notable es el de la Virgen Blanca, que se organiza en torno a una talla gótica del siglo XV situada sobre un retablo plateresco del XVI, realizado con técnica de pintura sobre tabla. Un segundo retablo manierista rodea al anterior.

En el siglo XVII María Ángela de Sessé donó la capilla de San Juan Bautista, que alberga varias importantes obras de arte. El retablo del altar está presidido por un lienzo del pintor madrileño Bartolomé Román que representa a San Joaquín, Santa Ana y la Virgen María. A cada lado de la capilla aparece un gran lienzo. Uno está dedicado a la Adoración de los pastores y otro a la Adoración de los Reyes Magos. Los dos son obra del pintor barroco aragonés Pedro Aybar Ximénez, que se caracterizó por su estilo algo tenebrista, a la manera de Claudio Coello. La iglesia se comunica con el claustro mudéjar, que es otra de las zonas más antiguas. Es de planta rectangular con nueve tramos en las galerías mayores y cinco en las menores. Para su construcción se utilizó ladrillo con contrafuertes prismáticos y bóvedas de crucería. En la historia consta que el Papa Benedicto XIII fundó en el año 1412 un Estudio de Teología que debía ocupar este claustro. También es de estilo mudéjar la vieja sala capitular de planta cuadrada a la que se accede por una monumental portada en arco apuntado.

La Colegiata posee también un interesante museo.

El retablo mayor de Santa María, del año 1617.
En la fotografía pequeña, un detalle de la portada principal, de estilo plateresco.

SANTA MARÍA (Daroca, Zaragoza)

Su historia comienza en el siglo XIII, cuando tropas cristianas de Daroca, Calatayud y Teruel asaltan la fortaleza musulmana de Chío, en Lúchense, a tres leguas de Xátiva. Cuentan que el 23 de febrero de 1239 el capellán de Daroca consagraba seis formas para dar la comunión a los capitanes cristianos cuando hizo una salida desesperada el sitiado y los capitanes dejaron la misa para tomar las armas. El capellán guardó las formas en los corporales que se utilizan para cubrir cáliz y patena y después los escondió para evitar la profanación. Cuando terminó la reyerta recuperaron los corporales y advirtieron que estaban manchados de sangre. El milagro animó a las tropas, que tomaron el castillo. Discutieron entonces dónde debían guardarse los paños y lo echaron a suertes. Por tres veces los dados señalaron a Daroca, pero hubo quien no aceptó el acuerdo por lo que buscaron una mula del ejército musulmán, ataron a sus alforjas los corporales y la dejaron elegir destino. Se puso en camino la mula seguida de un nutrido séquito de sacerdotes y soldados; se dirigió a Valencia, pero cortó hacia Manises, donde no se detuvo. Pasó ante las puertas de Segorbe y Jerica y decidió el animal seguir su destino hasta que cruzó la muralla de Daroca y dio con sus huesos en tierra. Había caminado doce días por más de doscientas millas y la elección era incuestionable.

Se inició entonces una iglesia para custodiar los corporales que, transformada en los siglos XV y XVI, es la que hoy vemos. En el lado sur tiene una portada manierista y conserva una ventana románica a la derecha. El primitivo ábside románico asoma por el este. Al oeste se abre la puerta del Perdón, de estilo gótico, como la torre a su lado.

El interior es de planta de salón con tres naves cubiertas por bóvedas de crucería estrellada y cúpula en el primer tramo, bajo el que se sitúa un baldaquino de retorcidas columnas churriguerescas con la imagen de la Virgen de la Asunción, talla de 1682. Detrás del altar mayor está la cabecera con el coro y el órgano.

A lo largo de las naves hay capillas muy interesantes. En el lado del Evangelio están las dedicadas a la Visitación, a Santa Isabel, la de la Soledad, la del Cristo y la de San José, todas con retablos barrocos de calidad. En el otro lado destaca la capilla de San Miguel en la que se conserva el retablo mayor de la desaparecida iglesia de San Miguel. La de Santo Tomás tiene un retablo del siglo XVIII, mientras en la de Santa Ana, que sirve de entrada a la sacristía, hay laudas sepulcrales. A los pies del templo se abre la capilla del Patrocinio, con un retablo con con alabastros ingleses y una magnífica escultura yacente. La capilla de los Corporales ocupa el ábside del edificio románico primitivo. El altar está rodeado por escenas esculpidas que narran el milagro y sobre él se encuentra el relicario de los Corporales, obsequio de los Reyes católicos.

La iglesia de Santa María, en Daroca, vista desde la muralla árabe. Al lado, el gran baldaquino que cobija a la Virgen de la Asunción.

SAN PEDRO DE LÁRREDE (Lárrede, Huesca)

Al norte de Sabiñánigo, en el Pirineo oscense, se extiende la comarca del Serrablo. Este territorio fue ocupado por los romanos y posteriormente por un grupo de árabes de Siria que formaron la Nahiya al-Yillig, o «distrito rural del Gállego», pero fueron expulsados el año 922 y se incorporaron al condado de Aragón y al reino de Pamplona. Años más tarde colonizó la zona un grupo de cristianos que había vivido en Huesca con los musulmanes y aprendido de ellos las artes de la construcción. Así se introdujo la arquitectura mozárabe en el Pirineo.

El redescubrimiento de estas iglesias, que habían permanecido abandonadas en sus pequeños núcleos de población, se debe a Francisco Íñiguez Almech, quien fue el primero en analizar junto a Sánchez Ventura el particular conjunto de iglesias del Serrablo y restauró San Pedro de Lárrede, que en 1935 era declarada monumento nacional. Hoy, en la pequeña población, sólo quedan dos viviendas habitadas.

La iglesia tuvo en su origen nave rectangular pero se le añadieron dos recintos laterales con grandes vanos al interior que le dieron apariencia de cruz latina. Sobre la capilla que se abre en el lado septentrional se alza la torre de la iglesia, considerada la mejor de su género. Tiene diecisiete metros de altura, es cuadrada y su anchura va disminuyendo a medida que crece hacia lo alto. Arriba, se abren ventanales en cada uno de los cuatro lados. Son triples y están formados por arcos de herradura que se apoyan sobre cuatro maineles cilíndricos, dos de ellos adosados a los laterales, todo dentro de un alfiz. Por encima se encuentra un tejado a cuatro vertientes sobre bóveda esquifada.

La portada es un arco de herradura apoyado sobre impostas con marco de alfiz doble. Sobre ella se encuentra un listel que recorre todo el muro. Por encima se abren cuatro ventanales, tres tenían forma de arco de medio punto y el cuarto era geminado con doble alfiz. Las dos capillas laterales tienen arcos ciegos de medio punto en el lado este y, dentro, ventanales abocinados de derrame doble. En los lados occidentales se abren puertas que permiten acceder directamente a las capillas.

En el interior tres arcos fajones se apoyan en columnas dobles adosadas al muro lateral. El crucero lo forman cuatro arcos. Los que se abren a las capillas son más bajos que los otros. Una bóveda de cañón cubre la iglesia. Según parece, es fruto de la remodelación efectuada en los años treinta, cuando fue suprimida una bóveda barroca que se había añadido en sustitución de la primitiva armadura de madera. La cabecera de la iglesia consta de un presbiterio corto y ábside de tambor, todo ello cubierto por una bóveda de horno. Una moldura tórica recorre la parte inferior, y por encima de ella aparece una hilada sobre la que se disponen siete arcos ciegos de medio punto apoyados sobre lesenas y, encima, otra moldura análoga interior. En el arco central se abre un ventanal abocinado. Por el exterior, el ábside está decorado con siete arcos de medio punto y un friso superior de columnas.

La pequeña iglesia mozárabe de San Pedro de Lárrede, cerca de Sabiñánigo. En las fotografías pequeñas, el interior del templo, y una de las ventanas de la torre.

SAN JUAN DE BUSA (Valle de Tena, Huesca)

Al a derecha, el ábside de San Juan de Busa, con friso de baquetones. Abajo, la ermita vista desde el sur.

Una pista de tierra que parte de Lárrede es el único camino para acceder a la iglesia de San Juan de Busa. Solitaria en medio del campo, muchas casualidades se han conjugado para que este templo escondido haya podido llegar hasta el siglo XXI. No saben muy bien los expertos por qué se construyó este aislado edificio. Unos dicen que fue un intento de crear una nueva población, truncado por alguna circunstancia; o pudiera ser que las casas del lugarejo, realizadas con materiales más humildes que la iglesia, no hayan sobrevivido al paso del tiempo. Tampoco se ponen de acuerdo los entendidos sobre la fecha en que fue construida. Mientras unos afirman que es el del siglo X y la adscriben al arte mozárabe, otros aseguran que es románica del siglo XI. Hay quienes aseguran que la iglesia fue un intento de hacer perdurar el rito mozárabe que se utilizaba en Huesca frente a los decretos de Ramiro I quien impuso el rito latino en todos sus reinos.
La iglesia estaba próxima a la ruina cuando en los años setenta la Asociación de Amigos del Serrablo decidió repararla. La Asociación compró el campo donde estaba el templo y llegó justo a tiempo de evitar la desaparición de los arcos de una ventana, que algún desaprensivo ya había desmontado y escamoteado entre unas rocas, probablemente para negociarlos con algún coleccionista de arte. En 1982 fue declarada monumento nacional. Valga decir que al haber permanecido en un lugar aislado nadie se preocupó de «mejorar» o modernizar el templo, con lo que transcurridos más de diez siglos no ha sufrido ninguna modificación.

Es un edificio de una sola nave rectangular, con presbiterio atrofiado y ábside semicircular. La portada se abre en el medio de una de las naves. Consta de un alfiz que enmarca un arco de medio punto que a su vez rodea otro de herradura. El arco exterior está adornado por una cenefa de festones y palmetas realizados con la técnica de bajo relieve. Entre estos adornos aparece una inscripción en caracteres árabes que según algunos es una alabanza a Dios y según otros la primera sura del Coran: «No hay más Dios que Alá».
Sobre la puerta se abren tres ventanas de diferente tamaño y forma. En el muro opuesto hay un ventanal triple de arcos de cerradura enmarcados en un alfiz sobre una portada cegada. El ábside consta de una moldura tórica y dos hiladas de sillares. Por encima aparecen seis lesenas sobre las que se asientan cinco arcos ciegos de medio punto. Una moldura superior sirve de base a un friso de baquetones que recorre todo el semicírculo del ábside.
El interior del templo es muy sencillo. Una losa ejerce de basa para las columnas, que se dividen en dos a media altura. La parte interior de la portada está formada por un dintel sobre el que se apoya un arco de medio punto. Aparecen en la nave arcos fajones que permiten suponer que se pensó en formar una bóveda de cañón, pero finalmente se construyó una simple bóveda de madera. El sencillo tejado se inclina hacia las dos vertientes.

SANTA MARÍA (Santa Cruz de la Serós, Huesca)

Santa Cruz de la Serós es una pequeña población de la Jacetania, situado en la falda de la sierra de San Juan. La arquitectura tradicional domina en la zona, y no parecen haber llegado modernidades que estropeen el conjunto. En el pueblo existen dos joyas de la arquitectura religiosa peninsular, la pequeña iglesia lombarda de San Caprasio y el objeto de nuestra visita, la iglesia monástica de Santa María. Debe su nombre precisamente a este convento puesto que Serós es un derivado de «sorores» o hermanas, como se conocía a las religiosas en la Edad Media.

En el siglo X el rey García de Navarra cedió este territorio al conde Forún Jiménez. Un hijo de éste fue el rey Sancho II Garcés, quien se lo entregó a Urraca Fernández como dote cuando se convirtió en su esposa. En 992 la reina Urraca lo donó a la comunidad de monjas benedictinas que dependían del monasterio de San Juan de la Peña. El monasterio alcanzó pronto una singular importancia debido a que entre sus monjas se encontraron varias mujeres de la nobleza. Ramiro I lo favoreció especialmente, e hizo donación de cuantiosos dones y numerosas prebendas. Tres de sus hijas profesaron en el convento, las primeras, Urraca y Teresa, lo hicieron como simples religiosas, pero Sancha, que llegó al convento tras la muerte de su marido, el conde Ermengol d'Urgell, ingresó como abadesa en 1070. A su muerte, en 1095, la reina Sancha donó todas sus posesiones al monasterio.

Quien se acerque a Santa Cruz de Serós se sentirá impresionado ante todo por la torre del campanario, considerada la más alta y compleja del románico aragonés. Tiene forma de prisma que se levanta sobre el brazo meridional del transepto y está formado por cuatro cuerpos. En los tres superiores se abren ventanales dobles de arcos de medio punto separados por una columna central. La torre está rematada por un cuerpo octogonal al exterior que se cubre con una cúpula semiesférica protegida por un tejado de forma cónica.

La portada está orientada al oeste y es bastante sencilla. Sobre un cuerpo rectangular resaltado sobre el muro occidental, una moldura abilletada enmarca cuatro arquivoltas de medio punto que se apoyan sobre dos parejas de columnas. Las arquivoltas tienen grabada una compleja decoración de tipo geométrico y vegetal. Los capiteles que rematan las

La iglesia de Sata María, en Santa Cruz de la Serós, un templo monástico que posee una cámara secreta.

columnas de un lado tienen motivos vegetales; los del otro presentan personajes rodeados de leones. El tímpano es un dintel adaptado con un crismón trinitario puesto entre dos leones que lo soportan, y se han inscrito en la piedra numerosas jaculatorias. Por encima del tímpano, el tejaroz se apoya en una serie de canecillos de extraordinaria variedad: máscaras, rollos, salamandras, monos, perros y piñas. Algunos afirman que sólo son comparables a los de Frómista. Al entrar, la iglesia sorprende su sencillez y sobriedad, con planta de cruz latina. La nave central está dividida en tres tramos, culminados por tres ábsides. Está cubierta por bóveda de cañón reforzada por arcos fajones y contrafuertes, de los que arranca una imposta abilletada. Los capiteles están decorados con motivos vegetales. En los laterales de la nave se abren dos ventanas y una más en cada brazo del crucero. Casi todas son de arco de medio punto y están doblemente abocinadas. El crucero se cubre con bóveda sostenida sobre trompas. El ábside central es semicircular y lo adornan dos columnas adosas que culminan en capiteles sobre los que se apoya una cornisa. Los ábsides laterales también son semicirculares pero sólo en el interior, porque al exterior se presentan como un bloque rectangular. La bóveda que los cubre es de horno. En el central se abren tres ventanas de medio punto abocinadas. Destaca también el retablo mayor, fechado en 1490, que ha sido restaurado recientemente. Lo forman tres calles más ático con ocho tablas y un banco con cinco compartimentos. El motivo es la vida de la Virgen y la figura central una talla de Santa María realizada en alabastro policromado. Sobre el crucero, en el lugar donde se debería observar la cúpula hay una curiosa cámara secreta. Se trata de una cámara octogonal cubierta por una bóveda semiesférica que se apoya en dos nervaciones en forma de arcos de medio punto que descansan sobre columnas rematadas por capiteles profusamente decorados. Uno de ellos tiene una representación de la Anunciación. La cámara secreta ha desatado la imaginación de muchos. Mientras unos le atribuyen como finalidad servir de refugio en caso de sufrir un ataque exterior, otros aseguran que era en realidad una cámara destinada a la oración, la meditación y tal vez la penitencia.

Los capiteles que aparecen en la entrada del templo, así como los utilizados para sostener el coro de madera, son de los maestros constructores que trabajaron en Jaca. Destaca la pila de agua bendita, sostenida por una columna y cuatro capiteles que formaron parte del primitivo claustro.

El templo, como tantos otros conventos, monasterios, parroquias y catedrales, ha sido víctima de expolios que le han privado de obras maestras que contenía. Entre sus propiedades estuvo, por ejemplo, el evangeliario de doña Felicia, esposa de Sancho Ramírez y madre de Pedro I y Alfonso I el Batallador. A su muerte fue donado a su cuñada, que era abadesa, pero quien quiera contemplar esta joya no debe encaminar sus pasos al Pirineo, sino hacia el aeropuerto, ya que descansa en una vitrina en el Metropolitan Museum of Arts de Nueva York. Mucho camino que debió resultar muy rentable a alguien.

La nave central y la cabecera del templo, construido en un depurado estilo románico

SANTA MARÍA DE SIJENA (Sijena, Huesca)

Sijena con j y no g, que es la variante más aragonesa para un monasterio torturado en una tierra pobre a la que los regadíos están cambiando de aspecto. Un monasterio que fue uno de los más importantes del Reino de Aragón, que es aún hoy propiedad de la poderosa Orden Hospitalaria de los Caballeros de San Juan de Jerusalén y que se ha convertido en refugio de silencio y de oración para treinta y cinco monjas de una orden que aún no ha cumplido el siglo, las Religiosas de Belén de la Asunción de la Virgen y de San Bruno. Guerras y fuego han sometido muchas veces a esta tierra desde que la reina Sancha fundara el monasterio.

Fue en 1188 cuando la esposa de Alfonso II el Casto, hijo de Petronila de Aragón y Ramón Berenguer IV, conde de Barcelona, creó este monasterio para que lo habitaran damas de la nobleza, como hizo la reina a la muerte del rey. Además, en él vivían algunos monjes que se encargaban de tareas específicas, siempre a las ordenes de la priora. Aquí estuvo parte del archivo de la Corona de Aragón hasta que Jaime II lo unificó y depositó en Barcelona. Las revueltas del siglo XVII en Cataluña, la invasión de Felipe V en la Guerra de Sucesión y la posterior invasión napoleónica dañaron el monasterio. Tras la desamortización, las monjas vendieron parte de los tesoros de la iglesia, de modo que hoy en día pueden verse partes del retablo mayor en el museo de Arte de Cataluña; en el de Huesca; en el de Zaragoza; en el Diocesano de Lleida; en el de Santa Cruz de Toledo, y en diversas colecciones extranjeras. En 1923 fue declarado monumento nacional y poco después llegó el golpe definitivo para el convento durante la Guerra Civil, cuando un incendio destruyó las ricas pinturas y el alfarje mudéjar que decoraban la sala capitular.

Entre lo que ha llegado hasta nosotros destaca la impresionante portada, compuesta por catorce arquivoltas en degradación formadas por arcos apuntados. La iglesia tiene planta de cruz latina de una sola nave con crucero. La cubre una bóveda de cañón salvo en el crucero, con bóveda de crucería, y los tres ábsides, rematados por bóvedas de casquete. Arcos fajones se abren sobre semicolumnas adosadas al muro, que coinciden al exterior con contrafuertes. Un arco de medio punto, construido en ladrillo, da acceso al presbiterio.

En el brazo norte del crucero se encuentra el llamado Panteón Real, en el que se conservan los sarcófagos de doña Sancha y de sus hijos, doña Leonor, doña Dulce y don Pedro II.

Durante el siglo XV se produjeron algunas modificaciones en la iglesia y se adosaron la capilla de la Trinidad y la de la Concepción. Posteriormente uno de los ábsides se convirtió en la capilla barroca, con una cúpula sobre pechinas que guarda los enterramientos de varias prioras y otras religiosas. Si las religiosas lo permiten, hay que visitar también lo que queda de la sala capitular, una construcción rectangular de equilibradas proporciones dividida en seis tramos por arcos de diafragma apuntados.

A la izquierda, el paso entre la nave de la iglesia de Santa María de Sijena y la sala capitular. Arriba, la portada.

COLEGIATA DE SANTA MARÍA (Alcañiz, Teruel)

La ciudad más importante del Bajo Aragón turolense ha estado poblada ininterrumpidamente desde la prehistoria. Aquí se han descubierto numerosas cuevas que fueron los primitivos cobijos de los habitantes de la localidad. Se cree que los musulmanes fundaron de la ciudad a la que dieron el nombre, que parece significar «cañizo» o las «cañas». Logró Alfonso I el Batallador arrebatársela, pero poco después se perdió. De esa época nos llega la primera mención escrita a la ciudad, en documento de especial prestigio: el *Cantar del Mío Cid*.

Fue en el año 1157 cuando Ramón Berenguer IV, conde de Barcelona y príncipe consorte de Aragón, recuperó definitivamente la ciudad y le otorgó carta de población y fuero semejante a los que poco antes había concedido a Zaragoza, aunque más tarde su hijo Alfonso II entregaría la ciudad en custodia a la poderosa Orden de Calatrava. Como símbolo de su poder, los caballeros construyeron el impresionante castillo que aún hoy se alza sobre la colina, convertido en un parador de turismo.

Pero Alcañiz vivirá duros momentos, como los de la Guerra de la Independencia. Defendieron su ciudad contra los franceses en la batalla del monte de los Pueyos, pero fueron vencidos y la villa gravemente dañada. En ese mismo siglo vivirían también las incursiones de los seguidores de Ramón Cabrera, el Tigre del Maestrazgo, en la Guerra Carlista. «A la caída de la tarde entraron en la noble Alcañiz, que desde Roma viene fatigando a la Historia, ciudad vieja como un libro de antigüedades de Aragón y un muestrario de piedras elocuentes. A la luz crepuscular, los esquinazos góticos y mudéjares parecían bastidores de teatro, dispuestos ya, con las candilejas a media luz, para empezar el drama. Resonaban las herraduras de los caballos en el pedernal de las calles levantando chispas, y el ruido de tambores jugaba al escondite, sonando aquí, apagándose allá, en los dobleces de la edificación, y volviendo a retumbar a retaguardia de la tropa. Las plazuelas se unían por pasadizos, y las calles se retorcían unas sobre otras, oscuras, ondulantes. Soldados y algunos viejos se veían discurrendo por las calles; mujeres en algunas puertas... Triste y belicosa parecía la ciudad, como un guerrero herido que se ve forzado a combatir con la mano que le queda». Así describió Galdós cómo se encontraba la ciudad en *La Campaña del Maestrazgo*.

La colegiata de Santa María, en Alcañiz, iniciada en el siglo XVIII sobre los restos de una iglesia gótica anterior.

La colegiata de Santa María que podemos visitar hoy y que fue declarada monumento histórico artístico en 1931, comenzó a construirse en 1736, porque el anterior edificio gótico había resultado dañado en un incendio. De él se pudo conservar una torre campanario de la primera mitad del siglo XV que está adosada al brazo izquierdo de la iglesia, así como la capilla de la Soledad, cuya construcción había iniciado Gaspar Serrano a finales del siglo XVII.
El arquitecto fue Domingo de Yarza, que acababa de finalizar otra obra grandiosa: el Pilar de Zaragoza. Los primeros maestros de obras fueron Miguel de Aguas y Silvestre Colás. Fallecido el primero en 1750 le sucedió en el cargo fray Anastasio Aznar. Veintisiete años duraron los trabajos hasta que en 1757 se bendijo la obra.
Es una iglesia monumental en la que destaca la gran fachada, bien equilibrada gracias al juego de las líneas curvas y rectas. Dos torres de cuatro cuerpos diferenciados y remados en linterna rematan el frente principal. Un gran arco enmarca la portada, construida a modo de un gigantesco retablo, muy parecida a la de la catedral de Murcia. En el interior tiene planta cuadrada ochavada y cuatro plantas superpuestas en altura.
El retablo mayor es una obra neoclásica firmada por Tomás Llovet. La colegiata atesoró una importante colección de arte sacro que se conserva en la sacristía. Destacan entre otras piezas, un conjunto de pinturas góticas sobre tabla que han sido atribuidas a Domingo Ram, el Maestro de Alcañiz.
En la colegiata comenzó una tradición que se ha convertido en una de las señas de identidad del Bajo Aragón. El Viernes Santo de 1678, por iniciativa de un cuaresmero de esa iglesia llamado Fran Mateo Pestel, abrieron el desfile penitencial tres encapuchados que llevaban cada uno una trompeta, dos campanas y dos timbales. Años más tarde, se incorporaron seis nazarenos que agitaban unas dobleras. Más tarde, los vecinos participaban con matracas y carracas. Los tambores tardaron en aparecer, pero acabaron imponiéndose totalmente.
El Domingo de Pascua, al terminar las misas en la Iglesia del Carmen y en la de Santa María, sale de la primera una enorme granada que es conducida hasta la plaza. De la colegiata parte el Santísimo Sacramento bajo palio. En medio de la plaza, los portadores de la granada hacen tres reverencias ante el Altísimo. Después ésta se abre y aparece una Virgen rodeada de palomas que emprenden el vuelo.

De arriba a abajo, el interio de la cúpula y el notable pórtico de la iglesia, enmarcado en un gran arco. En la página siguiente, Santa María de Albarracín, templo iniciado en el siglo XVI.

SANTA MARÍA (Albarracín, Teruel)

Del año 2000 a. de C. son las primeras noticias que nos llegan de estas tierras, gracias a los restos del poblado hallado en Frías de Albarracín. En el siglo IX se instaló en la comarca la tribu celta de los lobetanos, cuya base económica y administrativa aún pervive en parte. Tras la ocupación romana se creó un grupo urbano en torno a una iglesia consagrada a Santa María, que fue capital de la región durante la invasión musulmana. A partir del siglo X impuso su dominio la familia Banu Razin, aunque continuó llamándose Santa María de Oriente. Tras diversos avatares, pasó a depender del rey de Murcia Ibn Mardanis, quien la cedió al navarro Pedro Ruiz de Azagra. Éste la renombró Santa María de Albarracín, la declaró independiente de castellanos y aragoneses y la comarca vivió en la independencia hasta 1285, cuando Pedro III de Aragón la somete. Luego pasaría a ser gobernada por el infante don Fernando, hijo de Alfonso IV de Aragón, después asesinado por su hermano Pedro IV de Aragón, quien se apoderó de la ciudad, aunque sus habitantes no le juraron fidelidad y exigieron que mantuviera el poder la infanta Inés de Portugal, viuda de don Fernando. En 1379 se llegó a un pacto y el de Aragón firmó unos fueros que le reconocieron una casi total independencia. Felipe II derogó la mayor parte de su legislación, y el Decreto de Nueva Planta que firmó Felipe V en 1707 suspendió lo que quedaba de autonomía.

La iglesia de Santa María es uno de los monumentos más importantes de la ciudad, toda ella monumento nacional desde 1961. Ocupa el emplazamiento del templo mozárabe que fue el primero en la ciudad. El edificio se inicia en el siglo XVI, y los planos y la obra se atribuyen al arquitecto Quinte Pierres Vedel. Cuenta con una sola nave que está cubierta con bóveda de crucería, y los contrafuertes guardan algunas reminiscencias mudéjares. En el interior el espacio entre ellos se ha aprovechado para intercalar capillas laterales. Uno de los lugares más interesantes es la Capilla de la Comunidad, que fue realizada en 1572. Su bóveda está decorada con fantásticas yeserías policromadas.

Posee además numerosos retablos ricamente decorados, de los que el más significativo es el que se encuentra en el altar mayor, una obra del siglo XVI realizada en estilo gótico tardío.

SANTA MARÍA DEL MAR (Barcelona)

Cuando los cristianos recuperaron Barcelona en el siglo X, un cierto número de judíos y musulmanes se establecieron extramuros en el llamado Raval dels Sarraïns (Arrabal de los Sarracenos) que estaba próximo al mar. Poco a poco, la zona se fue poblando de marineros, comerciantes, artesanos, descargadores del puerto, prestamistas, mercaderes y hasta aristócratas. En el siglo XIV, el canónigo de la catedral de Barcelona Bernat Llull encargó al maestro Berenguer de Montagut la construcción de una nueva iglesia en esa próspera zona, cuya primera piedra se colocó en 1329. El arquitecto fue un diseñador excepcional que purificó las formas hasta extremos indispensables, y el primero en alejarse del gótico francés y sentar las bases del gótico catalán. El templo fue terminado en un tiempo relativamente breve y en agosto de 1382 Pedro el Ceremonioso asistió a la celebración de la primera misa.

En 1428 un terremoto desplomó el gran vitral de la fachada, que se rehizo en 1459 en estilo gótico flamígero y con la Coronación de la Virgen como tema central. Es la que todavía puede contemplarse.

La iglesia sufrió un duro golpe en 1714. Cuando la ciudad cayó ante las tropas de Felipe V, el rey Borbón ordenó la demolición de seis iglesias y ochocientas casas del barrio de la Ribera para construir una ciudadela. El último revés le vino en 1936, cuando fue expoliada e incendiada. Sin embargo, la belleza del templo no había dependido nunca de retablos ni tapices. Procede de su perfecta estructura, y eso no desaparece fácilmente.

Desde el exterior predomina su aspecto sobrio. Sus muros son lisos y la fachada occidental en la que se encuentra la puerta principal, está decorada con el gablete de la portada y la gran vidriera en forma redonda. Está flanqueada por dos delgadas torres laterales que acaban con tres pisos de ventanas, el tercero mucho más estrecho. Llama también la atención el tejado plano, que es otra característica de este estilo arquitectónico en Cataluña.

Rodean a la puerta finas columnas en grupos de cuatro que se prolongan en arquivoltas con arcos ojivales. Los capiteles están decorados con motivos geométricos y vegetales, pero en algunos aparecen representados los llamados «bastaixos de Ribera», los descargadores del muelle que era un gremio de considerable importancia. Todos ellos aparecen

Una de las esbeltas torres góticas de Santa María del Mar, en Barcelona.

representados con «barretina». La decoración escultórica, muy escasa, está representada en el tímpano con una imagen de Cristo Sedente a la que flanquean la Virgen y San Juan, tallas de un estilo un tanto primitivo. Más elaboradas son en cambio las estatuas de San Pedro y San Pablo situadas a cada costado de la puerta, bajo floridos doseles. En la calle Sombrerers hay otro portal de acceso cuyo tímpano está decorado por una imagen de la Virgen con un niño Jesús que sostiene la bola del mundo.
El interior de la iglesia sorprende por su sencillez. Nos encontramos en un edificio de tres naves sin crucero pero con deambulatorio y nueve capillas radiales, siete aparecen en la parte curva y dos en la recta. El resto del espacio se corresponde con cuatro grandes tramos cuadrados con tres capillas laterales por tramo. Las columnas son prismas octogonales, desnudas sin nervios y tienen dieciocho metros de altura. Hay quince metros de separación entre cada columna, lo que resulta excepcional en la arquitectura gótica y contribuye a crear sensación de espacio. Sobre ellas se eleva una bóveda
El espacio entre el extremo de los contrafuertes y el final de las naves laterales se incluye en el interior del edificio ya que el constructor hizo retroceder el muro lateral hasta ese punto y aprovechó el espacio para colocar tres capillas en cada tramo, que tienen la mitad de la altura de las naves laterales.

La nave central se ilumina mediante aberturas abiertas en el tejado de la nave central. En las naves laterales se abre una ventana por tramo y a su vez, en cada capilla se abre una estrecha ventana. Al final de la nave central se encuentra el sencillo presbiterio, sobre un podio. Está rodeado por ocho columnas muy delgadas que forman casi un segundo ábside y aíslan esta zona del deambulatorio.
Por detrás se encuentra la girola absidal de tramos trapezoidales. Esbeltos pilares sostienen la bóveda de tracería que cubre está zona. Los muros están ocupados por estrechos ventanales con vidrieras de los siglos XV y XVIII. Por la girola se puede acceder a la capilla del Santísimo Sacramento, una construcción neoclásica que fue añadida al templo entre los años 1833 y 1835 por el arquitecto Francesc Vila. La iglesia está presidida por una talla que ha sustituido al retablo mayor barroco, quemado en 1936. Es del siglo XV y todavía muestras huellas de la policromía original.

El gran rosetón (arriba), un detalle de la portada principal, y la fachada de Santa María del Mar.

SANT VICENÇ (Cardona, Barcelona)

Desde el llano, quien se aproxima a Cardona se siente observado por la impresionante mole que aún hoy forman el castillo y la iglesia de los condes. Estas tierras y edificios pertenecieron a uno de los linajes más poderosos de Cataluña, los vizcondes de Osona, que dependían del obispado de Vic. En 1040 Ramón Folch, hermano del obispo Eribald, se estableció en esta tierra y tomó el título de conde de Cardona. La familia Folch siguió en posesión del título hasta el siglo XVII. Juraron fidelidad a los condes de Barcelona y participaron en todas las empresas que iniciaron como reyes de Aragón.
Sant Vicenç comenzó a construirse en 1019, cuando el vizconde Bremona convocó un concilio familiar para decidir si se restauraba la iglesia del castillo. Las obras se pusieron bajo la dirección de Eriball, obispo de Urgell y continuaron tras su muerte. La consagración del templo tuvo lugar en el año 1040, al tiempo que se realizaba el traslado de la familia a Cardona.
La iglesia que ha llegado hasta nuestros días tiene nave central y dos laterales, transepto, crucero con cúpula, tres ábsides y una cripta. La nave central viene precedida por un nártex. Las columnas que separan las naves y sostienen la bóveda son de una complicación extrema, pues cada arco transverso está decorado con uno de resalto. La bóveda central es de cañón continuo, con arcos fajones. Las laterales, más estrechas, se cubren con soportes, y en cada tramo aparecen tres bovedillas. Los arcos fajones sobresalen al exterior en forma de contrafuertes muy desarrollados. La nave central es mucho más elevada que las laterales.
Sobre el crucero se levanta todo un sistema de cúpulas que se transforman por medio de trompas desde el cuadrado de base hasta convertirse en círculo. La cúpula está horadada para permitir el paso de la luz. El transepto se proyecta sólo ligeramente fuera de las naves laterales.
El presbiterio está algo más elevado que el resto del templo. En su interior se disponen siete nichos menores y dos mayores en el tramo recto. Se cubren con arcos que se apoyan en columnas con fustes redondeados. Desde el crucero una amplia escalera facilita el acceso a la cripta. En el lugar que en el piso superior ocupan la nave y el ábside central se sitúan abajo tres naves de cuatro tramos. Para garantizar la solidez de la obra se utilizaron columnas monolíticas y capiteles cúbicos sencillos. Dos escaleras estrechas permiten acceder directamente.
El exterior del ábside central, así como las paredes laterales del presbiterio están decorados con arcos y lesenas en grupos de dos y dos, bajo los cuales hay ventanas ciegas. En los absidiolos aparecen arcos similares y en la pared oriental de cada brazo del transepto, aparecen tres fornículas ciegas.

Sant Vicenç, en Cardona (Barcelona), un templo que se consagró en el año 1040.

Abajo, la hermosa iglesia de Sant Pau del Camp, en Barcelona. A la derecha, un detalle del claustro.

SANT PAU DEL CAMP (Barcelona)

Como su nombre indica, este monasterio benedictino se encontraba en las huertas que rodeaban la ciudad y que le procuraban sustento. Se desconoce la fecha de su fundación, pero la lápida sepulcral de Guifré II Borrell aquí hallada data de 912. En 985 Almanzor asoló Barcelona y Sant Pau no se salvó de la quema. Fue reconstruido, pero la destrucción llegó de nuevo con los almorávides. En 1117 se reconstruye bajo las órdenes de Gibert Guitard i Rillendís. En el siglo XIV, cuando Pere III mandó construir el último tramo de las murallas, quedó dentro del círculo productor. Los monjes abandonaron el convento en 1835 con la desamortización de Mendizábal. Fue colegio y cuartel en el siglo XIX, hasta que un grupo de barceloneses encabezados por Víctor Balaguer consigue que sea declarado monumento nacional en 1879, lo que no le salvó de ser incendiado en 1909 durante la Semana Trágica y de nuevo en 1936. Posteriormente ha sido cuidadosamente restaurado.

Es el más importante conjunto románico que conserva la ciudad. Está rodeado por un jardín y al lado, puede verse la casa abacial, una construcción

representativa del gótico civil catalán de los siglos XIII y XIV, que conserva una ventana románica.

La fachada se adorna con arquerías lombardas. Se distribuye en dos cuerpos. El superior termina con cubierta a doble vertiente, mientras que el inferior tiene un friso de tres arcos ciegos sobre ménsulas con decoraciones vegetales, cabezas humanas y animales fantásticos. Aparecen también en la fachada unos capiteles que se aprovecharon de la anterior edificación románica. Se distinguen de los posteriores porque no llevan incorporada la moldura inferior. Sobre la puerta hay un Tetramorfos con San Marcos representado por un león, San Lucas por un toro, San Mateo por un hombre con alas y San Juan por un águila. El tímpano está presidido por Cristo en Majestad. Sostiene un libro en la mano izquierda, mientras concede una bendición con la derecha.

El templo se edificó con planta de cruz latina y tres ábsides semicirculares, además de una torre octogonal que se alza sobre el crucero. La nave está cubierta con sencillas bóvedas de cañón. En la cabecera se abren tres ábsides semicirculares además del central de tamaño mayor Por el brazo norte, a través de una puerta con arco apuntado, se accede a lo que en un tiempo fue sala capitular de estilo gótico y es hoy capilla del Santísimo, desde la cual se accede a una de las joyas del edificio, el claustro. Tiene arcos polilobulados que descansan sobre parejas de columnas geminadas de esbelto fuste, rematadas por capiteles muy trabajados. La estructura caprichosa de estos arcos recuerda la influencia lombarda, pueden proceder de los numerosos contactos que se producían entonces entre Barcelona y Sicilia donde había triunfado un estilo en el que se mezclaban las influencias musulmanas y las normandas.

SANTA MARÍA (Castelló d'Empuries, Girona)

Aquí construyeron los griegos su primera ciudad cuando llegaron a las costas españolas. Los romanos ocuparon después Empúries y la engrandecieron. Muy cerca se edificó otra ciudad en la Edad Media, más alejada del mar para defenderse mejor de los ataques marítimos. Fue la capital del condado de l'Empurdà y en este emplazamiento se levantó una iglesia románica en 1064. Después se quiso construir una iglesia que pudiera sustituir a la sede episcopal de Girona, y en el siglo XIII se encarga a Ramón de Chartres la construcción de un templo monumental. Por varias razones la obra fue retrasándose y no concluyó básicamente hasta el siglo XV. Después se continuaron haciendo reformas, unas motivadas por las necesidades de la población, otras por los deseos de grandeza y algunas más para reparar incendios y expolios, producto de las diferentes guerras que asolaron la comarca.
Destaca el elevado campanario, parte de la primitiva construcción románica. La torre de planta cuadrada se eleva hasta los treinta y seis metros. Está dividida en cinco cuerpos y en los tres últimos se abren aberturas triforadas en cada uno de los muros.
Flanqueada por dos torres se encuentra la portada de poniente. Es obra del maestro Antonio Antigoni y sorprende por su belleza. Toda ella está realizada en mármol blanco. Seis arquivoltas en disminución decoradas con motivos vegetales rodean con sus arcos apuntados la puerta. La base de cada una se convierte en hornacina, con estatuas de los doce apóstoles. En el tímpano se representa la Epifanía. Por encima se abre un gran rosetón gótico.
Consta de planta rectangular, tres naves, capillas laterales y una cabecera con tres ábsides poligonales. Cada una de las naves sustenta su bóveda en nueve arcos torales apuntados, sostenidos por pilares cilíndricos de gran tamaño. Se abren en las paredes grandes ventanales de arco apuntado sostenido en su centro por dos finas columnas. El edificio está reforzado por grandes contrafuertes rematados por gárgolas. El ábside es de planta poligonal con siete lados, de los que sólo tres corresponden a capillas situadas al fondo. Dos están ocupados por pequeños ábsides laterales y entre ellos se abren dos construcciones de la primitiva iglesia románica. Al

Santa María se construyó entre los siglos XIII y XV sobre una iglesia románica anterior, con aspecto de fortaleza.

Sobre la fotografía pequeña, con vidrieras, una capilla, un detalle con las arquivoltas de la entrada principal, y el tímpano del pórtico.

sur se abre la antigua sacristía románica, y al norte el acceso a la nueva sacristía.
El altar mayor es una piedra de grandes proporciones muy adelantada respecto del retablo mayor. Éste, realizado totalmente en alabastro, presenta un conjunto de tallas trazadas con un arte preciso y delicado. Sobre el zócalo el autor creó un banco esculpido dividido en dos zonas. En la inferior aparecen ángeles que sostienen los escudos de los promotores de la obra, y en la superior se representa la Santa Cena; el beso de Judas; la flagelación; el vía crucis; la Crucifixión; el descendimiento de la Cruz; una piedad, y el santo entierro. Todas las figuras muestran los rasgos característicos de la escultura borgoña: realismo dramático, anatomía exacta, cuidado en los ropajes. Por encima aparecen tres plafones de mayor tamaño. El del centro está destinado al rostro doliente de Cristo y a sus lados aparecen la Virgen y San Juan. Estas imágenes presentan ya algunas características renacentistas. Las escenas están cubiertas por ocho doseles sobre los que hay una cenefa decorada con motivos vegetales. En el centro se levanta una hornacina con la imagen de la Virgen de la Candelaria, patrona de la ciudad. Es una talla creada a principios del siglo XV en la que destaca la serenidad del rostro de la Virgen. Unos complicados pináculos decorados con ángeles se inclinan sobre la hornacina. El retablo podría ser obra de todo un equipo de maestros entre los que se hallarían el francés Pons Gaspar y dos maestros locales, Andreu d'Orts y Miquel Llop. La hornacina pudo ser obra de Vicens Borrás.
Entre las veinticinco capillas con que cuenta la iglesia destaca la de San Esteban, detrás del altar mayor. En la izquierda se encuentra la sepultura de Pere Bou, arcediano fallecido y enterrado en 1410. Lo cubre una figura yacente, recostada sobre dos leones y protegida por un arco, bajo el que se ha representado una procesión mortuoria.
Una de las joyas de la iglesia es el siguiente conjunto funerario que pasó aquí cuando la desamortización acabó con aquel recinto monacal. Se trata de dos sepulcros con estatuas yacentes que han sido colocados uno sobre el otro. La figura inferior representa a un guerrero y en el fondo del relieve hay dos personas con una sábana funeraria. Los relieves laterales reproducen un séquito funerario en el que está el escudo de Empúries. El sepulcro de encima tiene un bajorrelieve con seis personajes. La tradición quiere que se trate de Huguet y Magauluí, hijos de Pons Hug IV, que al morir sin descendencia resultaron los últimos de su estirpe.
Entre las restantes capillas destaca la de Santa María la Antigua, obra barroca de mediados del XVIII, con algo de rococó, cuyo retablo ha sido varias veces restaurado. La imagen de la Dolorosa es obra del escultor contemporáneo Josep M. Bohigas.
En lo que respecta a la capilla de la Santísima Sangre, está cubierta por bóveda cañón recortada en la unión con los muros por pequeñas lunas que dan paso a ventanales. El altar es de influencia neoclásica. Cubren las paredes una serie de telas en las que se representan escenas de la Pasión.
A la entrada del templo se encuentra una pila bautismal de un solo bloque de piedra con dos huecos. El mayor, de 1,40 metros de diámetro, estaba destinado al bautizo de adultos y el menor, de 0,90, suspendido sin llegar al suelo, se usaba para los niños. Ambos están decorados con arcos lombardos y pertenecen a la construcción románica.
Detrás de la pila, se encuentra un pequeño altar lateral de San José que es uno de los pocos que se salvaron de las distintas destrucciones y conserva un interesante retablo renacentista.

SANT JOAN DE LES ABADESSES (Girona)

Según la tradición fue Jofré el Pilós, (Wifredo el Velloso), quien instituyó el monasterio de Ripoll y a pocos kilómetros, aunque algo más protegido por la montaña, otro recinto para monjas al frente del cual puso a su hija Emma. Permanecieron las monjas en el lugar desde 887 hasta 1017. En el documento de expulsión, una bula del papa Benito VIII, se les acusaba de entregarse al fornicio y la lascivia, de practicar infanticidios y de ser «meretrices de Venus». Las monjas fueron expulsadas, pero su lugar fue ocupado por una comunidad de canónigos. El obispo Pons de Munel consagró la primera piedra de la iglesia en 1050, y se terminó un siglo después. A principios del siglo XX el arquitecto Puig i Cadafalch emprendió una remodelación que no pudo finalizar. En los años cincuenta Durán i Reynolds terminó la obra de restauración.

Por estas tierras cabalgaba un jinete en su caballo negro, el conde Arnau, señor de Mataplana, con posesiones en Campdenavànol, apenas a diez kilómetros. Se cuenta que hizo construir un pasadizo secreto para acceder al convento, donde sedujo a varias monjas y novicias. La llegada de una nueva abadesa que mandó tapiar el pasadizo, no hizo desistir al conde. Enamorado de una novicia, forzó la entrada y se trasladó hasta la celda que ocupaba su enamorada. Pero la joven estaba muerta. Sólo abrió sus ojos un momento para pedirle que hiciera penitencia por sus pecados. Enloquecido de dolor y seguido por una jauría de perros, el conde emprendió la huída a caballo. Dicen que aún cabalga, y que en las noches de luna llena consigue forzar de nuevo la entrada del monasterio y pasear por sus claustros, penando por su amada.

La iglesia tiene planta de cruz latina, nave única con bóveda de cañón y tres ábsides de influencia lombarda. Exteriormente está decorada con arquerías columnas y capiteles. La capilla central tiene deambulatorio y capillas radiales, muy semejantes a las iglesias francesas de peregrinación.

Entre sus tesoros destaca el grupo escultórico del *Santísimo Misterio*. Se trata de un *Descendimiento* de 1250, en madera policromada. El grupo se organiza en torno a la figura de un Cristo que tiende la mano derecha hacia su madre. La escena la completan San Juan Evangelista, José de Arimatea, Nicodemo, y los dos ladrones. La magnífica escultura es venerada, además, porque se descubrió en la cabeza de Jesús una hostia consagrada que había permanecido intacta durante varios siglos.

Otro de los tesoros del monasterio se encuentra en el extremo derecho del transepto. Es el retablo de la Virgen Blanca, tallado sobre mármol por el florentino Simón Palo. En la capilla barroca del Santísimo Sacramento puede admirarse también una escultura de Viladecans.

Conviene contemplar el sepulcro del beato Miró, del siglo XI, así como admirar los tres arcos que se conservan del claustro antiguo o de San Mateo, obra del siglo XII, y el claustro mayor, del XV, con esbeltas columnas lombardas.

Sant Joan de les Abadesses, con detalles del grupo escultórico del Santísimo Misterio; el retablo en mármol llamado de la Virgen Blanca, y un retablo barroco.

SANTA MARÍA (Montblanc, Tarragona)

Un detalle de una columna barroca (abajo) y vistas del lateral y de la portada principal de Santa María de Montblanc, en Tarragona.

La capital de la Conca de Berberà se levanta sobre una colina a orillas de río Francolí, que domina todo el entorno. La importancia de la ciudad creció en el siglo XII cuando se le concedió el privilegio de ser villa franca, es decir, liberada del pago de gabelas y tasas de todo tipo. La ciudad quedó protegida por unas imponentes murallas, se pobló de conventos, celebró mercados y los judíos se instalaron en un «call» que adquirió gran renombre. En el siglo XIV se instauró el ducado de Montblanc a favor de Martín el Humano y se comenzaron las obras de construcción de la iglesia de Santa María la Mayor, con la idea de que se convirtiera en la catedral de estas tierras. Fue el arquitecto inglés Reinard des Fonoll, que había trabajado anteriormente en el Monasterio de Santes Creus, quien inició los trabajos en 1352. Las obras se desarrollaron muy lentamente. En 1528 tuvo lugar la consagración pero los trabajos todavía no habían concluido. Un incidente ocurrido durante la Guerra del Segadors destrozó la fachada de la iglesia, que tuvo que ser reconstruida entre los años 1653 y 1667 en el estilo barroco característico de este tiempo. Las sucesivas guerras y la plaga de la filoxera que destrozó las viñas sumieron a la ciudad en un letargo económico y social del que sólo comenzó a resurgir a mediados del siglo XX.

La iglesia domina la ciudad desde lo más alto de la colina. Su monumental portada barroca ha sido tallada a modo de un gran retablo y está dividida por cornisas y columnas corintias. Hornacinas con estatuas contribuyen a su grandiosidad.

Es templo de amplia nave única cubierta con bóveda de crucería. En la parte superior de los muros se practicaron aberturas que facilitan la iluminación de la iglesia. En el espacio que dejan libre los sólidos contrafuertes se han abierto pequeñas capillas que resultan un tanto sombrías por la falta de ventanas. Sobre el altar mayor destaca una talla de la Virgen con Niño fechada en el siglo XIV. A la derecha del mismo, se encuentra un interesante retablo de piedra que fue tallado también en el XIV, dedicado a los santos Bernabé, apóstol y Bernat, aunque no el de Claraval, sino de Calbó, que había nacido en el Manso Calvo, cerca de estas tierras. Es importante el coro, en el que se conservan una interesante sillería barroca, una magnífica talla gótica de la Virgen y un órgano de Josep Vicens de 1753.

Todos los meses de abril el pueblo participa en el montaje teatral que escenifica episodios medievales en estos escenarios. En iglesia de Santa María se encuentran peregrinos que viajan, obispos que ejercen su poder, sacerdotes que imparten su magisterio, monjes que leen a la luz de las velas, monjas que rezan… todo un mundo medieval recreado en el siglo XXI en el escenario construido por los hombres de aquel tiempo para vivir su cotidianedad.

La iglesia de Santes Creus (Tarragona), consagrada en el siglo XIII. Abajo, detalles de los capiteles de Reinard des Fonoll, en el claustro.

SANTES CREUS (Tarragona)

La historia de Santes Creus comenzó por un pleito de honor. Fue en el año 1150 cuando Guillem Ramon de Montcada y sus hijos donaron a la abadía de la Gran Selva de Languedoc, unas tierras en Valldaura, entre Barcelona y Cerdanyola. Al parecer el patriarca de la familia había matado al obispo de Tarragona por un pleito de honor. Acudió al Papa para que le perdonara y después, a modo de compensación, ofreció este monasterio.

Posteriormente los monjes decidieron acudir a un lugar más apartado para mejor consagrarse a la oración y se trasladaron a estas tierras de lo que hoy es Alt Camp de Tarragona, junto al río Gaiá. Tuvo el monasterio en sus primeros años dos grandes priores uno de los cuales incluso llegó a Santo, que contribuyeron en gran medida a enriquecer el convento. Fueron ellos Bernard Calbó, consejero del rey Jaime I el Conquistador, y Gener, quien logró la protección de Pedro II.

El monasterio comenzó a decaer a principios del siglo XIX. La desamortización subastó los bienes y en 1835 los monjes abandonaron el lugar, que fue saqueado e incendiado. Unos años después, en 1843, uno de esos monjes que se había quedado como párroco del lugar, Miquel Mestre, obtuvo el permiso para utilizar la iglesia monacal como parroquia. Fue el mismo sacerdote quien convenció a trece familias campesinas para establecerse en las casas que ocupaban antiguamente los religiosos ancianos y se comenzó a recuperar el lugar. En 1844 se creó una comisión para restaurarlo y desde el año 1921 es monumento nacional. Actualmente pertenece a la Generalitat de Cataluña.

La iglesia comenzó a construirse en 1174 y fue consagrada en 1211. Sigue el esquema cisterciense de cabecera rectangular y ausencia de decoración. La fachada principal, muy austera, fue realizada en el siglo XII y es de estilo románico, aunque está rematada por un gran ventanal gótico. En el interior está organizada en planta de cruz latina con tres naves y cinco capillas absidiales cuadradas. Las bóvedas son de crucería, trazadas con una línea tan austera como el resto del templo. El único ornamento es el soberbio rosetón del ábside. Destaca el gran retablo mayor de estilo barroco realizado en 1640 por JosepTremulles.

Sería imperdonable abandonar Santes Creus sin antes dedicar unos minutos a visitar las dependencias del monasterio, entre las que destaca el gran claustro gótico obra del maestro inglés Reinard des Fonoll, autor de sus maravillosos capiteles, quien dejó su autorretrato en uno de ellos.

SANT CLIMENT (Tahull, Lleida)

Un remoto valle perdido en el Pirineo, a 1482 metros por encima del nivel del mar, ha preservado cuidadosamente algunas de las más valiosas muestras de la arquitectura románica que se conservan en la Península. Apartado durante siglos de las rutas más comunes, con una economía basada en la agricultura y la ganadería en pequeña escala, el valle de Bohï ha entrado en las más recientes rutas turísticas cuando se ha descubierto la promoción conjunta de los deportes de aventura y de la aventura cultural. En el mismo paquete turístico para colegiales que acaban cursos diversos, están incluidos parques temáticos, descensos por aguas más o menos turbulentas y una visita a las iglesias románicas del Pirineo. Al menos el paquete ha servido para revitalizar una zona que vivía días sombríos.
Pero el valle vivió sus momentos de esplendor en los siglos XI y XII, cuando las tierras cristianas apenas llegaban a las ciudades aragonesas de Huesca o Barbastro. La actual iglesia de Sant Climent, en el municipio de Tahüll, comenzó a construirse a principios del siglo XII aprovechando las cimentaciones y partes bajas de la cabecera y del muro meridional de un templo anterior. Ha llegado hasta nuestros días incluso su fecha de consagración: el 10 de diciembre de 1123. El encargado de convertirla en lugar sagrado fue quien entonces era obispo de Barbastro y Roda, antiguo prior de la abadía de San Serenín en Tolosa, de nombre Riamundo o Raimón, al que la iglesia le ha reconocido sus méritos y milagros concediéndole el título de santo.
En el exterior su elemento más destacable es su campanario. Se trata de una torre exenta, situada al sur del cuerpo de la iglesia. Es de planta cuadrada con seis pisos con ventanas geminadas. En cada uno de ellos se repite la misma estructura arquitectónica y decorativa: pilares resaltados en los laterales que forman esquina con la cara siguiente. El remate superior tiene cinco arquerías de tipo lombardo y un friso de separación con el piso siguiente. Remata el conjunto, visible desde cualquier lugar del valle, un capitel de poca verticalidad.
Tanto el campanario como el resto de la iglesia ha sido construidos con materiales muy rústicos procedentes del mismo valle. Se ha utilizado piedra de sillería pero con cortes muy bastos y sin pulir. El conjunto es austero, sencillo, un tanto arcaico. La decoración también es muy simple. Los ábsides están adornados con bandas y arquillos ciegos muy elaborados, que siguen los modelos de la tradición lombarda. En sentido vertical, unas pilastras de refuerzo poco salientes rompen la monotonía de los muros. Las escasas ventanas son de doble derrama y se encuentran situadas en los muros del ábside y también a los pies del templo.
La portada principal, muy sencilla, se abre sobre un pórtico de gran tamaño. Ya en el interior encontra-

Los ábsides, con decoración de arcos ciegos, y la esbelta torre de la iglesia de Sant Climent de Tahüll, en Lleida.

mos una planta basilical de tres naves que tienen una ligera convergencia hacia el presbiterio. La central se levanta a mayor altura que las laterales. Arquerías de medio punto sobre pilares redondeados marcan las separaciones. En el arco antipresbiterial hay un medallón con la imagen del Agnus Dei, representado por un cordero con siete ojos y la cabeza rodeada por nimbo crucífero.

Un arco triunfal permite el acceso a la cabecera del templo, que está formada por tres ábsides semicirculares que fueron cubiertos por bóvedas de cuarto de esfera, mientras que para el resto del templo se utilizó una sencilla cubierta de madera a dos vertientes. El arco está decorado con otro medallón formado por varios círculos concéntricos o nimbos en medio de los cuales aparece la mano de Dios que otorga sus bendiciones hacia la imagen que se encontraba en el lado izquierdo y que debió de ser Abel sacrificando un cordero.

Una de las mayores riquezas del templo es el conjunto de pinturas románicas que decoraban las paredes. La mayor parte de los originales fue trasladado hace un siglo al Museo de Arte de Cataluña en Barcelona, pero éstos han sido reproducidos cuidadosamente en las paredes de la iglesia. En las columnas más próximas al ábside central y sobre el ábside norte quedan fragmentos de las pinturas primitivas en forma de animales fantásticos. Todas las pinturas fueron realizadas al fresco, y los retoques finales se dieron al temple. Se trata de una pintura siempre sencilla, muy lisa, con colores puros entre los que predominan rojos y azules. Las figuras, casi todas frontales, están delimitadas por líneas negras bastante gruesas, en el interior de las cuales se han aplicado los colores.

El ábside central se estructura en dos áreas. La una corresponde a la bóveda de cuarto de esfera que lo cubre. La segunda ocupa el hemiciclo horizontal a la altura de la ventana, y el tema central es la figura del Cristo en Majestad, el Pantócrator, una imagen solemne y majestuosa, de gran tamaño, situada en el centro de la iglesia y simétrica al eje central. La imagen tiene un aspecto hierático y solemne. Jesús aparece de cuerpo entero, sentado en un trono representado por un círculo decorado con palmetas entrelazadas. La cabeza aparece rodeada por un nimbo de forma cruciforme que se utiliza en la tradición románica únicamente para señalar la cabeza de Cristo. Sostiene en la mano un libro en el que se lee *Ego Sum Lux Mundi* (yo soy la luz del mundo). Dos letras griegas aparecen junto a su cabeza, alfa y omega, principio y fin.

Rodean la figura del Pantócrator los cuatro evangelistas. En la parte superior aparecen San Mateo y San Juan, que porta en brazos a su característica águila. En la inferior se encuentran San Marcos con el león y San Lucas con el toro. Completan el conjunto pictórico serafines que extienden sus enormes alas cubiertas con múltiples ojos.

A ambos lados de la ventana del presbiterio aparece un conjunto de apóstoles acompañados de la Virgen. Cada uno está emplazado en un registro independiente, cubierto por un arco y separado del vecino por una columna. De este impresionante conjunto románico han desaparecido algunas imágenes, pero las que quedan están perfectamente identificadas, y con sus nombres. De izquierda a derecha, están presentes Santo Tomás, San Bartolomé, la Virgen María, San Juan, Santiago y San Felipe. Todas las imágenes tienen su cabeza rodeada por un nimbo circular, distintivo de la santidad. María porta además en sus manos una copa de la que parten rayos luminosos, que indican que se encuentra en ella el Corpus Christi.

Reproducción de las pinturas románicas. El fresco original está en el Museo Nacional de Arte de Cataluña.

SANTA MARÍA (Agramunt, Lleida)

Fue el conde de Urgell, Ermengol IV, quien tomó la ciudad de Agramunt a los musulmanes en el año 1070. Un descendiente suyo, Ermengol VII, le concedió carta de población y fue él quien encargó la construcción de esta iglesia, que se comenzó en 1163 y tardó más de dos siglos en construirse. El último elemento fue el campanario, adosado a la nave del Evangelio. Es del siglo XIV y a diferencia del resto del templo, sigue las normas del gótico.
La portada, fechada en 1283, es una de las más importantes del románico catalán. Las arquivoltas que enmarcan la puerta descansan sobre dieciocho columnas en cada lado. El arco de ingreso sobre dos pilares de sección rectangular y una columna adosada en el ángulo. En la decoración eminentemente vegetal del arco se intercalan algunas figuras orantes. Tres grupos escultóricos, ofrecidos por el gremio de tejedores, están insertados en relieve. El del centro muestra una talla de la Virgen sentada con el niño descansando sobre sus piernas. A la izquierda puede verse a los tres reyes de Oriente, y a la derecha la Anunciación. Los capiteles de las columnas que sostienen este arco están también decorados con figuras vegetales y animales. Uno de ellos es un elefante que porta encima un templete.

La fachada y el interior de la iglesia de Santa María en Agramunt (Lleida). Sobre estas líneas, detalle de un arco cegado.

Por encima se elevan las arquivoltas, la mayoría adornadas con motivos geométricos. Dos de ellas son la excepción. En una se tallaron imágenes de reyes y reinas que muestran libros, instrumentos musicales y en un caso, un niño. La otra arquivolta fue decorada con patriarcas, profetas y santos. Toda la puerta principal aparece cubierta por una retícula de hierro forjado que forma hexágonos que parece tener una inspiración claramente oriental.
El templo se organiza en tres naves cubiertas con bóvedas de cañón apuntado, separadas por arcos con una doble línea de refuerzo. Los arcos torales dividen la nave central en cuatro tramos y descansan sobre un complicado soporte formado por un pilar escalonado al que se han adosado dos columnas superpuestas sobre un plinto. Los capiteles están profusamente decorados y entre los motivos vegetales puede verse la firma de tres de los escultores que trabajaron en la iglesia: Sartre, Milavel y Meces. La cabecera está formada por tres ábsides semicirculares, el central de mayor tamaño. Por el exterior están decorados con arquerías ciegas que en los laterales se separan mediante lesenas y en el central por medio de columnas coronadas por capiteles.

SANTA MARÍA (Cervera, Lleida)

En esta colina que domina la comarca de la Segarra hubo un castro de los ilergetes, vivieron los romanos, y establecieron los musulmanes una ciudad fortificada a la que en su día denominaron Hnis Dhervera, nombre del que deriva Cervera, un lugar que fue tomado a los árabes en 1395, y que desde entonces se convirtió en feudo de los reyes de Aragón. Durante la Guerra de Sucesión fue la única ciudad catalana que tomó partido por el pretendiente Borbón. El rey Felipe V se lo agradeció concediéndo a la ciudad el privilegio de tener universidad cuando como castigo por la insumisión había clausurado la de Barcelona. Durante más de un siglo aquí estuvo el único centro de estudios superiores de toda Cataluña.

La Colegiata de Santa María es un edificio gótico comenzado a construir mucho antes de que tuviera lugar la guerra entre los partidarios de las casas de Austria y de Borbón, exactamente en el siglo XIII. Gran parte de la construcción se terminó en el XIV, pero todavía continuaron las obras hasta el XIX.

Desde el exterior lo que más llama la atención es la esbelta torre del campanario, que se levanta sobre el crucero. Se trata de una obra dirigida por Pedro de Vallebrera en el siglo XV, y presenta algunas similitudes con el campanario de la Seo o catedral de Lleida. Su planta es octogonal, y en los muros superiores se abren varios ventanales de estilo gótico rematados por una cornisa de arquillos ciegos trilobulados. La portada principal fue construida en el año 1821 en estilo neogótico, pero existe otra portada más sencilla que corresponde al primitivo templo y es de estilo románico.

La iglesia, con planta de cruz latina, tiene tres naves y ábside pentagonal con girola en la que se abren ocho capillas.

Durante el siglo XVIII, el de mayor esplendor de la ciudad, se construyó un muro decorado con esculturas de Jaime Pedro que aisló la capilla mayor del ábside, con intención de construir un coro. En el altar mayor destaca la talla románica de la *Mare de Déu del Coll de les Sabines*, una imagen policromada realizada en el siglo XII.

El templo conserva algunos importantes monumentos funerarios, entre los que destacan los sepulcros de Ramón el Viejo y Berenguer de Serra Castellor, y muy especialmente el de Ramón Serra, esculpido por Jordi de Déu. Los tres son obra del siglo XIV y están decorados con escudos y estatuas yacentes. Incluyen bajorrelieves que recogen temas como los funerales, la Resurrección y también un Calvario. Por otro lado, son de destacar igualmente los restos de algunos vitrales para el presbiterio que realizó el maestro Colí de Maraya en el año 1413, así como la capilla llamada del Santo Misterio, que cuenta con un trabajado altar barroco en el que se afirma que se halla un fragmento de la Vera Cruz que en su día sirvió para exorcizar a muchos endemoniados o poseídos por Satanás. Cuenta la tradición que en el año 1540 el «Lignum Crucis» sufrió un golpe y sangró por el corte.

SANTA MARÍA (Morella, Castellón)

Las atormentadas tierras del Maestrazgo, triple frontera entre Cataluña, Aragón y Valencia, han vivido muchas dolorosas guerras. A pocos kilómetros del mar pero situada a más de mil metros de altitud, Morella, la antigua *Castra Aelia* de los romanos, ha ostentado durante siglos la capitalidad de esta comarca. Estuvieron aquí los musulmanes, a los que en 1084 expulsó de la ciudad Rodrigo Díaz de Vivar, El Cid. Pero como casi todas las conquistas del burgalés, tuvo corta vida, y volvieron los árabes a su castillo hasta que el consejero del rey Jaime I, Blasco de Alagón, tomó la ciudad el 7 de enero de 1232, con gran disgusto de su señor y rey quien quería para sí tal mérito. Perdonó el rey a su consejero y lo nombró señor a perpetuidad, aunque no le permitió traspasar la posesión a sus descendientes. Así, a la muerte de Alagón, se convirtió la ciudad en villa real. Se celebraron en Morella reuniones y cortes de las que la más importante fue la presidida en 1414 por Fernando de Antequera, Benedicto XIII, el papa Luna y el después santo Vicente Ferrer para intentar, sin éxito, terminar con el llamado cisma de Occidente.

La gótica portada de Santa María de Cervera, en Lleida, y su torre (página anterior). Arriba y en el centro, Santa María de Morella, en la provincia de Castellón.

Vivió Morella más épocas de guerras, con la de Sucesión, la invasión napoleónica y sobre todo la carlista, cuando el llamado «tigre del Maestrazgo», Cabrera, se hizo fuerte en la plaza hasta que los isabelinos le obligaron finalmente a capitular.
En 1273 comenzó la construcción de la iglesia de Santa María que se convertiría en una de las más interesantes de la zona de Levante. La obra se prolongó hasta 1343 y prosiguió en los siglos sucesivos con más incorporaciones.
En su fachada principal destacan dos magníficas portadas góticas realizadas en la segunda mitad del siglo XIV. La mayor es la llamada de los apóstoles, porque a ambos lados de la portada, en la zona inferior de los arquillos ciegos y en las jambas aparecen doce estatuas con los apóstoles. El tímpano es un friso corrido en el que se representan imágenes de la vida de la Virgen y su coronación como reina de los cielos.
La segunda portada, algo más pequeña, es llamada de las Vírgenes, porque está dedicada a la parábola evangélica que habla de prudentes y necias. En el tímpano aparece Santa Úrsula, personificación

de la prudencia que aguardó con la lámpara encendida la llegada del esposo, y en las jambas y en los laterales están representadas bajo doseles tanto las que esperaron como las que apagaron las luces y se durmieron.
El interior del templo sorprende por su grandeza. Tiene tres naves sin crucero, y la cabecera está rematada por tres ábsides. Gruesas columnas sostienen la complicada tracería, que se eleva hasta la bóveda de crucería. La iluminación de la iglesia está garantizada por tres grandes rosetones góticos que fueron instalados en el siglo XIV.
En el lado occidental se construyó a finales del siglo XVII la capilla del Santísimo Sacramento, que forma un cuerpo independiente. Fue abierta al culto en 1703 y ampliada entre los años 1862 y 1868.
Uno de los elementos arquitectónicos más valiosos del templo es su coro de estilo renacentista, que se eleva sobre el último tramo de la nave. Destacan la acertada solución empleada para sustentarlo, con una bóveda casi plana sobre columnas. El acceso se realiza por una escalera de caracol que fue decoradora por dos artistas Giuseppe Belli y el morellano Pere de Segarra, entre los años 1426 y 1476. La decoración escultórica, con auténticas filigranas, reproduce escenas de la vida de Cristo y temas bíblicos, sobre todo relacionados con los distintos profetas. El trascoro posee también una delicada balaustrada adornada con un friso realizado entre los años 1406 y 1426 que relata con gran detalle la resurrección de los muertos y el Juicio Final, según las profecías que recoge Juan el Evangelista en el *Apocalipsis*.
Durante el siglo XVII ocupó el presbiterio un gran altar mayor que fue revestido con pan de oro en 1739. Entre los años 1657 y 1677 el valenciano Miguel Dolç realizó el retablo, de estilo churrigueresco, que está situado también en el altar mayor.
Otra de las joyas de la iglesia es el órgano barroco, que se instaló en el siglo XVIII. Se trata de una obra de Francisco Torull, y consta de más tres mil tubos, repartidos entre el gran órgano y el secundario o de caldereta.
La visita a la iglesia debe completarse con la del archivo arciprestal, que permite contemplar toda una serie de pinturas medievales, códices antiguos, vasos sagrados y vestiduras litúrgicas que originalmente pertenecían al templo.

De izquierda a derecha y de arriba a abajo, el órgano barroco de Santa María, en Morella; la balaustrada del coro renacentista; la nave central y el altar mayor.

SAN SALVADOR (Burriana, Castellón)

Los restos arqueológicos encontrados en el lugar demuestran que Burriana fue poblado íbero y que se benefició de la influencia de fenicios y romanos, aunque fueron los árabes quienes la amurallaron y la convirtieron en ciudad importante, a la que nombraron Medina Alhandra o Ciudad Verde. Situada en medio de la Plana de Castellón, ha sido siempre territorio agrícola, aunque no descubrió su vocación de fértil naranjal hasta que mediado el siglo XIX una crecida fluvial arruinó sus campos de cereales.

Anduvo también por aquí Mio Cid, y cuentan las crónicas que tomó la ciudad en 1087, pero la recuperaron los musulmanes y en sus manos permaneció hasta que el imparable avance de Jaime I el Conquistador la ganó el 16 de julio de 1233. Se reservó la propiedad de la villa para la Corona y le dio carta puebla y voto en las Cortes de Valencia. Participó Burriana en los levantamientos de germanías del XVI y vivió la guerra carlista, con los atropellos del general Cabrera. Fue después de esos duros años cuando la reina regente María Cristina le otorgó el título de ciudad.

Su monumento más representativo es la iglesia del Salvador, mandada levantar por Jaime I quien decidió consagrarla como todas las que él iniciaba, a Santa María Virgen. Ese fue el nombre que llevó hasta mediado el siglo XIV, cuando se cambió La advocación y fue consagrada al Salvador. Es probablemente la primera iglesia gótica del Reino de Aragón, y aún parece conservar una cierta ingenuidad románica. De una sola nave, se abren capillas entre los distintos contrafuertes que la sostienen. El ábside, que fue concluido el año de la toma de Valencia, 1238, es poligonal y se cubre con bóvedas de crucería. Destacan las columnas geminadas con capiteles románicos que abren sus cinco absidiolos o capillas radiales, bajo las que se oculta un cripta de buen tamaño. En el siglo XVIII se alargó la nave central para construir la capilla del Santísimo Sacramento o de la Comunión. Destacan en ella los frescos de las paredes, de José Vergara, y la puerta de acceso que es de estilo rococó.

Desapareció durante una de tantas guerras el altar mayor, dedicado a Jesús, Hombre y Salvador, pudo salvarse un lienzo de mediados del siglo XVII que representa a Santa Ana con la Virgen y el Niño.

Importante es su colección de orfebrería, entre la que destaca la custodia del último tercio del siglo XV, labrada en plata sobredorada al fuego punzonado. Tiene agujas caladas que rodean el cimborrio y bóvedas estrelladas. El viril es de cristal de roca y está sostenido por dos ángeles. Otra buena muestra de orfebrería es la cruz procesional menor de 1562, realizada en plata cincelada y repujada.

La torre del campanario es cuadrada en su base y octogonal a partir del primer tramo. En origen es del siglo XIV, pero tuvo que ser reconstruida después de la Guerra Civil, pues había sido dinamitada.

Arriba, la gran torre de San Salvador, en Burriana. Junto a estas líneas, la nave central, con el altar mayor al fondo.

S. JUAN BAUTISTA (Alcalá de Xivert, Castellón)

Como en las otras poblaciones que hemos visitado en la provincia de Castellón, también en Alcalá de Xivert establecieron un poblado los íberos y se asentaron posteriormente los romanos, pero también aquí fueron los árabes quienes dotaron a la ciudad de su estructura medieval y convirtieron en vergeles sus campos. Fueron ellos también quienes levantaron la imponente mole de la fortaleza de Xivert, que imponía su control en todas las tierras vecinas y sobre todo en la ruta norte-sur, que discurría junto al Mediterráneo.

Jaime I demostró aquí, una vez más, su bien ganado sobrenombre de Conquistador, puesto que se apoderó de la fortaleza en el año 1234. Sin embargo, no quiso el rey arruinar las tierras y otorgó concesiones a los moriscos para que continuasen viviendo en la ciudad, que entregó a los cuidados de la poderosa Orden del Temple. Cuando la conjura del rey y el papa franceses condenó a los caballeros templarios, Xivert como muchas de sus propiedades en la Corona de Aragón, pasó a su sucesora, la Orden de Montesa.

En el año 1632 la amurallada Xivert fue abandonada por sus habitantes, que prefirieron establecerse a tres kilómetros de distancia, en Alcalá, donde se habían asentado los primeros repobladores cristianos que llegaron tras la reconquista. Fue en esa zona donde se levantó el principal monumento de la población: la iglesia parroquial de San Juan Bautista.

Las obras comenzaron en el año 1736 y tardaron treinta en poder ser bendecidas. Es un edificio barroco que tiene planta basilical que sigue el modelo propugnado por la Compañía de Jesús, con tres naves de las que la central tiene doble anchura que las laterales. Entre los contrafuertes que ayudan a sustentar los muros se abrieron varias capillas. La iglesia tiene transepto, a modo de cruz latina. Sobre este crucero se eleva una gran cúpula.

La fachada neoclásica fue realizada como un retablo cuidadosamente trabajado y adornado con numerosas esculturas. En el lado derecho se levanta la torre del campanario, que con sus sesenta y ocho metros es uno de las más elevados de la comunidad valenciana. Adornado con numerosas ventanas de galería y un reloj, sus cuerpos superiores van haciéndose más estrechos según se elevan del suelo. Están rematados por una gran esfera sobre la que se situó una imagen del titular, San Juan bautista, que mide 2,40 metros de alto y pesa 320 kilos. Cuentan los más viejos del lugar que cuando en 1901 se colocó en su lugar, fue por el esfuerzo de un solo hombre.

Por último, el visitante no debe dejar de contemplar el retablo del altar mayor, tallado y pintado por Muñoz, o las esculturas de Esteve. Junto a la iglesia, el Museo Parroquial exhibe un importante conjunto de obras pictóricas e interesantes piezas de orfebrería religiosa.

La fachada principal de San Juan Bautista, en Alcalá de Xivert, y la entrada de su torre exenta, de sesenta y ocho metros de altura.

IGLESIA DE LA SANGRE (Llíria, Valencia)

Las bandas de música han hecho famosa a Llíria, una ciudad que arrastra una historia más tormentosa de lo que puede hacernos suponer su melomanía actual. Por aquí hubo asentamientos en el Neolítico y se estableció una población íbera de nombre Edetán en el cerro de San Miguel. Tomaron partida sus habitantes por Pompeyo contra César, y Sertorio en castigo, arrasó la población en el año 76 a. de C. Reconstruida por sus enemigos, tomó el nombre de Laura, que los árabes transformaron posteriormente en Liria. Fueron estos últimos quienes establecieron todo el complejo sistema de acequias que todavía funciona. En 1273 Jaime el Conquistador tomó la ciudad y cedió al obispo de Valencia, fray Andrés Albalat varias casas y la antigua mezquita para que edificara una iglesia. El obispado la cedió a los cartujos de Porta Coeli y éstos la mantuvieron como parroquia hasta que en 1627 se decidió construir un nuevo templo.
Poco después la historia de Llíria quedaba unida a la Casa de Alba. Felipe V, vencedor de la Guerra de Sucesión, concedió el título de duque de Llíria a Jacobo Fitz James Stuart, duque de Berwick, hijo del rey Jacobo II de Inglaterra, en agradecimiento a la ayuda prestada en su disputa contra los Austrias. El nieto de este Jacobo casó con la duquesa de Alba, inmortalizada por Goya, quien fue también enterrada en la iglesia arciprestal de esta ciudad.
Mientras, la iglesia de Santa María fue perdiendo importancia y quedó únicamente como sede de la Cofradía de la Sangre, un recuerdo medieval de unos tiempos en que los cofrades se comprometían a impartir catequesis a moros y judíos que quisieran

Lateral y fachada principal de la interesantísima iglesia de la Sangre, en Lliria (Valencia).

convertirse. Tomó entonces tal nombre y permaneció durante varios siglos en el anonimato y la decadencia hasta que, en 1919, se convirtió en el primer edificio valenciano en ser declarado monumento histórico-artístico nacional y comenzó a ser rehabilitada. Pero el 27 de julio de 1936 la furia en forma de incendio se desató en la iglesia, que resultó gravemente dañada. Después ha sido rehabilitada, aunque una parte de sus tesoros hayan desaparecido para siempre. Existen documentos que prueban que la iglesia estaba edificada ya en el año 1260, y constituye un ejemplo de transición entre el románico y el gótico. Es de planta rectangular, de una sola nave, y carece de ábside. En el siglo XIV se abrieron las capillas laterales.
Tiene dos puertas de entrada. La situada en el lado de la Epístola tiene arco de medio punto y carece de cualquier adorno. La puerta principal se abre a los pies del templo y tiene una portada en arco de medio punto, rodeado por arquivoltas con finos baquetones en las aristas y molduras que se apoyan en tres columnillas muy finas. Los capiteles son de hojas estilizadas y forman una doble cesta por cuadrado, según un modelo muy utilizado en Aragón. El coro es una obra relativamente moderna que se construyó sobre la nave, en la entrada. El campanario, por su parte, es de planta cuadrada y no lleva adornos ni resaltes. En la parte superior se abren varios arcos de medio punto. La sólida torre obedecía al doble propósito de albergar las campanas y servir de elemento defensivo.
Toda la construcción fue realizada con muros de argamasa formados por arena y cal. Los ángulos exteriores fueron reforzados por sillarejo.
Uno de los elementos más característicos de la iglesia es su cubierta de madera, sobre cinco arcos transversales. Vías longitudinales escalonadamente dispuestas, colocadas a diferentes alturas, forman un entablillado a doce metros de altura, sobre el que descansa la teja árabe que cubre el edificio.
Sobre esas cubiertas de madera, en cada uno de los arcos y vigas, trabajaron maestros de la pintura que dejaron su impronta. Se utilizó mayoritariamente la técnica del temple sobre una primera capa de cal. El color era dorado, azul, blanco, negro y amarillo, con importante predominio del bermellón. Los historiadores que estudiaron el templo antes de 1919 describieron la totalidad de las pinturas, algunas desaparecidas en el incendio.
Se agolpaban en el techo fauna exótica y monstruosa, árboles, hojas de acanto, palmeras, hojas lobuladas, flores de lis y estrellas de ocho puntos. La tradición árabe dejó su muestra en forma de motivos geométricos, cenefas vegetales, lacerías o bandas dentadas. Los autores también recrearon un mundo de justas y torneos, parejas de enamorados, dragones y cortesanas, reinas, sirenas, grifos, escenas de cacería, juglares, arqueros y cazadores. Sólo dos pinturas representan escenas piadosas: una imagen de la Virgen y un Jesucristo crucificado.

Los arcos que sostienen la cubierta de madera y la cabecera de la iglesia, con pinturas barrocas.

NUESTRA SEÑORA DE LOS ÁNGELES (Chelva, Valencia)

Chelva es la capital de la comarca valenciana de la Serranía del Turia, también llamada los Serranos. Un agreste cúmulo de picos y peñas custodian el paso del río, que aporta sus aguas a la ciudad de Valencia. Población de origen árabe, fue el rey Pedro II de Aragón quien la conquistó en 1215. Sufrió muy especialmente los avatares de la Guerra Carlista, ya que se declaró partidaria del pretendiente, y fue fortificada por Cabrera.

Todavía conserva la población buena parte de su sabor medieval en las callejas del casco antiguo, que terminan confluyendo en la monumental plaza Mayor, en la que se encuentran el Ayuntamiento y, frente a éste, la imponente iglesia de Nuestra Señora de los Ángeles.

Estamos ante uno de los edificios más emblemáticos del barroco valenciano, que se encuentra en proceso para ser declarado monumento histórico-artístico. Su construcción comenzó en el año 1626, continuó hasta 1771 y las últimas modificaciones, en el siglo XVIII, fueron realizadas por Juan Bautista Pérez bajo las indicaciones del padre Vicente Mares, un sacerdote tan enamorado de esta tierra que llegó a escribir un libro en el que afirmaba que exactamente allí colocó Dios el paraíso terrenal.

La monumental fachada aparece dividida en cuatro cuerpos y en cada uno de ellos se trabajaron las columnas según un diferente estilo clásico. Tenemos así muestras de los órdenes dórico, jónico, corintio y también compuesto. Las hornacinas de esta fachada permanecen vacías desde que las estatuas que albergaron fueron arrancadas en el año 1936, cuando estalló la guerra civil española. A la derecha de la puerta se levanta la gran torre del campanario, en la que se instaló en el año 1887 un curioso reloj que no sólo marca las honras, sino también el día y el mes.

El interior del templo presenta planta de cruz latina, con una gran nave cubierta por una gran bóveda de cañón. Sobre el crucero se levanta una grandiosa cúpula de linterna recubierta en el exterior con tejas azules. La única capilla lateral, la de la Comunión, presenta una cúpula similar. Este interior fue decorado por el maestro de obras de la catedral de Valencia, Juan Bautista Pérez Castiel, quien realizó un cuidadoso trabajo de yesería en el que aparece todo un conjunto de ángeles, santos y figuras mitológicas, como el ave fénix.

La iglesia es poseedora de un importante patrimonio artístico. Sobre sus paredes cuelgan una treintena de cuadros realizados por diversos autores del siglo XVII, entre los que destacan Pedro Orrente y Jerónimo Espinosa. El retablo mayor era de estilo churrigueresco y desapareció también durante la guerra civil. En una vitrina situada junto a la sacristía se exhibe una maqueta que muestra cómo era.

La iglesia posee también un valioso archivo eclesiástico, así como ricos ornamentos litúrgicos.

La fachada de la iglesia de Nuestra Señora de los Ángeles, en Chelva, uno de los edificios emblemáticos del barroco valenciano.

SAN SALVADOR (Sagunto, Valencia)

Cuando una ciudad sale en las crónicas romanas como ejemplo de nobleza y fidelidad, algo muy especial tiene que tener. En un elevado altiplano junto al mar, se alzan los restos de una villa que fue ibérica, romana, árabe y cristiana. Se consideró romana cuando hubiera debido dejarse convertir por los halagos cartagineses, y sufrió las consecuencias. Ocho meses duró el asedio al que la sometió Aníbal. Cuentan que al final las madres asesinaban a sus hijos con tal de que no cayeran en manos del invasor. El caudillo cartaginés la sometió a sangre y fuego y no dejó piedra sobre piedra. Su ataque dio lugar a lo que se conoce como Segunda Guerra Púnica, cuando a lomos de elefantes, cruzaron Pirineos y Alpes para ir a luchar en la misma península itálica. Derrotado en Cannas, fue reconstruida Sagunto, que vivió largos años de «pax romana» y después visigoda hasta ser invadida por los árabes. Le cambiaron el nombre los nuevos señores y la denominaron Murbaitar, al tiempo que recomponían su agricultura. Anduvo por estas tierras el Cid que la tomó brevemente, y fue Jaime I quien en su campaña hacia Valencia, desalojó finalmente a los musulmanes. Volvió a mudarle el nombre, que se convirtió en Morvedre, o su traducción castellana Murviedro. Con ese apelativo resistió a los franceses durante la invasión napoleónica y después recuperó el prestigioso nombre latino. Poco más tarde hacía otra fulgurante aparición en la historia patria al ser testigo del pronunciamiento del general Martínez Campos, que declaró abolida la I República y restauró la monarquía en la persona de Alfonso XII.

Fue el rey conquistador quien autorizó la convivencia de árabes, judíos y cristianos en estas tierras para aprovecharse de las buenas industrias y de los trabajos de unos y otros, y fue el mismo rey quien ordenó construir en un arrabal algo alejado la iglesia del Salvador.

Hoy este templo está considerado como uno de los mejores ejemplos de la transición entre el románico y el gótico en tierras de Valencia, y por el Ministerio de Cultura anda un expediente de declaración de monumento histórico-artístico nacional que puede haberse resuelto ya cuando este libro llegue a sus manos.

La iglesia es un sólido y sencillo edificio construido en piedra de sillería. Tiene una única portada de estilo románico que se abre en arco de medio punto, que está rodeado por una sencilla triple arquivolta. Por encima se abre una estrecha ventana que permite el paso de la luz. Junto a la puerta se eleva la silueta de la torre del campanario, de forma rectangular, que sólo presenta aberturas de medio punto en lo más elevado del edificio. En el interior tiene una sola nave, rematada por ábside poligonal, cubierta con bóveda de crucería.

La fachada (arriba), y el interior del ábside de la iglesia de San Salvador.

SANTIAGO (Orihuela, Alicante)

En Orihuela, su pueblo y el mío...» Esta dedicatoria con la que Miguel Hernández encabezó la *Elegía a Ramón Sitje* ha unido en la memoria para siempre los versos del poeta y la ciudad que le vio nacer. Contemporáneo y paisano fue también otro gran escritor, Gabriel Miró, pero mucho antes de que todos ellos nacieran...

Fue una ciudad romana llamada Aurariola y siglos después se convirtió en capital de un ducado visigodo que consiguió pactar con los musulmanes en 713 y mantener su independencia hasta mediados del siglo IX. Se la ganó a los árabes, responsables de la creación de su magnífica huerta, Jaime I el Conquistador, pero en virtud de los acuerdos firmados, se la cedió a Alfonso X. En 1304 se incorporó al Reino de Valencia con el nombre de Oriola. Se le concedió el privilegio de ser sede episcopal en 1564 y perdió la Guerra de Sucesión y el privilegio de escribir sus archivos en catalán al mismo tiempo. Sufrió terremotos y varias inundaciones del río Segura, pero sus iglesias siguieron en pie.

La de Santiago fue construida por iniciativa de los Reyes Católicos, que vinieron aquí a celebrar Cortes en el año 1488, para conseguir dineros que emplear en la toma de Granada.

La iglesia, que perteneció a la Orden de Santiago, se levantó sobre una antigua mezquita. Básicamente es de estilo gótico catalán. Tiene nave única y capillas que se abren entre los sólidos contrafuertes. Dos portadas, gótica la una y plateresca la otra, facilitan la entrada al interior del templo. En esta última pueden verse el yugo y las flechas que fueron emblema de Isabel y Fernando, así como una estatua de Santiago. La puerta está enmarcada por por arco apuntado y abocinado con arquivoltas de decoración vegetal.

Entre los años 1549 y 1609 el maestro Jerónimo Quizado, auxiliado por otros arquitectos como Alamíquez, Inglés, Bernardino y Torregrosa, construyó la capilla Mayor. Fue concebida como módulo independiente de la iglesia, que forma un todo con la sacristía de planta octogonal. Un arco de triunfo facilita el acceso al oratorio, cubierto por cúpula de base cuadrada, decorada con casetones.

En el siglo XVIII se inició otra ampliación con la capilla de la Comunión, a la que se accede a través de una portada con esquema de retablo que recoge en su tímpano y hornacina superior esculturas referidas a la Eucaristía y a la virtud de la Fe.

Entre los múltiples tesoros que guarda el templo destacan el altar mayor de mármol y jaspe, varias imágenes atribuidas a Francisco Salzillo, una Eucaristía de Juan de Juanes, el tabernáculo y el púlpito, de Bernardino Ripa, y el órgano barroco de Castell y Rocarnora.

En el pequeño museo anexo puede contemplarse además todo un tesoro de plata que fue legado por los Caballeros de Santiago y un Crucifijo, obra de Cellini. Desde 1933 es monumento nacional.

Portada principal e interior de la iglesia de Santiago, en Orihuela (Alicante).

BASÍLICA DE SANTA MARÍA (Elx, Alicante)

Elx es una ciudad de tradiciones y de recuerdos. Aquí, en el yacimiento de la Alcudia, fue descubierta a finales del siglo pasado la célebre «Dama» que lleva el apellido de Elche, y que fue trasladada hasta Madrid al Museo Arqueológico Nacional. En el año 293 a. de C. ya se acuñaban en Illici monedas romanas. Los musulmanes plantaron lo que hoy es el mayor palmeral de Europa y dejaron tradiciones agrícolas que aún perduran. Fue también en esta ocasión Jaime el Conquistador quien tomó la ciudad en 1265, y aunque primero la cedió a Castilla, pasó a formar parte de Valencia en el año 1304.

Pero donde la tradición pervive con más fuerza es en la representación del Misterio d'Elx. Un drama sacro de doscientos cincuenta versos, todos en valenciano salvo un salmo en latín, que se viene interpretando ininterrumpidamente desde el siglo XIII en la iglesia de Santa María. Cuando en el siglo XVII se prohibió la representación de autos sacramentales y todo tipo de piezas teatrales en las iglesias, los vecinos realizaron una sonora protesta y consiguieron que el papa Urbano VIII firmara el 24 de mayo de 1632 un escrito en el que autorizaba que tuviese lugar la celebración.

Durante todo el año hay más de ciento cincuenta personas trabajando en las representaciones del mes de agosto. Hay que coser vestidos, cuidar escenarios y tramoyas, aprenderse papeles y ensayar. Los cincuenta y ocho actores deben ser de sexo masculino y cantar entonadamente. El 6 de agosto se realiza la «prova de neus» ante el Consistorio Municipal, momento en que son elegidos los cantantes. El 10 es la «prova de l'ángel», en la que participan niños que son capaces de vencer al vértigo y subir y bajar hasta lo más alto de la cúpula.

Las representaciones comienzan el día 14 con la «vespra» o muerte de la Virgen rodeada por los apóstoles. El día 15, por la mañana, sale del templo la procesión del «soterrament» o entierro de la Virgen y por la tarde, otra vez en la iglesia llegan la representación de la Asunción y Coronación. En ella el ángel elegido desciende desde la cúpula llevando una palma blanca que entrega a María, quien se la da a San Juan. Después de la representación es distribuida entre los asistentes.

Aunque el texto se ha mantenido igual a lo largo de los siglos, la música ha sufrido variaciones. La más importante la realizó el maestro de capilla de Valencia, Ginés Pérez de Orihuela, en 1581 y consistió en incorporar música polifónica.

El lugar donde se alza la actual iglesia fue mezquita hasta que el obispo de Barcelona Arnau de Gurb, que acompañaba al Rey Conquistador, la consagró como iglesia. Fue demolida en 1334 para levantar un nuevo templo que duró hasta 1492. Fue construido entonces un edificio más amplio para permitir una mejor celebración del Misterio, pero los aguaceros de 1672 afectaron tan profundamente a la estructura que hubo que derribarla y el arquitecto Frances Verde inició los trabajos de la iglesia actual, cuya primera piedra fue puesta el 2 de julio de 1673. Hasta el 7 de diciembre de 1686 no fueron bendecidos la nave central, el altar mayor y la suntuosa cúpula. La portada barroca es obra de Nicolás Bussi, escultor de Estrasburgo. El 3 de octubre de 1784 fue consagrada la Capilla de la Comunión y se dio a la iglesia el título de Insigne. El 20 de febrero de 1936 un incendio acabó con buena parte de sus tesoros. La restauración se inició en 1939 y en 1951 el Papa Pío XIII le concedió el título de Basílica Menor.

La actual basílica de Santa María, en Elx, fue erigida entre los siglos XVII y XVIII.

SAN NICOLÁS DE BARI (Alicante)

Ciudad fenicia, griega (*Akra Leuke,* ciudad blanca), romana (*Lucentum,* ciudad de la luz) y árabe *(Al-Lekant)*, fue Alfonso X el Sabio quien la conquistó, pero una revuelta de la población la devolvió al dominio musulmán. Jaime I la tomó de nuevo y se la entregó a su yerno el rey Sabio, pero fue finalmente Jaime II quien la incorporó a Valencia.

El templo, edificado entre 1616 y 1662, ocupa el lugar de la antigua mezquita menor, y es una de las dos mil iglesias en el mundo que están consagradas a San Nicolás de Bari, que protege de los incendios, los peligros, las inundaciones y las desgracias económicas, y que parece ser el auténtico Santa Claus. Los planos y la primera dirección de obra estuvieron a cargo de Agustín Bernardino, discípulo de Juan Herrera, quien implantó los principios de su maestro en el sobrio exterior del edificio. Colaboraron Martín de Uceta, Miguel Real y Pedro Guillem.

La fachada principal, de estilo dórico, tiene una hornacina sobre el frontón en la que hay una talla de la Virgen de los Remedios obra de Juan Bautista Borja. La fachada lateral, jónica, muestra una de San Nicolás. El campanario es de planta cuadrada y está siendo objeto de restauración. Tiene diez campanas, aunque sólo se utilizan la mitad. Las antiguas fueron desmontadas en 1823 por el gobernador militar de la plaza, Joaquín de Pablo Chapalangarra, que vendió siete para comprar trigo para la tropa. Protestó enérgicamente el Deán Antonio Sala, y acabó en prisión, donde murió después por los malos tratos. En compensación, Fernando VII donó en 1826 cañones de bronce para fundir nuevas campanas. Sólo una ha llegado hasta hoy.

La iglesia tiene gran nave central con crucero y transepto. Se abren a los lados de la nave seis capillas laterales y otras siete en el ábside. La bóveda sigue el movimiento de la planta. La cúpula se alza a cuarenta y cinco metros de altura y está iluminada por linterna y labrada con casetones. El presbiterio es de plataforma, y el altar mayor está situado sobre unas gradas construidas con mármol de Génova. El tabernáculo, de estilo barroco, está cubierto por un baldaquino con ocho columnas salomónicas y cúpula. Sobre el presbiterio hay una talla de la Virgen del Remedio, atribuida a Juan Bautista Borja.

El claustro del siglo XV es uno de los lugares más notables del templo. Las puertas son de madera labrada y en ellas Juan Bautista Borja talló un admirable conjunto en el que destaca Jesús y los dos ladrones. Desde aquí se accede a la capilla del Santísimo Sacramento a través de dos batientes de madera y cobre. Su magnífica cúpula decorada con esculturas es obra del mismo Borja. Sobre el altar destaca el retablo de mármol dedicado a la Anunciación.

La iglesia atesora una talla gótica de la Virgen de los Remedios, esculturas de madera dorada, tras el altar mayor, y muy especialmente el Cristo de la Buena muerte, atribuido a Nicolás de Bussi y que procede del antiguo convento de los Dominicos.

El ábside y el altar mayor de San Nicolás de Bari, en Alicante (arriba). A la derecha, el lado norte del templo y una vista aérea de las torres y la cúpula.

SAN MIGUEL DE ESCALADA (Gradefes, León)

Llegaron hasta aquí huyendo de la intransigencia de un emir cordobés que no admitía monjes cristianos. Eligieron como nuevo hogar una terraza que forma parte de un conjunto de montañas arcillosas, en lo que ahora es término municipal de Gradefes. Entonces, en el año 913, poca gente vivía por estos contornos.

Al mando del abad Alfonso, en un año levantaron su iglesia sobre las ruinas visigóticas de lo que había sido una iglesia consagrada a San Miguel Arcángel, y después construyeron las distintas dependencias del monasterio. No admitieron la colaboración de siervos para levantar el edificio que consagraron a Dios, aunque si aprovecharon columnas, capiteles y piedras que encontraron por los alrededores y procedían de viejas construcciones romanas y visigóticas. Su iglesia tuvo algo del clasicismo romano y mucho de la estética y la técnica musulmana. Despreciaron los cánones arquitectónicos y pensaron más en la belleza que en la permanencia. Y sin embargo, la iglesia de San Miguel de Escalada sigue en pie. Desde la Desamortización de Mendizábal ya no se practica en ella el culto y ha tenido que ser restaurada en un par de ocasiones, pero sigue abierta al público la construcción que unos cuantos monjes levantaron en menos de un año.

El templo es de planta basilical con tres naves de las que la central es más ancha y más alta que las laterales. Están delimitadas por arquerías de herradura y las techumbres son de madera. Tiene nave de transepto a la que se abre una cabecera de tres ábsides con planta de herradura en el interior y cuadrada en el exterior. Las capillas están cubiertas por bóvedas a cuatro pagos.

La herencia musulmana destaca en el iconostasio, que crea un conjunto aparte para los sacerdotes. Tres arcos de herradura separan el presbiterio de la nave central. Los naves laterales del transepto están limitadas por canceles de piedra, adornados con yeserías en las que se entremezclan pájaros y frutas de estilo visigótico y decoraciones geométricas y vegetales de estilo morisco.

Todos los arcos del interior de la iglesia son de herradura y se apoyan en fustes de mármol y capiteles que muy probablemente proceden de edificios más antiguos.

Sus dos portadas primitivas fueron cegadas, y el acceso se realiza desde hace tiempo por una puerta abierta en la galería exterior. Se trata de una construcción realizada en el año 1050. De sus doce arcos, siete son obra mozárabe y los restantes románicos. Las columnas pulidas sostienen capiteles adornados con motivos escultóricos romanos. Los arcos de herradura están divididos en bandas. Las distintas ventanas del edificio están adornadas con importantes yeserías.

A finales del siglo XI se añadió al conjunto la torre del campanario, que es un edificio ancho, rectangular y reforzado por estribos. Destaca el ventanal que se abre en el muro oeste, y que tiene un doble arco de herradura.

En este lugar se confeccionó el célebre *Beato de San Miguel de Escalada*. Al parecer, el abad encargó a mediados del siglo X a un monje llamado Maius que realizara una copia del *Comentario al Apo-*

Panorámica (abajo) e interior de la maravillosa iglesia de San Miguel de Escalada (siglo XI) cuyas columnas y capiteles proceden de edificios más antiguos. Junto a estas líneas, el iconostasio.

calipsis de San Juan. Esta obra, que ha llegado hasta nuestros días, se considera el testimonio más antiguo de un cambio en la iconografía de los comentarios del Apocalipsis.

El libro pasó a ser propiedad del arzobispo de Valencia, Martín Pérez de Ayala quien lo legó en 1566 a la Orden de Santiago, en cuyo poder continuó hasta la desamortización de 1837. Un comerciante llamado Roberto Fransineli lo vendió a cambio de un reloj de plata en año 1840. Siete años después lo compró Francisco Micel. Vendido en Inglaterra, perteneció al conde de Ashbumhan y a Henry Yates Thompson. Salió a subasta en 1919 y un intermediario lo compró para la fundación Pierpont Morgan de Nueva York, y en la ciudad norteamericana está expuesto el trabajo realizado por un monje de gran imaginación y talento que vivió y murió en este lugar perdido del reino de León. Así comienza su trabajo:

«¡Que suene la voz de los fieles, que suene y resuene!

¡Que Maius en verdad pequeño, pero animoso, se alegre, cante, resuene y clame!

Recordadme, siervos de Cristo, los que moráis en el monasterio del excelso mensajero de Dios, el Arcángel Miguel. Escribo en honor de tan alto patrón por mandato del abad Víctor y por amor al libro de la visión de Juan, el discípulo amado.»

No es Maius el único monje cuyo recuerdo ha llegado hasta nuestros días. Existió otro personaje humilde, un lego llamado Gonzalo que también consiguió fama y renombre. Su vida transcurrió en el siglo XII, y cuentan que los religiosos estaban pre-

ocupados por su costumbre de desaparecer cada día durante algunas horas. Sospecharon sus hermanos en Cristo que se trataba de un lance amoroso y decidieron seguirle un día. Vieron como llegaba al cauce del río Esla y lo atravesaba sin mojarse, caminando sobre su propio manto. Llegó después hasta la ermita de Nuestra Señora en La Reguera y descubrieron que era a ese lugar al que se retiraba para orar. Fue ganando Gonzalo fama de santidad y por tal le tuvieron sus compañeros y los vecinos de la zona, que a su muerte le rezaban pidiéndole protección contra hambrunas y pestes. Llegó la Iglesia a incoar expediente de beatificación. Pero en el siglo XVII, de forma misteriosa, desapareció la arqueta en la que se guardaban los restos del futuro santo, y su memoria fue cayendo en el olvido.

SANTIAGO DE PEÑALBA (Peñalba de Santiago, León)

Todo comenzó con un rey de nombre Alfonso al que apodaron el Grande o el Magno. Fue el III de su nombre en asumir el trono de Asturias y León, y el último que recordó su origen astur, pues sus sucesores prefirieron ser solamente leoneses. Este monarca, que venció a los moros en más de treinta combates, tomó las ciudades de Salamanca y Coria y extendió sus dominios hasta Oporto, Braga y Coimbra, debió ser personaje singular, pues pese a sus éxitos guerreros, abdicó en su hijo García, que se había alzado en armas, para evitar que estallara una guerra civil. Alfonso III el Grande eligió como consejero a Genadrio, un piadoso monje benedictino al que nombró obispo de Astorga en 898.

Era el obispo un hombre muy religioso y un tanto místico, que aprovechó su poder para crear monasterios en la llamada tebaida Berciana, un paraje de bosques de castaños y robles: el todavía conocido como Valle del Silencio, que se extiende al sur de Ponferrada, al término de caminos que aún hoy resultan difíciles para el viajero. Levantó aquí Genadrio la abadía de San Pedro de Montes, pero aún quiso dedicar otra a Santiago en el lugar de Peñalba, sobre el emplazamiento en el que un miembro de la casa real visigoda, de nombre Fructuoso, y que alcanzó la santidad, había construido un cenobio para retirarse a hacer penitencia.

También fue éste el lugar elegido por Genadrio para meditar, y de hecho, en las cercanías hay una gruta que sirvió para sus penitencias. En 920 abandonó la diócesis de Astorga y se retiró a este monasterio, donde murió y fue enterrado. Años después fue elevado a los altares.

La iglesia mozárabe de Santiago de Peñalba (siglo X), desde el suroeste. A la izquierda, detalle de un modillón de rollo.

Los magníficos arcos de la entrada sur (a la derecha). Abajo, el dintel labrado de la entrada norte y el interior del templo, hacia el este, con el altar mayor, y hacia el oeste.

La iglesia de Santiago de Peñalba fue construida alrededor del año 937 en mampostería, y constituye una de las escasas maravillas de arte mozárabe que quedan en la Península Ibérica.
La puerta de acceso se abre en el extremo meridional y es una de las joyas del templo. Está encuadrada en un gran arco de descarga de herradura. La puerta está formada por arcos geminados de herradura que descansan sobre tres columnas y quedan trasdosados por una moldura triple.
El interior presenta una sola nave pero con una característica única: sus dos ábsides se abren cada uno en un extremo del edificio. La nave, de forma rectangular está divida en dos cuerpos, y al segundo le fueron adosadas unas dependencias que serían destinadas a sacristía. En la zona de la cabecera se encuentran dos cámaras y el ábside superior, que tiene planta de herradura. El acceso a esta zona del templo se produce a través de un arco triunfal tradosado con moldura y alfiz.
El primer tramo del templo está cubierto con una cúpula gallonada, mientras que en el segundo, que incluye los recintos laterales, aparece una bóveda de medio cañón. En el extremo, el segundo ábside ha sido destinado a cámara funeraria, y cobija una imagen y el sepulcro del fundador de la iglesia, San Genadrio.

Los elementos decorativos de esta peculiarísima iglesia tienen en su mayor parte reminiscencias de carácter musulmán, y entre ellos cabe destacar los modillones de rollo y también los arcos de herradura, que aparecen en todo el templo.
La decoración pictórica ara de una gran importancia y cubría buena parte de las bóvedas de cañón. Por otra parte se han conservado también tallas y esculturas como la de San Genadrio, obra de 1565 atribuida a Lucas Formente, que ha formado parte de la exposición Las Edades del Hombre.

Detalles con los signos del Zodíaco labrados por el Maestro Mateo en la portada principal de San Ildefonso (León). En la fotografía inferior, la puerta del Perdón.

BASÍLICA DE SAN ISIDORO (León)

En este mismo lugar hubo un antiguo cenobio que fue destruido por Almanzor. Entre los años 1056 y 1067 doña Sancha, esposa del rey Fernando I, mandó edificar este templo, que fue consagrado en 1149. Su destino era doble: servir de panteón real y guardar las reliquias de San Isidoro de Sevilla, que el soberano musulmán de aquella tierra había accedido a devolver a la cristiandad.
Las dos puertas de acceso se abren sobre la plaza de San Isidoro. La llamada del Cordero se encuentra situada en medio de la nave, y la del Perdón, que solían utilizar los peregrinos, en un extremo del crucero. La primera de ellas fue modificada en época gótica, y en el siglo XVIII le fue añadido un frontón coronado por la estatua ecuestre de San Isidoro.
Pero por debajo, el maestro Mateo creó todo un impresionante mundo de esculturas en el que destaca un zodiaco que debe leerse de derecha a izquierda. El primer sifgno es Piscis, con los peces atravesados por la lanza. En Acuario pueden verse de nuevo los peces. Capricornio lleva encina un jinete con la capa ondeando al aire. Sagitario aparece rodeado de serpientes. Escorpión resulta el más tenebroso, totalmente envuelto en una serpiente. Libra se presenta como el equilibrio de la sabiduría. Virgo es una flor. El León muerde a una serpiente. Cáncer tiene un extraño aspecto, semejante a un piojo. Los Gemelos aparecen arrodillados sosteniendo un libro en las manos. La cabeza de Tauro aparece también en las manos de dos jóvenes, y Aries se presenta como el cordero sacrificado.
Por debajo del zodiaco aparecen David y un músico que emerge entre cinco circunferencias. A la izquierda, sobre una ménsula en forma de cabeza de toro está San Isidoro sentado sobre una silla con pies de león. Otro personaje se apoya sobre la cabeza y sostiene un libro.
El pórtico está formado por dos arcos torados que apoyan sobre cuatro capiteles y están sostenidos por dos monchetas en forma de corderos. El tímpano ensalza el sacrificio de Cristo; el Cordero de Dios está rodeado por perlas y unos ángeles lo elevan hacia lo más alto. Por debajo, los grabados muestran el sacrificio de Abraham; a un cabalista judío que dispara contra un cordero, y a Balaam, que no entiende por qué su asno se niega a caminar.

La maravilla escultórica se repite en la otra portada, atribuida al maestro Esteban. A cada lado de la arquivolta aparecen San Pedro y San Pablo. En el tímpano se recoge la inscripción «Ascendo ad patrem meum et patrem vestrum». En el lado izquierdo Cristo es ayudado por los ángeles a subir al cielo; en el centro se ve la escena del Descendimiento, y a la derecha las santas mujeres descubren el sepulcro vacío. El tímpano descansa sobre dos manchetas con dos guardianes: un león y un perro.

En el interior nos encontramos con un templo mayoritariamente románico, aunque algunos arcos tienen una ligera forma de herradura. Tiene tres naves, de las que la central es el doble de ancha que las restantes. A la izquierda de la entrada se encuentran unas pilas bautismales del siglo XI. La capilla mayor, añadida por Juan de Badajoz en 1513, conserva un interesante retablo. Su altar mayor tiene el privilegio de mantener permanente expuesto al Santísimo Sacramento y por la misma razón, la basílica no cierra nunca sus puertas.

A todo lo largo de las naves pueden verse capiteles ricamente decorados. Unos presentan sólo temas vegetales con hojas de acanto o rizadas. Otros tienen una imaginería más rica. En alguno aparecen pájaros que picotean la vegetación. En el tercer arco de la nave sur, se representa un juicio de Dios. Otras escenas son un Salvador en Majestad; una mujer que está rodeada de serpientes; un mono dispuesto a disparar un arco; leones; acróbatas; músicos; un alquimista con su caldero y su matraz... una mujer desnuda con la melena alborotada por una brisa que no alcanzamos a percibir se apoya en dos leones. A su lado, un hombre corta una gruesa loncha de jamón... un mundo de fantasía y belleza que requiere muchas horas para ser descubierto.

A través de la capilla de San Martín, que forma uno de los lados del crucero, se accede a la capilla de los Quiñónez, que conserva una rica decoración románica. En el extremo opuesto al presbiterio se encuentra el acceso al panteón real. Se trata de un pórtico de robustas columnas ligadas por arcos de medio punto. En los capiteles se entremezclan de nuevo los motivos mozárabes, hojas de acanto, palmeras y piñas, con los de la tradición románica, que muestran personajes mitológicos y escenas bíblicas.

El panteón conserva las sepulturas de once reyes, doce reinas y veintiún príncipes. Están aquí los restos de Alfonso V, Fernando I, doña Urraca, o doña Zaida, princesa mora de Sevilla, que fue esposa del rey Alfonso VI. También hay una pila bautismal visigótica del siglo VIII.

Pero el auténtico tesoro está en las pinturas de la cúpula, realizadas al temple sobre estuco blanco en colores que abarcan la gama de los ocres, rojos, amarillos y grises azulados. Los autores rompieron con las hieráticas maneras bizantinas, y aunque se limitaron a los temas habituales, presentaron personajes que irradian vida. Aparecen escenas de la vida de Cristo entre las que destaca la de la Anunciación, en la que junto a los pastores, aparecen cabras, ovejas, vacas y perros, árboles, hierbas y arbustos. Otras escenas narran el Nacimiento, la Epifanía, la matanza de los Inocentes, la Última Cena o la Crucifixión. La bóveda central muestra un cristo en majestad rodeado por los evangelistas y en otra parte del techo está pintado un calendario agrícola.

Arriba, la nave principal, con el altar mayor. Al lado, un detalle de una de las estrechas naves laterales.

SAN PEDRO DE LA NAVE (El Campillo, Zamora)

Esta obra maestra del arte visigótico fue salvada piedra a piedra de las aguas. Estaba situada en una hondonada a la orilla izquierda del río Esla, pero la zona fue sumergida al construirse el embalse de Riocabayo. Entre 1930 y 1932 la construcción fue desmontada y trasladada a su emplazamiento actual en el pueblo zamorano de El Campillo.

La estructura original había permanecido oculta bajo varias capas de cal hasta que un cronista local comenzó a hablar de ella en 1879. Gómez Moreno realizó el primer estudio sobre la iglesia en el año 1906, pero la oportunidad de deshacer el monasterio y volver a edificarlo permitió un mejor conocimiento de toda la construcción. La restauración definitiva fue obra de Alejandro Ferrat Vázquez, y en ella participó buena parte de la población de El Campillo, que todavía hoy se cuida de mantenerla en el mejor estado de conservación y se turnan para garantizar que pueda ser visitada.

La obra original data del siglo VII y fue reconstruida en el IX. Probablemente formaba parte de un monasterio visigodo. Se utilizó sillería perfectamente tallada y se cree que la piedra procedía de unas canteras que estaban situadas al otro lado del río Esla. Los sillares son de arenisca y están asentados a hueso, formando perfectas hileras horizontales.

Tiene planta de cruz griega con tres naves, de mayor altura la central, y dos pórticos cerrados en los extremos del crucero, en cuyo centro se alza una linterna. Desde el exterior se caracteriza por la armoniosa disposición de los volúmenes en tres niveles. El plano de la iglesia dibuja un rectángulo del que sobresalen la cabecera y los dos porches laterales. La complejidad de su trazado ha hecho

La bellísima iglesia de San Pedro de la Nave (Zamora) y detalles de sus capiteles, considerados obras de arte de su tiempo (siglos VII y IX).

A la derecha, la nave principal, de magníficas proporciones, y un detalle del crucero. Abajo, arco de entrada a una capilla.

que numerosos arquitectos e historiadores hayan dedicado estudios a su dibujo arquitectónico.
El ábside abovedado es de planta resaltada con forma rectangular en el exterior e interior. Tiene tres ventanas de medio punto con machihembrado para asegurar las celosías. Encima se descubrió una habitación a la que se accede por otra ventana con arco de medio punto que se abre sobre el arco de triunfo sostenido por columnas. Podría tratarse de una celda para la meditación o simplemente de un lugar oculto donde refugiarse.
Durante el traslado de la iglesia se descubrieron dos pies del altar primitivo y la parte alta del ara, que conservaba el «loculus» donde tradicionalmente se guardaban las reliquias que atesoraba la iglesia.
A cada lado del antiábside se abren habitaciones abovedadas. Cada una de ellas tiene tres ventanas que son rectangulares al exterior y tienen arco de medio punto abocinado en el interior.
Los largos muros laterales tienen también ventanas rectangulares al exterior. La nave de crucero presenta características de transepto y está dividida en cinco tramos. Los porches tienen puertas de medio punto en el exterior y al interior presentan arcos peraltados.
Una de las características más destacables de San Pedro de la Nave es la riqueza de su ornamentación escultórica. Los estudiosos consideran que hubo dos maestros que trabajaron en la decoración.
Al primero se le podrían atribuir el friso que recorre el ábside a modo de una imposta que se amplía en los alfices de las ventanas, también el arco de triunfo y la nave del antiábside, así como los muros orientales de la nace de crucero, los capiteles del ábside, las impostas de los porches, las columnitas de los ajimeces y varias piezas sueltas.

Utilizó el artista motivos muy geométricos, entre los que predominan los círculos tangentes que encierran cruces, molinetes, estrellas y rosetas. Destacan también los motivos vegetales, y trazó en algunos lugares árboles de la vida y flores de lis, corderos, serpientes, jinetes y hasta un lancero.
El segundo maestro trabajó en las impostas de las naves del anteábside y del crucero, en el arranque de las bóvedas, las impostas de los arcos dobles y los capiteles e impostas del tramo del crucero.
La inspiración de este escultor le permitió trabajar no sólo con pájaros, hojas, piñas, flores de lis, racimos, corderos, pavos y árboles de la vida, sino recrear maravillosamente algunas escenas bíblicas, entre las que destacan Daniel en el foso de los leones; Santo Tomás mostrando un libro abierto; San Felipe que sostiene una corona sobre la cabeza; la mano de Dios que impide a Abraham sacrificar a su hijo Isaac; San Pedro con un libro abierto y la Cruz, y San Pablo, con un libro en la mano. Todos los personajes salvo San Felipe aparecen con tonsura y rodeados por nimbos. Sobre cada una de las esculturas, auténticas obras de arte de su tiempo, hay inscripciones en las que se identifica al personaje.

SANTA MARÍA LA MAYOR (Toro, Zamora)

En esta ciudad castellana situada donde se encuentran las Tierras del Pan y del Vino, la infanta Isabel se convirtió en reina de Castilla tras vencer a su competidora Juana, llamada por mal nombre la Beltraneja para propagar así su bastardía. Testigo de aquella época es la Colegiata de Santa María. Su construcción comenzó a partir del año 1160 y dos diferentes arquitectos trabajaron en la obra imponiendo su estilo. Desde el exterior destaca la elegancia de su cimborrio bizantino, que aparece rodeado de torrecillas semicirculares. Toda una serie de arcos de medio punto, arcos doblados y cornisas rematadas con arquillos lobulados son prueba de su origen románico.

La Colegiata se precia de sus dos portadas. En la llamada plaza de la Colegiata se abre una perteneciente a los años finales del estilo románico. Tres arquivoltas rodean la puerta. La primera está formada por ángeles unidos por una cuerda, en la intermedia se grabaron diversos tipos de follajes y en la más externa aparecen los ancianos a los que hace referencia el Apocalipsis. A los pies del templo, protegida por un atrio abovedado, está la portada que ha sido llamado de Majestad, de la Gloria o del Juicio Final. Está construida en estilo gótico y aparece ricamente decorada. Una de sus características es que conserva buena parte de la policromía original. Está dedicada a la Coronación de la Virgen. y en las arquivoltas se presentan escenas del Juicio Final. Varios autores han destacado la belleza de los rostros representados, pese a la sencillez del estilo.

En el interior nos encontramos con un templo dividido en tres naves que descansan sobre ocho pilares cruciformes. El crucero está decorado por una gran cúpula sostenida sobre pechinas en las que están esculpidos los símbolos de los cuatro Evangelistas. Probablemente fue una de las primeras de España en adoptar ese modelo arquitectónico. En la cúpula se abren estrechas ventanas con arquerías ciegas polilobuladas de influencia islámica. Mientras la nave central aparece cubierta por bóveda de cañón, las laterales tienen bóvedas de transición al gótico.

El retablo mayor, la reja del coro y el órgano son magníficos ejemplos de la época barroca. A los pies de la nave destacan una serie de tallas de madera policromada, una de las cuales representa el nacimiento de Venus y otra una Asunción en la que María parece estar embarazada. Destacan también los sepulcros renacentistas de nobles de la ciudad.

En la sacristía se conserva uno de los grandes tesoros de la Colegiata: el cuadro de la llamada Virgen de la Mosca, que fue atribuido durante mucho tiempo a Fernando Gallego y que se cree es obra del pintor holandés Gerard David, discípulo de Hans Menling. La pintura muestra a la Virgen sentada ofreciendo una fruta al Niño, que se apoya en su falda. Contemplan la escena dos mujeres ricamente ataviadas que representan a María Magdalena y a Santa Catalina de Alejandría. Un personaje masculino parece interrumpir su lectura para gozar también del momento. El nombre del cuadro le vino por una mosca posada sobre los ropajes que cubren la rodilla virginal y que según se ha sabido fue añadida posteriormente. Otra de las curiosidades de la obra es que el rostro de la santa de Alejandría recuerda mucho los mejores retratos de la reina Isabel la Católica.

Santa María la Mayor, en Toro (Zamora), vista desde el sureste. Arriba, su pórtico policromado de finales del románico. A la izquierda, la nave principa

SAN MARCOS EL REAL (Salamanca)

La peculiar iglesia de San Marcos el Real (Salamanca), completamente circular.

El viajero que visita Salamanca probablemente no llegue a descubrir este templo. Son muchos los edificios que hay que ver en una ciudad declarada por la UNESCO Patrimonio de la Humanidad, y que muestra su mejor rostro en edificios renacentistas y platerescos. Sin embargo, muchos años antes de que la piedra se transformara en joya...

Vivieron desde antiguo los hombres en estas tierras, que describió el romano Polibio en el siglo II, cuando eran conocidas como Helmantiké o Salmantica, y convivían en ellas vacceos, vetones y romanos. Tras la invasión musulmana quedó semidespoblada, y la población que se mantuvo en la zona prefirió dispersarse por los campos.

Fue en el año 1085 cuando Raimundo de Borgoña, yerno de Alfonso VI, tomó definitivamente la antigua ciudad a los musulmanes y procedió a repoblarla. Llegaron entonces castellanos, portugueses, francos, gallegos, y judíos. Poco a poco se procedió a la reconstrucción de la ciudad.

Entre los años 1178 y 1202 se construyó la iglesia de San Marcos el Real, una de los más antiguos edificios salmantinos que se conservan. La ciudad había experimentado un inusitado crecimiento, y su término municipal se había convertido en uno de los mayores de Castilla. Su empuje era tal que apenas veinte años después creaba su Universidad.

El edificio de San Marcos se construyó adosado a la muralla defensiva de la ciudad y a ello debe su característica más destacada: es totalmente circular. La construcción que ha llegado hasta nosotros es inusualmente sobria entre las salmantinas, ya que en el aspecto decorativo exterior apenas caben destacar los característicos canecillos labrados con motivos geométricos y vegetales.

En el interior, el templo se resuelve con tres naves de dos tramos. La cúpula está sostenida por arcos que descansan sobre columnas de gran grosor. Tres ábsides completan el conjunto, completamente embutidos dentro del esquema circular.

En el año 1967 durante unos trabajos de restauración efectuados en la iglesia, se descubrió que en el ábside central y en el de la derecha permanecían ocultos diversos fragmentos de unas interesantes pinturas murales que corresponden al periodo gótico. Destaca también una talla gótica de Nuestra Señora fechada en el siglo XVI.

IGLESIA DEL SANCTI SPIRITUS (Salamanca)

Fue en los tiempos del rey Alfonso IX, último de los monarcas de León, cuando comenzó a construirse este templo en el barrio que se llamaba de los «toreses», una iglesia que en en el año 1268 el rey Alfonso X la cedió a la orden de San Isidro de las Dueñas. En el siglo XVI Fray Martín de Santiago fue el maestro responsable de que se realizaran en ella importantes obras de ampliación y remodelación.
En el exterior de este templo, considerado uno de los más bellos de la ciudad de Salamanca, destaca la magnifica fachada de estilo plateresco, con arco de medio punto. Por encima de ella se dibuja todo un magnifico conjunto de ventanales góticos, fruto de una reforma anterior.
En el interior es este estilo gótico el más acusado. Es iglesia de nave única con capillas que se abren en los laterales y una cabecera con ábside poligonal. Todo el conjunto está cubierto por bóvedas de crucería que muestran al exterior su espíritu gótico con un gran número de pináculos.
El coro, que se levanta a los pies de la nave, tiene una puerta de estilo renacentista y destaca en él su artesonado, de inspiración morisca realizado entre los siglos XVI y XVII.
Los conflictos sentimentales que vivió el fundador de esta iglesia, cuyos dos matrimonios sucesivos, primero con doña Berenguela de Castilla y después con Teresa de Portugal, fueron declarados no válidos por razones de consanguineidad, han dejado su huella en forma del sepulcro de un hijo bastardo, Martín Alonso y de su esposa, la Infanta de Portugal, doña María Méndez.
Pero el gran tesoro de Sancti Spiritus es una talla de Jesús Crucificado que unos consideran románica y otros renacentista, que recibe el nombre de Cristo de las Batallas, y que la leyenda asegura que perteneció a Rodrigo Díaz de Vivar a quien acompañó con éxito en muchas gestas.
Es importante también el retablo barroco situado en el altar mayor, obra de los maestros Antonio y Andrés de Paz, que destaca por la armoniosa disposición de los cuerpos y calles que lo forman, así como por su colorido.

El ábside con pináculos góticos, la portada sur y el interior de la nave principal de la iglesia del Sancti Spiritus, en Salamanca.

SANTA MARÍA DE LARA (Quintanilla de las Viñas, Burgos)

Sobre la peña que domina el pueblo de Quintanilla de las Viñas, se alza un único torreón que sirve de recordatorio del castillo que perteneció a la todopoderosa familia de los Lara. En esta fortaleza nació en el año 910 Fernán González, quien se convertiría en el primer conde independiente de Castilla. En la iglesia de este pueblo vivió su primer acto público cuando firmó junto con su madre, la condesa Munia Nuña, como testigo de la restauración del doble monasterio llamado de Santa María la Virgen y Nuestra Señora de Lara, que ya en esa época comenzaba a estar deteriorado.

El monasterio dependió de la abadía de San Pedro de Arlanza, aunque en el siglo X mantenía cierta autonomía como convento femenino, puesto que había recibido una donación de la condesa Munia Mayor, biznieta de Fernán González y esposa del rey Sancho II de Navarra. Durante varios siglos, el monasterio fue el mausoleo de la familia de los condes de Castilla. Pero en el siglo XIV la iglesia había sufrido ya un grave deterioro, y los sepulcros fueron trasladados al monasterio de San Pedro de Arlanza. Parte de este monasterio, construido a finales del siglo VII, ha conseguido sobrevivir hasta nuestros días. Se trata de la zona occidental de lo que fue el templo, en la que se encuentra una capilla rectangular. Es el mejor ejemplo que nos ha quedado de un tipo de iglesia construido con nave de crucero independiente. Los restos que nos han llegado parecen corresponderse con un edificio de tamaño considerable y al que se dedicaron cuantiosos esfuerzos no sólo arquitectónicos, sino también decorativos. El brazo del crucero que se ha mantenido en pie consiste en una nave de 3,20 metros de ancho y 10,40 de largo. En la parte central resulta un poco más amplia, porque los muros se estrechan. En esta zona todavía quedan restos de los elementos que permitían la comunicación con las naves. Algunos indicios permiten suponer que el crucero y la nave central estuvieron en su día cubiertos por una bóveda mayor, mientras que las naves laterales tuvieron bóvedas de aristas.

La interesantísima capilla de Santa María de Lara, en Quintanilla de las Viñas (Burgos), de finales del siglo VII, vista desde el exterior.

El arco de comunicación con la capilla mayor es de herradura al interior y de medio punto peraltado al exterior, una de las características del arte visigodo. Las jambas fueron retranqueadas para permitir que fueran insertados dos fustes de columnas que descansan sobre bloques prismáticos y están rematados por dos impostas que penetran en el muro. En estos bloques fueron representados el sol y la luna en forma de rostros humanos rodeados de rayos. El astro y el satélite ha sido identificados en el estilo de letra característico de los visigodos. Sobre el sol se puede leer además: «Oc exiguu, exigua offio Flammola votum», que es la constatación que la «humilde» Flammola nos dejó para demostrar que fue ella quien pagó estos trabajos a manera de «humilde» ofrenda votiva.
El arco está decorado además con una profusión de tallos ondulados que rodean a distintas aves. Por encima, un bloque de piedra está grabado con un busto de Cristo dando la bendición. Otros dos sillares muestran a unos personajes, probablemente evangelistas, que llevan libros en la mano. El estilo de todas estas figuras es similar. Están representadas de frente y recortadas en un único plano sobre un fondo profundo. Algunos expertos aseguran que las obras parecen haber sido ejecutadas por un artista inexperto que se atreviera a copiar unas imágenes que había visto en algún pergamino perteneciente al monasterio. Aunque lo cierto es que la forma de dibujar el cabello, los ropajes esquematizados y con pliegues geométricos y la talla a bisel que se empleó para realizar los relieves, resultan características del estilo visigótico.
En el exterior del templo son de destacar las dos ventanas abocinadas, así como los frisos de bajorrelieves que recorren sus fachadas, en los que podremos apreciar zarcillos de vid, roleos, racimos de uvas, palmetas, aves, gallináceas de varios tipos, rosáceas hexagonales, monogramas, gacelas, cuadrúpedos fantásticos, etcétera.

El arco que separa el ábside de la pequeñísima nave (a la izquierda). Arriba y al lado, sillares visigóticos y detalle del friso con decoraciones, en el exterior. En la página siguiente, la Colegiata de la Virgen del Manzano.

COLEGIATA DE LA VIRGEN DEL MANZANO (Castrojeriz, Burgos)

Fue castro urbanizado y villa romana; fortaleza visigoda, villa puntera en la Reconquista y parada en el Camino de Santiago. En 974 el conde García Fernández le concedió el Fuero de la Caballería Villana. Su antiguo casco urbano repite el esquema de una larga calle a cuyos lados se abren los edificios que prestan servicio al caminante.

Fuera de las murallas se alza uno de los tesoros de Castrojeriz: la Colegiata de la Virgen del Manzano, templo considerado protogótico, cuya construcción se inició en 1214, unido a la vida de dos mujeres importantes en la historia de Castilla.

Las obras comenzaron en 1214 por disposición de Berenguela la Grande, la mayor de los diez hijos de Alfonso VIII de Castilla, el de las Navas de Tolosa, y de su esposa Leonor de Inglaterra. Su primer matrimonio con Conrado de Hohenstaufe fue anulado por el Papa, y el segundo, con Alfonso IX de León, terminó en divorcio en 1204. Sin embargo Berenguela mantuvo con mano firme sus derechos a la Corona de Castilla, que sólo abdicó en su hijo Fernando, conocido en la historia como el Santo.

En el exterior de la colegiata destaca la torre del campanario de cuatro cuerpos, rematada por una linterna octogonal con cupulín barroco. El rosetón que se observa en la fachada, por encima de la portada, fue realizado en el siglo XVI y, de nuevo a mediados del XVIII, se produjeron más modificaciones.

El interior es de planta basilical con tres naves, la central de máyor anchura y altura, y en las laterales se abren numerosas capillas. Entre sus tesoros destacan el retablo mayor neoclásico, con lienzos de Antón Rafael Mengs, uno de los maestros de su época. Conoció a Carlos III en su Corte en Nápoles y, convertido en pintor de Cámara, vino con él a Madrid, donde decoró estancias del palacio de Oriente.

La imagen titular de la iglesia es una talla del siglo XIII, realizada en piedra y policromada, que representa a la Virgen del Manzano, muy venerada en la Edad Media y a la que Alfonso X dedicó una de sus cantigas. Destacan también los sepulcros de los marqueses de Hinestrosa, los condes de Rivadavia y el de Leonor de Castilla, reina de Aragón.

Esta hija de Fernando IV se convirtió en 1320 en la segunda esposa de Alfonso IV de Aragón, a quien dio dos hijos: Fernando y Juan. Fue una mujer llena de energía y de afanes políticos que la llevaron a conspirar contra su hijastro Pedro. Durante la última enfermedad de Alfonso IV huyó a Castilla temiendo la venganza del heredero. Pedro IV retuvo la herencia durante años y pagó por fin durante el reinado de Pedro I. Pero Leonor conspiraba de nuevo, y la paciencia del rey se agotó, por lo que mandó a Juan Hernández de Hinostrosa que la detuviera en Roa y la trasladase hasta Castrojeriz, donde murió en 1359, dicen que asesinada por orden regia.

SAN BAUDELIO DE BERLANGA (Soria)

En la cumbre de una colina cercana al municipio soriano de Caltojar se encuentra esta pequeña iglesia que ha despertado la admiración de muchos y ha desatado la imaginación de otros. Fue en sus orígenes un humilde monasterio construido por artesanos mozárabes en el siglo X bajo la advocación de San Baudelio. Los primeros documentos que lo mencionan son de 1143. El lugar elegido estuvo relacionado probablemente con la cueva y el manantial que aún se conservan en el interior.

El antiguo director del Museo Numantino de Soria, Juan Zozaya, estudió las medidas del edificio y llegó a la conclusión de que la unidad básica es un codo de 0,499 metros, que es lo que mide el radio de la columna central. Todo el sistema de proporciones utilizado implica en palabras del erudito «la existencia de una fuente común de transmisión de conocimientos matemáticos seguramente procedentes de la antigüedad clásica».

Algunas leyendas afirman que San Baudelio fue el último lugar donde se guardó una mesa de Salomón de viajera historia. Al parecer llegó a Roma de la mano de Tito cuando éste saqueó el Templo de Jerusalén. Alarico se la llevó a Toulouse-Carcassonne y fueron sus descendientes los que la transportaron a su capital hispana, Toledo. La invasión musulmana hizo que se trasladara a Medinaceli y después a este monasterio soriano, donde se le pierde la pista.

En el exterior apenas se contempla una pequeña construcción cúbica, realizada con piedra de sillería, rudamente tallada. Las filas inferiores son de gran tamaño. Las tejas que cubren el edificio son una incorporación del año 1894 que sustituye a la anterior techumbre de piedra de sillería. El grosor de los muros, superior al metro, obliga a que la única portada tenga doble arco de herradura.

Al entrar en el sencillo edificio de planta cuadrada, todas las miradas confluyen en la palmera central que en frase de Gerardo Diego «llega al alma». Una gran pilastra cilíndrica se abre en la parte superior en ocho arcos irregulares en forma de herradura. Cuatro se dirigen hacia las esquinas, donde encuentran apoyo en trompas cónicas. Los otros cuatro se dirigen hacia el centro de las naves, donde se apoyan sobre ménsulas.

En la parte superior de la palmera, sobre lo que sería la copa, se abre un pequeño hueco o habitáculo con ocho pequeñas lucernas situadas entre los arranques de las palmas nerviadas. Según el experto Enrique Martínez Tercero se trata del primer ostensorio o custodia sacramental de la arquitectura hispana. Otros

San Baudelio de Berlanga, con la pilastra central que se abre en palmera (izquierda y arriba). Sobre estas líneas, la tribuna, con columnas exentas, arcos de herradura pintados y bóvedas de arista.

Restos de una de las pinturas de la gran columna central. A la derecha, la ermita vista desde el lado sur y también desde el oeste, con el osario.

aseguran que era un relicario, algunos hablan de la vivienda de un ermitaño, y los amantes del esoterismo incluso de una celda donde los neófitos se purificaban antes de alcanzar la sabiduría.
El ábside de la iglesia es cuadrado y en él se abre una ventana en forma de herradura, por donde entra la escasa luz que ilumina el altar mayor. La superficie del ábside es una cuarta parte del suelo de nave, se alza a bastante más altura que ésta y se une a ella por un pequeño arco de triunfo en forma de portada de doble arco de herradura sobre jambas, a las que se accede subiendo cuatro escalones. La superficie del ábside se cubre con bóveda de cañón que arranca directamente desde el suelo.
A los pies de la nave única se abre una tribuna que abarca un tercio de la superficie total del templo. Se levanta sobre ocho columnas exentas y otras diez adosadas. Sobre ellas se alzan arcos de herradura y bóvedas de arista.
Uno de los tesoros del templo fueron sus pinturas románicas. No había ni un centímetro de pared sin cubrir de imágenes, pero a pesar de que el edificio había sido catalogado como monumento nacional, en 1922 el marchante León Levi desprendió las mejores, pagó al pueblo sesenta mil pesetas y se marchó con ellas. Algunos frescos aparecieron en el Museo de Boston y otros en la colección Dereppe de Nueva York. El Gobierno español recuperó algunas a cambio de la iglesia de San Martín de Fuendituena, que se exhibe actualmente en «The Cloisters». Las pinturas rescatadas están en El Prado.
La mayoría de las imágenes son restos y copias que permiten apreciar cuál era el aspecto original del templo. Se considera que trabajaron aquí tres maestros. El Primer Maestro de Casillas, llamado Madruelo, realizó las decoraciones de arquerías y bóvedas y los del ábside. Es un ciclo dedicado al Nuevo Testamento y recoge escenas de la entrada de Jesús en Jerusalén, la Ultima Cena, las Bodas de Caná, la Tentación de Cristo en el Desierto, la Resurrección de Lázaro, la Curación del Ciego y la Resurrección. También es autor de las tallas de San Agustín y San Baudelio.
El segundo maestro realizó las escenas de caza de las zonas inferiores: palomas, osos, liebres, perros de caza, rayos, hachas, toros, leones... se encuentran en El Prado pinturas con una cacería de ciervos, un elefante con un castillete sobre el lomo, un soldado con lanza y rodela, un oso, y una cacería de liebres.
El último de los maestros realizó los trabajos en el interior del coro, que son las únicas originales que se conservan en la iglesia, y desarrollan imágenes de la Adoración de los Magos, San Miguel y otro ángel luchando contra el diablo, y una Mano divina que imparte la bendición.

SAN MIGUEL (San Esteban de Gormaz, Soria)

San Esteban de Gormaz está situada a doce kilómetros de Burgo de Osma. Fue una ciudadela fortificada que perteneció alternativamente a moros y cristianos hasta que Rodrigo Díaz de Vivar la recuperó definitivamente para Castilla. Sin embargo, la ciudad fue durante siglos un punto de confluencia entre las tres religiones: cristiana, musulmana y judía. La iglesia de San Miguel es una buena muestra de esa colaboración.

El templo fue construido en 1081 con sillares y mampostería, y ha sido restaurado cuidadosamente en los últimos años. La torre del campanario es de tres cuerpos. En el primero se abre una ventana ricamente dorada y tres más en los cuerpos superiores. La portada meridional tiene cinco arquivoltas de medio punto que descansan unas sobre jambas y otras sobre dos parejas de columnas que arrancan de un podio alto. Los capiteles están decorados con cabezas humanas, cuadrúpedos y entrelazos. La nave y el ábside están rematados por una cornisa sobre canecillos historiados.

En el interior es templo de una sola nave y tiene ábside liso, de tambor, en el que se abre una ventana enmarcada por dos arquivoltas, una abilletada y otra abocelada. La nave se centra con cubierta de madera a dos vertientes. El presbiterio está cubierto por bóveda de medio cañón y el ábside con cuarto de esfera. El arco de triunfo se apoya en columnas exentas.

Pero el elemento más característico de la iglesia de San Miguel es su galería porticada, que sirvió posteriormente de modelo a otros templos en las provincias limítrofes. Tiene siete arcadas en el lado meridional, dos en el oriental y una en el occidental que descansan sobre un podio corrido. La central del sur y las dos del oeste sirven como arco de ingreso y desde ellas arranca una escalinata que salva el desnivel con la calle. Los arcos dovelados no tienen ornamentación y se apoyan sobre columnas que posee doble fuste en el lado occidental y sencillo en el resto. Los ábacos son muy resaltados, unos lisos y otros con dibujo de ajedrezados. En los capiteles se desarrolla toda una colección de imágenes de estilo oriental, ejecutados con talla bastante plana. En el arco occidental la decoración está formada por piñas y un hombre con turbante y doble cola de pez. En la zona meridional hay una alcazaba musulmana por cuyas almenas se asoman cabezas tocadas por turbantes. Este tema aparece repetido en otros capiteles. Otros motivos son una serpiente atacando a un cuadrúpedo, un personaje con caftán tañendo el ravel, un pavo real, un jinete, un ave que ataca a un caído, una bailarina desnuda, y varios personajes con caftán y turbante. Hoy la iglesia se ha convertido en un pequeño museo.

La ermita de San Miguel (siglo XI), en San Esteban de Gormaz (Soria). Al lado, el interior, convertido en un interesante museo.

El crucero y la nave principal de la iglesia de San Millán, en Segovia. Abajo, el templo, con el atrio, desde el sureste.

SAN MILLÁN (Segovia)

Situada extramuros de la ciudad, al extremo del barrio morisco en el que se habían asentado principalmente tejedores y curtidores, la iglesia de San Millán resulta el más fiel representante del denominado románico de arrabal.

El templo se encuentra asentado sobre una anterior construcción prerrománica, y su estructura recuerda en gran medida a la de la catedral de Jaca, por lo que se cree que su arquitecto fue el mismo maestro o uno de los discípulos que con él trabajaron.

En el exterior destacan los cuatro ábsides de tambor y un cimborrio cuadrado. El campanario seguramente habría pertenecido a la primitiva iglesia emplazada en este arrabal segoviano, puesto que no guarda similitudes con el edificio que ha llegado hasta nosotros. Es de estilo mozárabe y fue decorado con complicados esgrafiados. Lo remata un chapitel de pizarra que es sin duda un poco afortunado añadido, realizado en épocas posteriores.

El edificio tiene portadas monumentales que se abren en los distintos lados. Todos ellas aparecen decoradas profusamente con esculturas. La decoración se prolonga en los aleros, rematados por los típicos canecillos romanicos. En los costados septentrional y meridional de la iglesia fueron construidas elegantes galerías porticadas.

Al entrar en el templo descubrimos un edificio dividido en tres naves por pilares con columnas embebidas, muy semejantes a las que encontramos en la catedral de Jaca. Los capiteles aparecen profusamente decorados con escenas de la Biblia y otras que reproducen pasajes de la vida de Jesús, muy característicos del espíritu de la época románica: la huida a Egipto o la Adoración de los Magos están entre los mejor conservados.

La cabecera, que al exterior aparece como de cuatro ábsides, se resuelve en el interior únicamente por tres.

Son custodiadas en el templo numerosas obras maestras de orfebrería, y entre sus tesoros destacan especialmente los restos de pinturas murales del siglo XIII, realizadas con la técnica del temple. Las vidrieras son un añadido que corresponde a una época mucho más moderna.

LA VERA CRUZ (Segovia)

La iglesita aislada, limpia, solitaria, sin edificaciones aledañas, se levanta al lado de camino sinuoso», así describió Azorín esta iglesia situada en el arrabal de San Marcos, al lado de la carretera que conduce desde Segovia a Zamarramala. Según una inscripción que aparece en el edificio, fue consagrada en el año 1208. Todos los indicios señalan que perteneció a la Orden del Temple y que su primer nombre fue el de iglesia del Santo Sepulcro, pero el Papa Honorio III hizo una donación extraordinaria de la que da cuenta un breve que se ha conservado hasta nuestros días: «El infrascripto Secretario de la Silla Apóstolica da testimonio a todos y cada uno de los fieles cristianos que estas letras vieren: que Onorio III siervo de Dios, tomó de un 'fracmento' del brazo derecho de la Cruz del Salvador del que formo dos cruces y reunidas la una sobre la otra en forma de cruz patriarcal, las cerro en otra de oro sumamente labrada y adornada de piedras preciosas. Que regalo para perpetuar su culto a los Caballeros Templarios al acto de su profesión, como principal y glorioso trofeo de esta militar Orden, a la iglesia del Sepulcro del Santísimo Cristo que está al septentrión de Segovia. Dado en Roma y sellado con el sello del Pescador a 13 de mayo de 1224».

Fue este Lignum Crucis objeto de veneración y peregrinación incluso de personajes como el rey Fernando III el Santo y motivó el cambio de nombre del templo, pero en el año 1692 fue trasladado a la ermita de Zamarramala, donde aún se conserva, y en el arrabal de Segovia sólo queda como recuerdo el tímpano de la portada oeste, que lo reproduce en piedra rojiza con la forma de una cruz de Lorena o Caravaca.

La iglesia sufrió cambios y modificaciones. Tras la desaparición de la Orden del Temple pasó a ser propiedad de la del Santo Sepulcro de Jerusalén. Más tarde fue cerrada y abandonada y se convirtió en refugio de caminantes hasta que en 1951 fue adjudicada a la Orden de Malta que se ocupó de restaurarla y continua siendo su propietaria. El templo posee un estructura peculiar que comparte con otros

La curiosa iglesia de la Vera Cruz, en Segovia, de planta circular y con un tronco central en dodecaedro que esconde un magnífico altar.

La escalera de acceso a la sala abovedada del altar central, y una vista del altar mayor desde este lugar.

trabajos templarios: es de planta circular en su cara interna, excepto los lados en los que están emplazadas las puertas, y dodecagonal en la externa. Tiene cabecera de tres ábsides semicirculares en el lado oriental y en el ábside norte fue agregada una sacristía mudéjar. Al sudeste se levanta un gran campanario de cuatro cuerpos que en su origen fueron románicos aunque los dos superiores han sido muy modificados.

Se accede al templo a través de dos portadas, rodeadas por trabajadas arquivoltas. En el interior aparece un recinto central en forma de dodecaedro que está estructurado en dos pisos. Al inferior se puede acceder a través de cuatro puertas de arco apuntado dispuestas en cruz. Es muy bajo, y está cubierto por una bóveda nervada de doce cascos. Una escalera de dos rampas, situada en el lado occidental y con barandales esgrafiados con motivos florales de inspiración mudéjar, permite acceder al cuerpo superior, bastante elevado, cubierto por bóveda califal de planta poligonal. En el espacio rectangular que queda en el centro aparece una mesa o altar prismático, tallado en un solo bloque. Está decorado con arcos entrelazados que se apoyan en columnas rectas o salomónicas. En los lados más cortos estos arcos son de herradura. Hay muy diferentes teorías sobre este altar; mientras unos aseguran que es una representación del Santo Sepulcro de Jerusalén, otros afirman que era el lugar en el que estaba la Vera Cruz, y otros que se trata del antiguo altar ante el que los novicios profesaban en la Orden.

En el lado este de esta estancia central existe una ventana rasgada que permite contemplar el ábside central, en el que se encuentra el altar mayor. Al norte y al sur hay otras ventanas que dan sobre el deambulatorio, y en cada paño de los doce arrastres de la bóveda se abre un vano de reducidas dimensiones. La bóveda califal esconde una estructura cuya utilidad sólo se puede suponer. El acceso debía realizarse por escalera de mano y a través de una puerta que puede cerrarse por dentro. Dos grandes escalones conducen a una cámara abovedada en la que sólo cabe una persona. Una reducida ventana permite ventilarla, y según los historiadores, podría servir para que los caballeros oraran, meditaran o se prepararan antes de profesar.

La visita a esta interesantísima iglesia segoviana de la Vera Cruz no puede concluir sin contemplar antes otros tesoros, como la talla románica en piedra de la Virgen de la Paz que se encuentra en el

ábside lateral derecho, o la imagen de San Juan Bautista, en el de la izquierda. Sobre el altar mayor está expuesto un notable crucifijo reslizado en el siglo XIII. La iglesia también guarda una copia bastante exacta del icono de la Virgen de Filerno, la patrona de los Caballeros de Malta. Las recientes restauraciones hcn puesto al descubierto también un buen número de pinturas murales.

SAN PEDRO (Ávila)

Situada en la céntrica plaza de Santa Teresa, esta iglesia realizada en sillar de piedra arenisca, con la tradicional coloración amarillenta de los edificios abulenses, responde con sus líneas sencillas y elegantes a los cánones estéticos del románico inspirado por la abadía francesa de Cluny.

Comenzada a edificar a finales del siglo XII como consecuencia del espíritu constructor que impulsó a Raimundo de Borgoña, el repoblador de la ciudad, sufrió diversas ampliaciones y modificaciones que transformaron notablemente el primitivo proyecto.

Una de las pruebas de estos cambios la constituye la fachada principal, en la que el austero muro románico aparece realzado por un gran rosetón ajimezado que fue realizado en el siglo XIV, así como por dos pequeños pináculos que rematan los contrafuertes centrales de la fachada. Por el contrario, en la puerta de la fachada norte encontramos un estilo sencillo y muy depurado. Los capiteles tienen motivos vegetales y las arquivoltas aparecen adornadas con florones. La fachada sur está ricamente ornamentada dentro de su sencillez. La del este muestra la silueta de los tres ábsides gemelos.

En el interior encontramos un templo de planta de cruz latina con tres grandes naves y un pronunciado crucero, que está coronado por un cimborrio y por tres ábsides. Las bóvedas están formadas por aristas con nervaduras de toros cilíndricos.

La separación entre las naves viene señalada por pilares cruciformes con columnas adosadas, y los capiteles de estas columnas representan un impresionante y sugestivo bestiario medieval. Sirenas, leones y bestias cuadrúpedas con rostro humano aparecen entremezclados con sílfides y con pájaros.

En el lado sur del crucero, muy cerca de la puerta de la sacristía, puede contemplarse sobre un altar un hermoso retablo del siglo XVI, con cinco tablas que parecen haber sido realizadas por algún discípulo del gran Berruguete. El retablo mayor que vemos en la actualidad, de estilo barroco, fue añadido durante una de las reestructuraciones.

El visitante no debe abandonar la iglesia sin detenerse, al menos un momento, a contemplar los valiosos enterramientos que posee. A la izquierda del altar aparecen los de las familias Blasco Jimeno y Esteban Domingo, que fueron los primeros alcaldes de la ciudad. A la derecha se encuentran los del linaje de los Serrano. Guarda también el templo una bella imagen bizantina de la Virgen con el Niño, una rica cruz procesional realizada a finales del siglo XV y buen número de lujosas vestiduras litúrgicas elaboradas entre los siglos XV y XVIII.

La nave central, la portada y detalles de los ábsides y el rosetón de la magnífica iglesia románica de San Pedro, en la ciudad de Ávila.

SAN VICENTE (Ávila)

Fuera de las murallas, frente a la puerta de San Vicente, se alza este extraordinario edificio construido en piedra de sillería amarillenta. Los trabajos para levantarlo comenzaron a finales del siglo XI y fueron concluidos en el XIV. La portada principal es la que tiene un estilo románico más depurado. Ha sido comparada por su trabajo escultórico con la basílica de Turmanin, en Siria, y con el Pórtico de la Gloria de la catedral de Santiago de Compostela, y se considera obra del maestro Fuchel, que trabajó en la construcción de la catedral abulense. Está orientada hacia el oeste y flanqueada por dos torres. Debajo de la cornisa y las arquivoltas, adornadas profusamente con hojas, flores, cabezas de animales y bestias imaginarias, aparecen una serie de estatuas de los apóstoles colocadas en las columnas de las jambas. Destacan tanto la perfección alcanzada en los pliegues del vestuario como la disposición de rostros y manos.

La puerta sur no se conserva en su forma original, pero es notable en esta fachada la cornisa que remata el cuerpo superior, en la que hay talladas en relieve una serie de figuras que representan la lucha entre los vicios y las virtudes. Por su parte, la cabecera está formada por tres esbeltos ábsides detrás de los cuales se eleva la linterna que corona el crucero.

En el interior presenta planta de cruz latina, a la que grandes pilastras dividen en tres naves, cada una de las cuales termina en un ábside semicircular sin girola. Las bóvedas de las naves laterales son de arista y las centrales de crucería ojival, y responden al momento de transición entre el románico y el gótico en que fue concluida la iglesia. Sobre la nave que forma el crucero se levanta una gran cúpula octogonal nervada.

En el eje del crucero y bajo el arco toral de la Epístola aparece el monumento más importante de la iglesia, y el motivo de su construcción. Es el sepulcro de San Vicente y de sus hermanas Sabina y Cristeta. La construcción, de considerables dimensiones, está coronada por un baldaquino de estilo gótico flamígero realizado en madera que se apoya en cuatro columnas. En el friso aparecen los escudos de Castilla y León, del Papa, de la Catedral, del obispo Martín de Vilches y de varias casas nobles que colaboraron en su ejecución.

El sepulcro propiamente dicho tiene forma de mesa rectangular sostenida por columnas que se agrupan en los ángulos de cuatro en cuatro, siguen pareadas hacia los lados y dejan en medio otra columna impar. En los lados más cortos la columna representa la figura de un hombre que, con gran esfuerzo,

La iglesia de San Vicente (Ávila), vista desde el suroeste. El templo fue construido entre los siglos XI y XIV y su portada principal se considera una obra maestra de su tiempo.

ayuda a sostener el peso de la pieza. Los fustes de las columnas están adornados con dibujos geométricos y los capiteles, en estilo corintio, presentan las características hojas de acanto. En los espacios libres aparecen intercalados relieves de figuras humanas que parecen leer o tocar instrumentos musicales. Sobre los capiteles de los arcos aparecen doce figuras que podrían ser los apóstoles.

En la parte más elevada del sepulcro el autor talló diferentes episodios de la historia de los santos. En los testeros aparecen Cristo en Majestad con el león de San Marcos y el toro de San Lucas, la Adoración de los Magos y varios detalles de su viaje. En los costados aparecen diez interesantes escenas del martirio de los santos.

En el primero se ve a Vicente ante Daciano, gobernador de Diocreciano. En el segundo se narra el momento en el que se le intenta forzar a que ofrezca incienso al dios Júpiter, pero cuando pisa la

piedra situada ante la estatua quedan impresas las huellas de sus pies. En la siguiente escena, sus hermanas Sabina y Cristeta le visitan en la cárcel y le ayudan a huir. Se ve a los tres fugitivos penetrar después por las murallas de Ávila, perseguidos por los soldados. Mas adelante, los mártires, ya capturados, son desnudados y conducidos al martirio. El grabado siguiente muestra algunos detalles del tormento a que fueron sometidos. Aparecen después los cuerpos lacerados entre dos maderos, con sus cabezas machacadas, mientras dos ángeles ascienden hacia el cielo con las tres almas.

En la penúltima escena se muestra al ciudadano judío que, según la leyenda, quiso profanar los cuerpos de los mártires, aunque, atacado por una serpiente, se convirtió al cristianismo y mandó edificar el primitivo templo. En la última escena se ve a un escultor trabajando en los sarcófagos.

Todas las figuras están dotadas de gran expresividad, el relieve es profundo y suave en sus modelados, y todas las escenas son de un gran realismo. Muy cerca de este sepulcro puede verse una losa en cuya parte superior aparece grabado en caracteres góticos «sepultura del judío». En la pared, a dos metros de altura, en los mismos caracteres se lee: «En esta sepultura del suelo está enterrado el judío que por milagro de Dios se tornó xpiano (cristiano) e hizo esta iglesia de San Vicente de Ávila. Año CCCVII.»

Hacia la mitad de la nave del Evangelio una escalera facilita el acceso a la cripta. En ella se encuentra una capilla con la imagen de la Virgen de Soterraña, una talla morena que, según la leyenda, fue tallada por Nicodemo y pintada por San Lucas, pero que presenta trazas de ser del siglo VIII o IX. Cuenta la tradición que Santa Teresa fue muy devota de ella, y que bajó descalza las escaleras como ofrenda a María. También en la cripta se conserva una gran roca, rezumante de humedad, donde según la tradición apareció la serpiente que impulsó al judío a convertirse.

La tradición asegura que también está enterrado en esta iglesia San Pedro del Barco, un ermitaño muerto a finales del siglo XI cuyos restos se disputaban las ciudades de Ávila, Piedrafita y el Barco. Pactaron los tres pueblos colocar al cuerpo sobre una mula ciega y dejarla elegir el lugar donde quería yacer el santo y vinieron ambos a parar a San Vicente.

Arriba, los ábsides románicos de la iglesia de San Vicente. A la izquierda, detalle del sepulcro de San Vicente, en el interior, y de la portada su

SAN JUAN DE BAÑOS (Baños de Cerrato, Palencia)

La historia de Baños de Cerrato y de la iglesia de San Juan de Baños está unida a la del manantial situado en este término municipal. Parece que ya los íberos conocieron las cualidades de este agua, y posteriormente los romanos establecieron aquí unas termas y levantaron un templo en honor del dios de la medicina, Esculapio, aunque sin descuidar el agradecimiento a las benéficas ninfas del lugar, como demuestra el ara descubierta aquí, dedicada a ellas, que se conserva en el Museo Arqueológico Nacional de Madrid.

Pero fue el trigésimo rey de los visigodos en España, Recesvinto, quien mandó edificar la iglesia. El hijo y sucesor de Chindasvinto, quien usó, como muchos de sus antepasados, el título de Flavio, fue asociado al trono de su padre desde el año 649 y se convirtió en rey en 652. Después de vencer una sublevación de vascones y aquitanos capitaneados por un magnate llamado Troya, se detuvo en estas tierras y oyó hablar de las virtudes curativas de sus aguas. Se acercó a beberlas en busca de curación para los cólicos nefríticos que padecía, y como las aguas dieran reposo en sus males mandó construir, a modo de acción de gracias, un templo dedicado a Juan el Bautista. Se recuerda por ello especialmente al buen rey, quien entre otras cosas, anuló la ley que prohibía los matrimonios entre españoles y visigodos.

La iglesia visigótica de San Juan de Baños, en Baños de Cerrato (Palencia), tiene fama de ser la más antigua de España. Al lado, su interior.

La iglesia fue parcialmente destruida durante la invasión de los musulmanes, y el lugar fue abandonado. Fue repoblado a partir del siglo IX, y hay constancia de que en el siglo XII tanto el templo como la población vecina eran propiedad de la reina doña Urraca. Pasó después por el dominio de diferentes señores, mientras los monjes de San Isidro de Dueñas eran usufructuarios. Desempeñó posteriormente y hasta el siglo XVI las funciones de parroquia, y a partir del siglo XVIII se convirtió en ermita.

La basílica de San Juan de Baños es la más antigua iglesia que se conserva en España. Pese a las diversas modificaciones que ha ido sufriendo a lo largo de los siglos, conserva buena parte de su estructura original. Su aspecto exterior está muy alterado. Lo más destacado es el pórtico de la entrada, con arco de herradura. En la clave aparece esculpida una cruz, y el friso tiene decoración geométrica. Tanto en los muros como en la cabecera se abren pequeñas ventanas.

En el interior, el templo presenta una nave compuesta con pórtico de entrada rectangular, tres naves y un ábside central, además de otras dos habitaciones laterales que no estaban adosadas al ábside. En siglos posteriores, probablemente en la época gótica se remodeló esta zona y se convirtió en un triple ábside con el exterior recto.

Las naves están separadas entre sí por columnas de mármol que en muchos casos parecen proceder de anteriores edificaciones romanas. Los capiteles son de tres tipos, unos de origen claramente romano, otros realizados a imitación de los anteriores y los terceros propiamente visigodos, con una decoración muy estilizada basada en hojas alargadas y nervadas. Por encima de estos capiteles se alzan arcos de herradura típicamente visigóticos. Las naves tienen cubiertas de madera.

Un arco toral marca la entrada a la capilla mayor, cuyos muros tienen la misma anchura que el arco, rodeado por una moldura exterior que aparece decorada con tallos y hojas dentro de lengüetas. En la clave se aprecia un disco central en el que se inserta una cruz. Por encima, enmarcada por cuatro ménsulas y cuatro veneras, se encuentra la inscripción de dedicatoria del templo, en la que con un latín lleno de barbarismos, el rey Recesvinto indica que encargó la construcción del edificio y que éste fue inaugurado el día 3 de enero del año 661. Sobre estos caracteres, grabados en la piedra, aparece una banda decorada con un motivo de círculos secantes. Este mismo dibujo se repite también en otros puntos del templo, como en las impostas de puertas y ventanas y en la banda continua que recorre la parte superior de la nave central.

Otros elementos interesantes que pueden contemplarse en esta joya del lejano arte visigótico, son el estanque bautismal que se encuentra en el ábside izquierdo, en el que se practicaba el rito de la triple inmersión. También es destacable la imagen del titular de la iglesia, San Juan Bautista, realizada en alabastro policromado.

Detalle de la inscripción que da fé de la construcción de la iglesia (fotografía pequeña). Abajo, la entrada principal y una nave lateral.

SAN MARTÍN DE TOURS (Frómista, Palencia)

Es Frómista pueblo de origen celta que fue villa romana y visigoda. Arrasada totalmente en el siglo VIII, resurgió cuando en el año 1066 doña Munia o Mayor, esposa de Sancho el Mayor de Navarra y madre de Fernando I, realizó una importante donación para construir aquí un monasterio dedicado a San Martín de Tours. A su muerte le dejó en herencia importantes propiedades. La construcción actual data de 1100, y poco después fue cedido el monasterio a los monjes cluniacenses de la abadía de San Zoilo, en Carrión de los Condes. Convertido en una de las clásicas etapas del Camino de Santiago, en el siglo XV fue modificado parcialmente. Se elevó una torre sobre el crucero y se añadió otra de acceso, adosada a la cabecera. Abandonado por la Desamortización de Mendizábal de 1835, sufrió un deterioro considerable. En el año 1894 fue declarado Monumento Nacional y entre los años 1896 y 1904 fue restaurado por el arquitecto Aníbal Álvarez.

El edificio destaca por la perfecta armonía de sus volúmenes y su magnífica decoración escultórica. La fachada principal, situada a los pies del templo, está orientada hacia poniente y flanqueada por dos torres cilíndricas. Otras cinco portadas se abren en las distintas fachadas de la iglesia. Hay buen número de ventanales, todos con arcos de medio punto. El cimborrio octogonal que se eleva sobre las naves laterales destaca poderosamente. 315 canecillos con fantásticas figuras de todo tipo aparecen bajo los aleros a lo largo de todo el perímetro del templo. El característico taqueado originario de Jaca está presente en bandas que recorren los distintos muros.

El edificio, de planta basilical, está dividido en tres naves de cuatro tramos limitados por arcos fajones y formeros de medio punto que se apoyan sobre medias columnas adosadas. Tiene dos ábsides semicirculares y transepto destacado en planta. El crucero de dos brazos no sobresale de los muros. Las naves están cubiertas con bóvedas de cañón y en los tres ábsides se optó por bóvedas de horno. Cubre el crucero una espectacular cúpula semiesférica que descansa sobre trompas decoradas con las imágenes de los cuatro evangelistas.

El templo está presidido por un sencillo Crucifijo del siglo XIII. Aquí se encuentra una de las mejores colecciones de capiteles historiados románicos. Se cree que trabajaron en ellos dos artistas diferentes uno más creativo y otro más sobrio y menos imaginativo. Hay escenas míticas, otras de inspiración bíblica, motivos vegetales y algunos geométricos. Uno de los capiteles más importantes es el llamado de la Orestíada, porque presentaba una interesante versión de dicha tragedia clásica. Durante los años en que se procedió a la restauración del templo, un desconocido guardián de la moral ajena decidió mutilarlo bárbaramente para que nadie pudiera contemplar sus atractivos desnudos. En la actualidad se encuentra en el Museo de Palencia y en Frómista sólo queda una copia.

La iglesia románica de San Martín de Tours, en Frómista (Palencia). Arriba, detalle de un capitel y la nave principal.

SAN CIPRIANO (San Cebrián de Mazote, Valladolid)

San Cebrián de Mazote es un pueblo situado al noroeste de los Torozos y cercano a Tordesillas que debe su origen a los monjes cristianos huidos de Córdoba. Todo comenzó con las predicaciones de Eulogio y Álvaro que soliviantaron a los cristianos cordobeses, pues insultaban a Mahoma, conducta que era penada con la muerte. Esa época conflictiva coincidió con una gran hambruna y epidemias desconocidas, por lo que algunos prudentes cristianos eligieron la emigración y marcharon hacia el norte en busca de tierras libres donde establecerse lejos de señores musulmanes o cristianos. Llegaron así unos monjes a estas tierras castellanas y se establecieron en ellas a principios del siglo X. En el año 916 una parte de la comunidad se escindió y partió hacia el lago de Sanabria donde fundaron el monasterio de San Martín de Castañeda. Junto al monasterio fue creciendo una población que llegó a tener cierta importancia y fue la primera que juró como rey a Fernando III. Teresa Téllez mandó edificar en 1305 un convento de dominicas que en la actualidad es una propiedad privada. En esta pequeña población pasó varios años de su vida Bárbara de Blomberg, la madre de Juan de Austria. El emperador la había casado en Flandes con Jerónimo Kege con quien tuvo dos hijos, y una vez viuda permaneció en la zona disfrutando de la pensión de unos cinco mil florines que le había señalado Felipe II. Cuando el hijo bastardo de Carlos V fue nombrado gobernador de los Países Bajos logró que su madre, cuyas aventuras amorosas le preocupaban, viajara a España. Aquí la recibió Magdalena de Ulloa, quien se había ocupado de la educación del pequeño Juan. Fue ella quien la llevó a vivir al castillo que sus hermanos los marqueses de la Mota poseían en San Cebrián de Mazote. Cuando Juan de Austria murió Felipe II le señaló una renta de tres mil ducados y accedió a que se trasladara a Colindres, en Santander, donde murió. Qué pudo hacer la bella alemana en estas tierras vallisoletanas es un enigma, pero es dudoso que disfrutara de la belleza de la vieja iglesia mozárabe convertida en esa época en parroquia del pueblo. Según Rafael Hidalgo, los monjes llegados de Al Ándalus se inspiraron para su obra en la estructura de la basílica cordobesa dedicada a San Acisclo y aprovecharon los materiales que encon-

La iglesia de San Cipriano, en San Cebrián de Mazote (Valladolid). En la página siguiente, arriba, un capitel romano. Al lado, la nave principal y una lateral, con arcos de herradura.

traron en la zona, es decir capiteles y columnas romanas. La construcción, que mide treinta metros de largo y catorce de ancho y alcanza los dieciséis en la zona del transepto, es de planta basilical. Sus tres naves aparecen separadas por columnas que están rematadas por arcos de herradura. La altura de la nave central es el doble que las laterales y alcanza los once metros. Tiene cuatro ventanas a cada lado, lo que le proporciona muy buena iluminación. Las naves están cubiertas por una elaborada techumbre de madera.

En un extremo del templo aparecen tres ábsides de los que los laterales son rectangulares y el central es rectangular al exterior y tiene planta de herradura al interior. Está cubierto por una cúpula exedra.

En el extremo opuesto de la nave se conserva un contraabside, también con planta de herradura, que parece haber sido característico del siglo VI y que según algunos autores y estudiosos, tenía una función funeraria.

Todo el templo estuvo pintado en colores vivos que en algunos casos simulaban los ladrillos característicos de la arquitectura cordobesa. Entre los varios tesoros que guarda este templo destacan la talla de la Asunción de la Virgen, realizada en alabastro por Inocencio Berruguete, y un Cristo yacente atribuido al taller de Gregorio Fernández. Durante la restauración efectuada entre los años 1932 y 1945 los arquitectos moya y Candeiro descubrieron un interesante friso metido entre el relleno de la puerta. Se desconoce exactamente a qué parte de la iglesia había pertenecido, pero se ha interpretado como un fragmento de un dintel. Mide sesenta y dos por veintisiete centímetros y está realizado en piedra caliza. Se inscribe en de la estética altomedieval, que busca la idealización por encima del realismo. La técnica se basa en la utilización de dos planos y está modelado a bisel. Alrededor del fragmento se desarrolla una orla decorativa de tallos ondulados que forman roleos, en los que aparece algún tipo de flor muy estilizada. En la parte interior alcanza a reconocerse una puerta monumental en arco de medio punto rematada por almenas, y junto a ella los bustos frontales de dos personajes. Un estudioso asegura que son dos santos ante la Jerusalén celeste, mientras que otro afirma que es Cristo impartiendo la bendición entre dos santos.

SAN PABLO (Valladolid)

Era una pequeña aldea situada junto al río Pisuerga hasta que el año 1074 el rey Alfonso VI la confió a Pedro Ansúrez, quien la transformó en una villa que tendría importancia trascendental en la historia de España. En 1217 fue aquí, en Valladolid, donde Berenguela fue proclamada reina de Castilla. Aquí se celebró el matrimonio entre Alfonso X y Violante de Aragón, hija de Jaime I, en 1246, y este fue también el escenario de un matrimonio secreto que iba a cambiar la historia: el de Isabel de Castilla y Fernando de Aragón. Residió aquí la Corte durante la regencia de María de Molina y también en tiempos de Carlos I. En Valladolid murió Cristóbal Colón y nacieron Enrique IV, Felipe II, Felipe IV y su hermana Ana, que sería reina de Francia.

La iglesia de San Pablo perteneció a un convento de la Orden de Santo Domingo fundado por la reina Violante en 1276. En 1464 bajo el patronazgo de Juan de Torquemada se inició la construcción de la iglesia actual. En el año 1601 el duque de Lerma adquirió el patronazgo del convento y dispuso ser enterrado en él, por lo que mandó realizar las oportunas modificaciones. Durante la invasión napoleónica fue saqueado y resultó seriamente dañado, aunque después se procedió a su rehabilitación.

La portada principal se abre sobre la plaza de San Pablo, a continuación del colegio de San Gregorio, hoy Museo Nacional de Escultura. La portada retablo tiene dos tramos bien definidos. El inferior es obra de Simón de Colonia, que realizó también las dos portadas del crucero. Su trabajo es del más puro estilo isabelino y entre las diversas esculturas y relieves destaca el dedicado a la Coronación de la Virgen. La remodelación realizada por orden del duque de Lerma incluyó un segundo cuerpo de la fachada de estilo renacentista en el que se situaron esculturas de Pedro de la Vega, Juan del Río y Juan Rozadilla.

En el interior nos encontramos con una iglesia sencilla con planta de cruz latina. Tiene una sola nave que se complementa con capillas abiertas entre los contrafuertes. Destaca la magnífica bóveda policromada por Francisco Martínez.

Aunque, como dijimos, el templo fue gravemente expoliado por las tropas francesas, aún guarda tesoros artísticos como una talla de Santo Domingo realizada por Gregorio Fernández, un Cristo yacente de su taller y un retablo de mármol del siglo XVI.

La nave principal y la fachada de la iglesia de San Pablo, en Valladolid

LA ENCARNACIÓN (Madrid)

No coinciden las crónicas en quién encargó la construcción de este monasterio. La atribuyen muchos a Margarita de Austria, esposa de Felipe III; otros afirman que fue el rey quien había prometido levantarlo si conseguía expulsar a los moriscos de sus tierras. En cualquier caso, el real encargo llegó a Juan Gómez de Mora, discípulo de Juan de Herrera. Las obras duraron entre 1611 y 1616 y a su conclusión ocuparon el edificio las agustinas recoletas. Una de las finalidades del convento era servir de capilla al vecino alcázar real, con el que estaba unido por un pasadizo.

La fachada, de Juan Gómez de Mora, refleja fielmente el espíritu herreriano de la primitiva construcción. Tiene tres arcos de medio punto y un relieve de la Anunciación obra de Miguel Ángel Leoni. Aparecen también los escudos de Felipe III y de Margarita de Austria y está rematada por un frontón triangular con óculo. El interior es casi todo una consecuencia de la renovación del siglo XVIII. La iglesia tiene nave única dividida en tres tramos, crucero y cabecera de testero plano. Está cubierta por bóveda de cañón y sobre el crucero se eleva una cúpula. Un elementos muy interesante es el coro, que conserva la sillería original y las pinturas de Bartolomé Roldán. Las paredes están cubiertas con azulejo de Talavera.

El monasterio conserva importantes obras de arte que son expuestas al público. En la iglesia destacan el lienzo de la Anunciación de Vicente Carducho, los frescos de la cúpula y la bóveda, obra de los hermanos Antonio y Luis González Velázquez. Los de la capilla mayor fueron pintados por Francisco Bayeu, el suegro de Goya. Destacan también el impresionante retablo de mármol de Ventura Rodríguez y las dos tallas policromadas de San Agustín y Santa Mónica, obra de Gregorio Fernández.

Se dice que el relicario que se conserva en este monasterio es únicamente comparable con el del Vaticano. Está formado por un conjunto de 700 piezas de bronce, coral, marfil y maderas finas procedentes de Italia, Alemania, España y los Países Bajos.

Pero a decir de algunos, el mayor tesoro de la iglesia (y el que convoca al mayor número de visitantes), es la sangre de San Pantaleón. Este médico nacido en Nicomedia había sido bautizado, pero luego prefirió entregarse a los placeres mundanos hasta que el emperador Diocleciano desató una persecución contra los cristianos. Entregó entonces todos sus bienes a los pobres y atendió gratis a los enfermos. Sus compañeros de profesión le denunciaron y a pesar de que el emperador quiso salvarlo por sus habilidades curativas, Pantaleón prefirió el martirio y murió decapitado. En 1611 el virrey de Nápoles, Juan de Zúñiga, entregó al monasterio una ampolla con sangre del mártir que le había sido confiada por el papa Paulo V. Desde su llegada se le han atribuido milagros, el más constante su licuefacción cada 27 de julio, salvo que vayan a producirse terribles males en los meses siguientes.

Lc fachada de la iglesia de la Encarnación, en Madrid, y un detalle del altar mayor.

SAN FRANCISCO EL GRANDE (Madrid)

Dicen que San Francisco de Asís se detuvo justo en este lugar cuando peregrinó a Compostela. Aquí construyó una pequeña cabaña donde se ocupó de predicar y de atender a los enfermos y menesterosos. Cuando el santo continuó su viaje quedaron aquí otros frailes mendicantes que construyeron un sencillo edificio para proseguir con su labor. Se levantó después un convento de estilo gótico que fue una de las muchas víctimas de la renovación ciudadana emprendida en tiempos de Carlos III.

En el año 1784 comenzó las obras fray Francisco Cabezas; continuó con ellas Antonio Pló y fue Sabatini el encargado de concluirlas. Veintitrés años fueron necesarios para completarlas, pero el resultado fue espectacular. Sin embargo, los problemas no terminarían para este templo. José Bonaparte quiso sin demasiado éxito, convertirlo en sede de las Cortes. Los acontecimientos más trágicos llegaron en 1835 cuando para explicar una enfermedad de gran mortandad, corrió por Madrid un bulo que acusaba a los franciscanos de haber envenenado las aguas de la capital. Murieron casi todos los frailes acuchillados por el populacho, la iglesia fue asaltada y durante veinte años quedó abandonada. Apenas comenzaba a recuperarse del último asalto, se decidió en Cortes convertirla en Panteón de Hombres Ilustres y trasladar a su interior el mausoleo de los cincuenta españoles más prestigiosos. El debate sobre quiénes eran merecedores de tamaña fama duró varias semanas. Las sepulturas nunca se comenzaron.

En 1965 el Papa Juan XXIII le concedió la categoría de basílica menor y poco después, como consecuencia del mal estado del tejado, las aguas comenzaron a filtrarse en el edificio y amenazaron con dañarlo seriamente. Para evitarlo se realizaron unas obras de remodelación que han durado veintisiete años. Por fin, cuando hasta las guías turísticas se habían olvidado ya de San Franscico el Grande, permanentemente recubierto de andamios, la iglesia volvió a abrir sus puertas.

Además de la fachada convexa, con arcos de medio punto, frontón triangular y una cornisa con estatuas, obra de Sabatini, lo más destacable de su interior desde el punto de vista arquitectónico es la espectacular rotonda central y la cúpula de treinta y tres metros de diámetro situada sobre ella que diseñó Antonio Pló. Alrededor de la nave central se abren siete capillas laterales entre las que destacan por su importancia la dedicada a la Virgen del Olvido y la de San Francisco, en la que puede verse un cuadro de Goya: San Bernardino de Siena predicando ante Alfonso V. Otro de los tesoros de la iglesia es la magnífica sillería gótica del coro, que procede del monasterio del Paular. También pueden contemplarse obras de Francisco de Herrera el Viejo; Pacheco; Francisco Rizzi; Mateo Cerezo; Claudio Coello; Luca Giordano; Alonso Cano; Ribalta, y Francisco de Zurbarán.

La fachada convexa de San Francisco el Grande (Madrid), y el altar mayor.

CAPILLA DE SAN ILDEFONSO (Alcalá de Henares, Madrid)

Alcalá de Henares debe su origen a los romanos y su nombre actual a los musulmanes, pero el prestigio, la fama y el primer ensanche urbanístico fueron obra del hombre que está enterrado en esta capilla: Francisco Ximénez de Cisneros. El Cardenal que nació en Torrelaguna y estudió en Alcalá y Salamanca, ejerció como abogado, se hizo franciscano, fue prior de su orden en España, confesor de Isabel la Católica y regente del reino, tuvo una especial debilidad por esta ciudad. El hombre que estuvo siete años en prisión por no complacer al arzobispo de Toledo y fue amonestado por la Santa Sede por preferir el hábito a las vestiduras cardenalicias y emplear las rentas de la Sede Primada de Toledo en atender a los pobres, no dudó en dedicarle tiempo y dinero al Hospital Universitario de San Lucas o al Colegio Mayor de San Ildefonso ambos creados en Alcalá, ni al Centro de Estudios en el que se tradujo y editó, a su costa, la primera Biblia políglota en latín, griego, arameo y hebreo.

Junto al Colegio Mayor, actual sede central de la recuperada Universidad de Alcalá, se encuentra la capilla de San Ildefonso, realizada por Pedro de Gumiel. Es uno de los ejemplos más completos del estilo cisneriano, que combina elementos góticos, platerescos y mudéjares. Destacan la belleza de los artesonados de su techo de madera y las yeserías platerescas que decoran los muros de su única nave.

En el centro destaca el sepulcro del Cardenal Cisneros. Fue diseñado por Dominico Fancelli en 1519, dos años después de la muerte del prelado. La obra fue concluida por Bartolomé Ordóñez. Se utilizó para su construcción mármol blanco de Carrara. La parte superior está ocupada por una figura yacente de gran realismo. La flanquean cuatro padres de la iglesia y varios ángeles. En los frentes están representados cuatro doctores de la iglesia española: San Isidoro, San Leandro, San Ildefonso y San Eugenio, a los que acompañan diversas alegorías de las artes liberales emplazadas sobre medallones y hornacinas.

En otros lugares del templo puede contemplarse también las sepulturas del gramático Elio Antonio de Nebrija, del arquitecto de la iglesia, Pedro de Gumiel y del «divino» Vallés, famoso médico de la época de Felipe II.

La capilla de San Ildefonso, en Alcalá de Henares (Madrid), donde están los sepulcros del cardenal Cisneros y del gramático Antonio de Nebrija.

LA MAGDALENA (Torrelaguna, Madrid)

Este impresionante edificio destaca por su tamaño no sólo en Torrelaguna, sino en los restantes municipios de la llamada Sierra Pobre. Dicen las crónicas que fue construido sobre una vieja ermita mozárabe en la que un día del año 1110 contrajeron matrimonio Isidro Merlo Quintana y María Toribio. Había sido el mozo pocero en la ciudad de Magerit (Madrid) y se había refugiado en Torrelaguna para poder practicar la religión cristiana. Encontró trabajo en el campo y se enamoró de la joven campesina, con la que contrajo matrimonio. Una estatua de cada uno de ellos flanquea la imagen de Santa María Magdalena en el altar mayor de la parroquia. A él se le conoce como San Isidro Labrador y a ella como Santa María de la Cabeza.

Uno de los elementos característicos de la iglesia es la sólida torre del campanario. Unas cornisas decoradas con esferas separan entre sí sus tres cuerpos. Un capitel piramidal con escamas remata el conjunto. El aspecto exterior del edificio, realizado en piedra de sillería caliza, oscila entre el gótico y el renacentista. Una imagen de Cristo resucitado con María Magdalena ocupa la fachada sur. En el interior encontramos una iglesia de tres naves rematadas por capillas poligonales. La nave central es de mayor anchura y altura que las laterales y se cubre con crucerías que forman bóvedas octopartitas. Las laterales están cubiertas con crucerías sencillas.

Entre los numerosos tesoros que guarda hay que destacar los púlpitos del siglo XVI y la balaustrada renacentista del coro. Una de las capillas conserva el llamado «Cristo de la Salud», una imagen que el Papa Borgia, Alejandro VI regaló a los Reyes Católicos y que el Cardenal Cisneros entregó posteriormente a la iglesia de Torrelaguna, donde había nacido. En el altar mayor hay un retablo barroco con transparente obra de Narciso Tomé. Varios religiosos ilustres eligieron ser enterrados en este templo, sin embargo sólo el azar fue el causante de que los restos de Juan de Mena quedaran aquí para siempre. El poeta viajaba para visitar a su amigo el marqués de Santillana, pero la mula que montaba le derribó cerca de Torrelaguna y murió a consecuencia de la caída. Sobre su tumba puede leerse: «Feliz patria, dicha buena, escondrijo de la muerte».

La iglesia de la Magdalena, en Torrelaguna (Madrid), reúne los estilos gótico y renacentista. Arriba, un detalle del altar mayor.

NUESTRA SEÑORA DE LA ASUNCIÓN (Pastrana, Guadalajara)

Esta villa situada entre los valles de los ríos Tajo y Tajuña vivió sus momentos de máximo esplendor con uno de los personajes más novelescos de la historia de España: Ana de Pantoja, princesa de Éboli. Perteneció Pastrana a la Orden de Calatrava hasta que Carlos I obtuvo del Papa las bulas necesarias para poder vender las propiedades de las órdenes religiosas, lo que hizo con esta villa, que fue adquirida por Ana de la Cerda. A su muerte heredaron la población sus hijos Gaspar Gastón y Baltasar quienes la vendieron a su cuñado Ruy Gómez de Silva. Este ccballero amigo del rey había contraído matrimonio con Ana de Mendoza en 1552 cuando la novia tenía sólo doce años. Obtuvo de la amistad real el título de duque de Pastrana al que añadió después el de Príncipe de Éboli. Fue él quien obtuvo del Papa San Pio V el titulo de colegiata para la iglesia de Nuestra Señora de la Asunción en Pastrana.
A la muerte de Gómez de Silva, la tuerta princesa después de un periodo de recogimiento en un convento carmelita que Santa Teresa construyó en Pastrana por sus ruegos, volvió a la vida de la Corte. Quiere la leyenda que fuera amante de Felipe II y de su secretario Antonio Pérez. La caída en desgracia del valido real supuso también la de Ana, que fue confinada primero en Santorcaz y después en Pastrana donde murió a los 52 años.
Uno de sus hijos, fray Pedro González de Mendoza, obispo de Sigüenza, decidió reconstruir la colegiata. El edificio que ha llegado hasta nuestros días conservó algunos elementos de la antigua iglesia gótica como la torre, la portada sur y la parte del coro. La fachada principal totalmente renovada entre los años 1625 y 1639 es de estilo renacentista. Destacan en el templo los altares de los siglos XVII y XVIII, que proceden de los conventos de los franciscanos y carmelitas.
A los pies del templo se encuentra la capilla de las reliquias en la que puede admirarse el altar relicario barroco con puertas, y en la que se conserva una gran colección de reliquias que los duques habían ofrecido a la iglesia. Destacan también el retablo manierista de Matías Jiménez y un interesante órgano construído en el siglo XVIII.
En la cripta-panteón hay varias urnas funerarias procedentes del panteón del Infantado en Guadalajara y destacan especialmente las tumbas de Ruy Gómez de Silva y de su esposa Ana de Mendoza.

Vista en la distancia de la gran iglesia de Nuestra Señora de la Asunción, er Pastrana (Guadalajara).

SAN BARTOLOMÉ (Campisábalos, Guadalajara)

Campisábalos es un pueblo situado en un páramo a mil trescientos metros de altura, en el que sólo viven doce personas. Cercana a las sierras de Burgos, esta pequeña población conserva una joya del románico rural: la iglesia de San Bartolomé, construida en el siglo XII, y que ha sido rehabilitada recientemente.

Adosada a la iglesia se encuentra la llamada capilla de Sangalindo, contemporánea a la anterior. En el exterior destaca en primer lugar el atrio porticado con cinco columnas sobre muro corrido. La portada de la parroquia, con un arco de medio punto, está rodeada por cinco arquivoltas. La primera, decorada con vegetales tiene en el centro una roseta con el monograma de Cristo; la segunda tiene un cordón discontinuo; la tercera combina decoración geométrica y cordoncillo; la cuarta está decorada con escocia lisa y cordoncillos y la quinta con rosetas. Las arquivoltas descansan sobre esbeltas columnas.

La fachada sur de la capilla de Sangalindo presenta un interesante mensiario dedicado a trabajos agrícolas. Aparecen un hombre calentándose, preparando la tierra, cavando las viñas, podándola, sujetando un caballo, escardando, segando, aventando la parva, vendimiando, arando, la matanza del cerdo y por último trasegando el vino. Todos ellos representan el trabajo de los campesinos. Otros dos grabados de mayor tamaño reproducen una escena de caza y un torneo, con lo que se representan las labores de los nobles.

La portada de la capilla es similar a la de la parroquia pero más sencilla. Las arquivoltas simples descansan sobre columnas de basa simple y de capitel foliáceo. El ábside situado entre la torre y la sacristía está dividido por dos semicolumnas de basa simple y dos cornisillas de trenzado continuo. De las tres ventanas con arquivoltas y columnillas sólo queda una en perfecto estado. Canecillos con motivos antropomórficos, zoomórficos y vegetales recorren la parte superior del ábside, las esquinas del lado norte y el portal de la capilla.

La parroquia es de nave simple con presbiterio en bóveda de cañón y ábside de cuarto de esfera. Lo que correspondería a los brazos del crucero está ocupado en un extremo por la sacristía y en el otro por la estrecha escalera de acceso a la torre. Destaca el delicado trabajo de madera de la techumbre y la pila bautismal románica.

Respecto a la capilla de Sangalindo tiene bóveda de cañón y capiteles con dos pares de columnas entre nave y presbiterio. Uno de ellos está decorado en dos de sus caras por animales fantásticos sobre los que cabalgan aves encapuchadas; mientras que en los otros dos cabalgan centauros que apuntan con sus flechas hacia las aves.

En el presbiterio, cubierta su tumba por una antigua ara de altar, está enterrado el caballero Sanganlindo. Según reza una lápida, «En esta capilla, donde esta la rexa de hierro está enterrado el caballero Sangalindo y de dicha capilla y hospital y vienes y rentas suyas son patrones la Justicia y el Regimiento de la Villa de Atienza». Al parecer el caballero fundó aquí un hospital para pobres.

Abajo, a la izquierda, el mensiario de Sangalindo. A su lado, la iglesia de San Bartolomé, en Campisábalos, vista desde el sureste.

LA NATIVIDAD (Carrascosa del Campo, Cuenca)

Fue Carlos I quien concedió el título de villa independiente a Carrascosa del Campo, en protocolo del 18 de octubre de 1537. Se desvinculó así de la vecina Huete y al poco tiempo comenzó la construcción de la que iba a convertirse en una de las iglesias más interesantes de Cuenca, declarada monumento histórico y artístico de interés nacional. La gran mole de la iglesia de la Natividad ocupa el centro geográfico de esta población. La gran torre cuadrada de cuatro cuerpos, está situada junto a la portada principal protegida por un nicho con bóveda de medio cañón. En su interior, arcos y columnas adosadas protegen el arco gótico isabelino que encuadra la portada rodeada por tres filas de columnas adosadas al muro. A ambos lados del arco se encuentran los medallones con el escudo de la ciudad en el que figuran castillo, león y flor de lis y el de Miguel de Carrascosa, procurador del obispado durante esta época y benefactor del templo. En el interior hay delicados trabajos que unen labores arquitectónicas y escultóricas. Las bóvedas de crucería y de arista están muy trabajadas y la del crucero forma un elaborado rosetón. En superficie, cinco pares de columnas cilíndricas, muy decoradas, conforman tres naves, de las que la central es más alta que las laterales. En el altar mayor puede contemplarse un interesante retablo mayor del siglo XVI. Entre otros tesoros destaca una talla de Jesús atado a una columna cuya cabeza se ha atribuido al escultor Salzillo. Para los amantes de las historias misteriosas hay que señalar que esta iglesia fue testigo de un acontecimiento poco conocido porque, hasta la fecha, ha carecido de un Arthur Miller o de un Julio Caro Baroja que lo popularicen como Salem o Zugarramundi. En 1576 se sucedían las desgracias en Carrascosa: animales desparecidos, malas cosechas, niños muertos en circunstancias extrañas... Isabel de Escalona, una vecina del lugar, tuvo una noche una pesadilla que la hizo despertar a gritos. En contra del consejo de su hermano, no tuvo idea mejor que contar su sueño al Santo Oficio. Queda en sus archivos constancia de su carta: «vi entrar una manada de bruxas y entre ellas me pareció que conocí a una vestida de ciertas sayas de color y puesta una mantellina» lo que bastó para iniciar proceso y someter a varias mujeres a tormento. Algunas confesaron que practicaban curaciones con hierbas y preparaban filtros de amor y talismanes contra el mal de ojo, por lo que fueron condenadas a morir.

La entrada principal, con su torre, de La Natividad, en Carrascosa del Campo (Cuenca), y un detalle de una hornacina con la Virgen.

La fachada renacentista del Perdón, una vista del ábside y un detalle del llamador de la puerta de San Bartolomé, en Belmonte (Cuenca).

SAN BARTOLOMÉ (Belmonte, Cuenca)

La Colegiata de San Bartolomé fue construida por iniciativa del señor de la ciudad, Juan de Pacheco, marques de Villena. Pacheco se convirtió muy pronto en favorito del príncipe de Asturias Enrique, con quien conspiró primero con Álvaro de Luna contra el rey Juan II y posteriormente con el monarca contra Luna, al que vencieron en la batalla de Olmedo. El premio para Pacheco fue el marquesado de Villena. Cuando Enrique IV, el hermano de Isabel la Católica que pasaría a la posteridad como impotente y cornudo, llegó al trono, el marques de Villena se convirtió en mayordomo real y gozó de todos los poderes y riquezas. Algunas de ellas las empleó en edificar un impresionante edificio en su lugar natal. Las obras, iniciadas en 1459, se encomendaron a los maestros Marquina y Bonifacio Martín. La iglesia está situada en el barrio alto de la villa y forma parte del conjunto amurallado que mandó construir el marqués. Ocupa el lugar de una vieja edificación visigótica que fue sustituida por una iglesia románica, en el lugar de lo que hoy es la nave central. Desde el exterior se observa una iglesia básicamente gótica pero con aspecto fortificado. La portada llamada del sol, es de ese estilo, mientras que la situada en el lado de la Epístola, o del perdón, es renacentista. Un impresionante torreón cuadrado de dos tramos está situado a los pies del edificio. El ábside está reforzado por contrafuertes.

El templo presenta planta de salón con tres naves separadas por gruesas columnas y cubiertas por bóvedas de crucería. El ábside tiene forma heptagonal con dos ventanas de arcos ojivales que iluminan el altar. A los lados de las naves se abren trece capillas laterales de diversas épocas, así como una sala capitular y la sacristía. Tras el altar mayor puede apreciarse el retablo barroco del siglo XVII obra de Hernando de Espinosa. Cuatro sepulcros de piedra cubiertos por esculturas orantes guardan los restos de Juan de Pacheco y de su esposa. Uno de los elementos interesantes del templo es la sillería del coro, que había sido tallada por Egas Cuerman para la catedral de Cuenca pero que en 1757 fue trasladada a la colegiata. Aparecen relatos de la Biblia mezclados con historias profanas. En la capilla de los Gómez de León se conserva un retablo de Diego de Tiedra, y en la de la Purificación un retablo de Estaban Jamete, así como un Santo Entierro realizado por el maestro belga Hanequin. En su pila bautismal fue bautizado el poeta fray Luis de León. La Colegiata de San Bartolomé es también la gran protagonista de la Semana Santa de Belmonte. Entre los pasos procesionales destacan un Calvario Flamenco del siglo XV o el llamado Cristo de la Columna, de Salzillo.

SANTA MARÍA (Alarcón, Cuenca)

Esta ciudad, emplazada sobre una roca que rodea el río Júcar ha sido declarada conjunto histórico y artístico. Fue villa romana y después ciudad visigoda y estudiosos hay que opinan que su nombre significa «ciudad de Alarico», mientras que otros le atribuyen origen árabe. Fueron los musulmanes quienes fortificaron la ciudad, que se convirtió en un inexpugnable enclave defensivo sobre las tierras de La Mancha. Aquí se refugió en el año 780 Muhamen el Feheri, hijo del emir de Toledo que se había opuesto a Abderramán I.

Nueve meses resistió la ciudad al asedio del rey Alfonso VIII, hasta que uno de los cristianos, Fernán Martínez de Cevallos, demostró sus dotes de escalador con una hazaña que todavía resulta impresionante: escaló la muralla con la única ayuda de dos dagas vizcaínas. Conquistada la ciudad, fue entregada a Toledo. Alfonso X le concedió el fuero de Cuenca y posteriormente pasó a depender de la Orden de Santiago.

En el castillo que domina la ciudad escribió el infante don Juan Manuel buena parte de su obra y especialmente *El libro del buen amor*.

La ascensión del marqués de Villena hizo que estas tierras pasaran también a depender de su familia y Alarcón estuvo en armas contra Isabel y a favor de Juana la Beltraneja. Hasta que muerto Juan de Pacheco, su hijo Diego López de Pacheco, segundo marqués de Villena rindió las armas. Alarcón fue una de las cuatro villas que siguieron unidas al marquesado.

La iglesia de Santa María es la parroquia más antigua de la población. Es un edificio fundamentalmente renacentista, en el que es visible la influencia plateresca y al que posteriormente le fueron añadidos elementos barrocos. El proyecto fue, planeado y ejecutado por el maestro Pedro de Alviz. La portada principal, de estilo plateresco es, sin embargo obra de otro arquitecto y escultor, Esteban Jamete de Orleáns, famoso por los trabajos realizados en la catedral de Cuenca. La portada de Santa María está totalmente cubierta de jaquetones que rodean una puerta de arco de medio punto y

La portada plateresca de Esteban Jamete y el lado norte de la iglesia renacentista de de Santa María, en Alarcón.

simula un arco de triunfo al más puro estilo romano. En el interior de la iglesia destacan las bóvedas, que son de tracería gótica. La pila bautismal es también obra del maestro Jamete. Hay más dudas sobre la autoría del retablo plateresco que se encuentra sobre el altar mayor, mientras uno lo atribuyen a Alonso de Berruguete otros aseguran que es del mismo autor que la pila bautismal y la portada.
El coro por su parte, es una interesante obra del siglo XVII del maestro Martín de Aldehuela; en esa misma época fueron añadidas a la nave principal varias capillas de estilo barroco.

Arriba, el altar mayor de Santa María, en Alarcón, atribuido a Berruguete, y una bóveda de crucería. Junto a estas líneas, el coro.

NUESTRA SEÑORA DE LA ASUNCIÓN (Valdepeñas, Ciudad Real)

La ciudad de Valdepeñas es una fundación histórica realizada en el siglo XII en torno al castillo de Val de Peñas. Hay dudas sobre si la fundadora fue doña Urraca o doña Berenguela, que estuvo en estas tierras durante el embarazo del futuro Fernando III. Perteneció desde su fundación a la Orden de Calatrava, hasta que Felipe II la expropió en 1585 para venderla a Álvaro de Bazán, segundo marqués de Santa Cruz, por cien mil reales de la época. La iglesia de La Asunción fue construida cuando la villa pertenecía a los caballeros, y tiene más elementos de fortaleza que de templo. Se desconoce la fecha en que comenzó la edificación pero se sabe que fue terminada en 1553.

Llaman poderosamente la atención los tres laterales fortificados de la iglesia y sus sólidos contrafuertes. Tiene tres portadas. La del Sol fue construida en la segunda mitad del siglo XV y es de estilo gótico isabelino. De su tímpano, que estuvo dedicado a explicar la Asunción de la Virgen al cielo, sólo queda un ángel. Desaparecieron también las figuras de los apóstoles que enmarcaban la puerta. La llamada puerta de los Catecúmenos tiene probablemente un origen románico. Está formada por arco de medio punto y decorada con conchas, rosetas, un cordón franciscano y una imagen de la Piedad. Todavía dispone el templo de una tercera puerta, llamada la Umbría, que comunica directamente con la nave más pequeña del templo.

Destaca sobremanera la silueta de su campanario de treinya y seis metros y medio de altura y cinco cuerpos, que fue construido en el siglo XVI. En 1753 fue restaurado y en esa ocasión se le colocó el chapitel de remate.

En el interior se aprecia un templo de dos naves. La principal es más grande y la más pequeña y de menor altura es llamada de San Lorenzo. Destaca en especial el arco de una sola pieza, semejante al de la catedral de Toledo, que soporta la alta galería plateresca que cobija al coro. Es importante también la capilla penitencial que se abre a los pies de la nave de San Lorenzo. En el altar mayor puede apreciarse un retablo que es copia del original de 1553 que fue destruido durante la Guerra Civil. Sólo seis de la tablas que contemplamos actualmente formaron parte de la obra original.

La iglesia de Nuestra Señora de la Asunción, en Valdepeñas, con sus poderosos contrafuertes. Arriba, dos de sus tres magníficas puertas.

SANTA MARÍA DE MELQUE (San Martín de Montalbán, Toledo

Situada en el término municipal de San Martín de Montalbán, en un desvío de la carretera que conduce desde esa población a La Puebla de Montalbán, esta construcción religiosa, más ermita que iglesia, representa un auténtico enigma para los investigadores que desde principios de los años setenta trabajan para establecer su origen. Los trabajos basados en los estudios de las llamadas «terras sigillatas», cerámica de mesa de uso cotidiano en las que el sello del alfarero facilita la datación, permiten suponer que se trata de parte de un monasterio visigótica construido aprovechando los restos de una villa romana. Posteriormente fue tomada por los musulmanes, que probablemente la utilizaron como lugar de culto y de defensa. A partir de la toma de Toledo, Santa María fue consagrada de nuevo como iglesia y ejerció esas funciones mientras el valle en que está enclavada pertenecía todavía a la Orden de los Caballeros Templarios.

Abandonada después para el culto, llegó a ser utilizada como pajar hasta bien entrado el siglo XX cuando comenzaron las labores de recuperación que aún tienen bastante trabajo por hacer.

La fecha de fundación es una de las incógnitas, y oscila entre los siglos VII y XI, aunque, si como parece desprenderse de los últimos trabajos se trata de

Santa María de Melque sigue siendo un misterio. Arriba, el exterior del templo y, al lado, el interior del crucero, con grandes arcos de herradura.

un monasterio visigodo, entonces estaríamos hablando de la primera fecha.
El exterior de la iglesia puede parecer pobre al visitante. Hay que recordar los muchos siglos transcurridos desde que unos hombres unieron en seco los irregulares bloques de granito para construirla, para tener una visión más enriquecedora de lo que en caso contrario podría parecer una pobre y vieja construcción medio arruinada.
Pese a todo ello, un examen más detenido permite admirar la solidez del conjunto, en el que los ángulos redondeados suavizan algo la sobriedad del lugar y denotan un gran dominio de las técnicas arquitectónicas, que incluso en ese apartado lugar, buscaron soluciones que proporcionarán no sólo estabilidad, sino belleza a la construcción.
Se abrieron pequeños huecos o ventanas en cada una de las fachadas, inscritos en los arcos de herradura que usaron los visigodos antes de la llegada de los árabes. Su torreón medio derruido fue utilizado probablemente como alminar por los musulmanes y parte de las edificaciones que lo rodean debían integrar una sólida línea defensiva.

Tiene planta de cruz griega, aunque con brazos desiguales. Sobre esta estructura básica los sucesivos usuarios de Santa María de Melque fueron añadiendo edificaciones hasta llegar a formar lo que alrededor del siglo X llegó a constituir todo un conjunto monástico de notable importancia.
La iglesia conserva también un ábside en forma de herradura y dos absidiolos laterales cuadrados. En el interior, los diferentes espacios están separados por arcos de herradura que se apoyan sobre gruesos pilares de forma semicilíndrica.
Para cubrir la construcción se utilizaron distintas soluciones. Así, mientras la nave está cubierta por una bóveda de cañón, es una cúpula lo que cubre la zona del crucero.
En el terreno de las artes decorativas nos encontramos aquí con soluciones muy simples. Una imposta muy elemental, de sólo tres líneas, recorre la totalidad de las naves, así como el crucero. En el arco toral conserva alguna decoración en estucos que utiliza detalles como el árbol de la vida, varias rosetas y flores de lis, que permiten confirmar su origen visigodo.

Detalle de los sólidos silarres con que está construida la iglesia. A la derecha, el interior de los desiguales brazos, visto desde el norte.

SAN JUAN DE LOS REYES (Toledo)

En el año 1476 las tropas de Isabel y Fernando habían ganado en Toro la batalla definitiva sobre Juana la Beltraneja. Sería la hermana de Enrique IV quien ocuparía el trono de Castilla y no la hija de la esposa del rey. La victoria merecía una celebración y los que comenzaban a llamarse Reyes Católicos decidieron conmemorarla construyendo un convento que debía convertirse en su mausoleo. Eligieron un extremo del barrio judío de Toledo y al arquitecto que mejor sabía compenetrarse con la reina: Juan de Guas. Después las cosas se complicaron. Los canónigos de la catedral pusieron pegas a la creación de otro cabildo que competiría con el suyo y además los Reyes consiguieron lo que parecía un sueño imposible: tomar Granada. Quedó entonces San Juan de los Reyes como convento y fue encomendado a la orden de San Francisco. Isabel y Fernando siguieron otorgándole sus favores y le entregaron un buen número de manuscritos y códices que conformaron una de las mejores bibliotecas de la época. Al morir los reyes quedaba por concluir la fachada que sólo se construyó en tiempos de Felipe III.

El convento prosiguió su plácida andadura hasta que en 1808 llegaron los franceses y lo convirtieron en cuartel de sus tropas. Hacía frío en la ciudad del Tajo y los soldados no encontraron mejor modo de calentarse que quemar el retablo del siglo XV y los códices de la biblioteca. Tras la Desamortización la iglesia desempeñó las funciones de la parroquia de San Martín, que se encontraba en ruinas. Finalmente volvieron los franciscanos y se realizó una cuidadosa restauración.

El exterior de San Juan de los Reyes es bastante sobrio. La fachada principal, que se completó en el reinado de Felipe III, es obra del arquitecto Juan Bautista Monegro, que se basó en parte en los planos de Covarrubias. Destacan los elevados pináculos que coronan el edificio, así como la balaustrada de piedra y el cimborrio octogonal. En la parte exterior de la cabecera del templo aparecen colgadas unas cadenas que al parecer son de los cristianos liberados en el año 1485 en varias ciudades andaluzas, aunque algunos autores aseguran que se las trajo Fernando III y otros que

El cimborrio de San Juan de los Reyes, adornado con pináculos, desde el exterior.

De izquierda a derecha, arriba, uno de los accesos al templo y al convento; el interior de la iglesia y un detalle con el magnífico artesonado del claustro.

proceden de la conquista de la misma Granada. Al penetrar en el interior del templo, encontramos la nave única característica de las iglesias isabelinas y nos sorprende sobre todo la riquísima decoración escultórica que Juan de Guas derramó sobre las paredes. Inspirado por los trabajos que realizaban los artesanos musulmanes con ladrillo y yeserías, quiso imitarlos creando auténticos encajes pétreos que alcanzan su punto culminante en el crucero. En ese punto se levantan dos tribunas construidas para albergar a los Reyes. A lo largo de los muros de esa zona del templo corre un magnífico friso con escudos de armas de Aragón y Castilla que aparecen sostenidos por águilas que representan a San Juan y entrelazados con los emblemas reales del yugo y las flechas. Los capiteles son seis imágenes de santos bajo doseles. La bóveda octogonal está sostenida por ménsulas cuidadosamente trabajadas en las que aparecen entrelazadas las iniciales de Isabel y Fernando.

En el altar mayor se encuentra un retablo del siglo XVI procedente del Hospital de la Santa Cruz que sustituye al que fue quemado.

A todo lo largo de la única nave se dibuja un friso en el que aparece una inscripción dedicatoria en legras góticas. Los pilares están cubiertos de grabados y arabescos y las bóvedas de nervaduras. En un lugar destacado de la iglesia se encuentra el sepulcro del escultor Juan de Guas, cubierto por su estatua orante.

Otro elemento fundamental de San Juan de los Reyes es su claustro doble, realizado a partir del año 1504 por los hermanos Egeas. El acceso se realiza por una sala de finales del siglo XV en la que nace la escalinata de acceso al piso superior. Sobre la puerta de entrada destaca un esqueleto yacente. La bóveda de la escalera es una obra de Covarrubias. El claustro es de estilo gótico flamígero con inspiración isabelina. Tiene arcos en los dos pisos que son apuntados en el inferior y mixtos en el superior, se apoyan en columnas decoradas con estatuas y en pilares muy trabajados. Destaca sobre manera el cuidado artesonado del techo que aparece decorado con escudos y motivos de las diversas naciones que unieron con su matrimonio Fernando e Isabel. Entre ellos destaca la Cruz de Jerusalén, pero no hay que olvidar que la católica pareja añadió a sus muchos títulos el de Reyes de Jerusalén y de los Santos Lugares. En el centro del claustro se encuentra un jardín de aspecto romántico. En palabras de Galdós «·Todo el recinto es melancólico, tranquilo y convida a la devoción prudente y sensata. No es sitio de horror, como los claustros románicos de Cluy y el Cister, es un claustro del siglo XV, un poco mundano ya, bastante apegado a la vida, no tan refractario a la Naturaleza».

SANTO TOMÉ (Toledo)

Dos elementos han hecho famosa a esta iglesia toledana. El exterior es su bella torre mudéjar, una construcción de mampostería del siglo XIV. En sus dos cuerpos superiores, de ladrillo, se abren grupos de dos o tres ventanas con arcos túmidos festoneados por arcos lobulados. Entre ellos discurre una arquería ciega de arcos lobulados. En uno de sus lados aparece una hornacina de mármol blanco y en la otra una cruz, los dos son añadidos visigóticos.

Pero lo que lleva cada a millones de personas a visitar la iglesia de Santo Tomé es la obra cumbre del Greco, *El entierro del conde de Orgaz*. La iniciativa partió del párroco Andrés Núñez quien, en 1586, decidió invertir un dinero ganado tras un largo pleito con los vecinos de Ocaña. El cura pensó en un lienzo que diera honor al que había sido el mayor benefactor del templo, Gonzalo Ruiz de Toledo, señor de Orgaz. Decidió encargarlo a un casi recién llegado pintor nacido en Creta y cuyo impronunciable nombre de Domenico Teotocópuli, había sido sustituido por el más simple apelativo de «El Greco». Este pintor treintañero que había estudiado en Venecia y Roma había llegado a Toledo poco antes para realizar un encargo en la catedral.

El tema del cuadro debía ser el milagro ocurrido en el año 1323 durante el entierro del piadoso don Gonzalo que no fue conde, aunque sí llevaron ese título sus descendientes. Al parecer en el momento de inhumar el cuerpo del piadoso caballero aparecieron San Esteban y San Agustín y fueron ellos quienes condujeron el cuerpo a la tumba ante el estupor de los reunidos.

Realizó El Greco un lienzo de gran tamaño (4,8 x 3,6 m) que después de estar emplazado durante siglos en un lateral de la iglesia, pasó a ocupar una zona independiente en la trasera, donde se adoptaron mejores medidas de seguridad y de conservación y se garantizó así la posibilidad de oír misa sin interrupciones constantes en todas las lenguas conocidas y algunas aún casi por descubrir. El cuadro se considera dividido en dos zonas; en la tierra, donde se produce el milagro, predominan los colores ocres y negros; arriba en el Cielo al que asciende el alma del Conde la escena se llena de un colorido que el pintor tomó probablemente de su maestro Tiziano.

En la página anterior, el altar mayor, una Virgen gótica y la torre de Santo Tomé, en Toledo. Junto a estas líneas y abajo, los ábsides y la torre de Santiago del Arrabal, y una vista de su interior.

SANTIAGO DEL ARRABAL (Toledo)

Considerada la catedral del mudéjar, esta iglesia toledana situada junto a la puerta de Bisagra es un edificio airoso en el que se empleó simultáneamente el ladrillo y la mampostería. Su construcción se debió al deseo del rey portugués Sancho Capelo de congraciarse con el Papa, que le había excomulgado y desterrado. Sancho comenzó su reinado con buenos augurios, pero tuvo que enfrentarse a una conspiración en su contra debida según algunos a su vida disipada y según otros a su falta de malicia para prever la conjura capitaneada por su propio hermano. Pidieron los obispos portugueses la mediación de Inocencio IV, que en el Concilio de Lyon de 1245 ordenó su destitución. Se rebeló el monarca, pero fué vencido por las armas, excomulgado y desterrado a Toledo. Allí ofreció la construcción de esta iglesia, lo que le valió el perdón de los pecados poco antes de morir en 1248. Prosiguió la labor de mecenazgo de la iglesia la Orden de Santiago. Durante siglos quedó abandonada hasta que fue restaurada en el siglo XX.

La parte más antigua del templo es su torre exenta, cuadrada, que recuerda el alminar de una mezquita, cosa que tal vez hubiera sido en un principio. Tiene ventanas geminadas entre vanos dobles de herradura que recuerdan a edificios visigodos.

Sus tres portadas son mudéjares y están decoradas con arcos entrelazadas. La principal, situada a los pies de la iglesia sorprende por sus audaces proporciones. Los ábsides están decorados exteriormente con una doble hilada de arcos doblados.

En el interior, es de tres naves separadas por altos pilares sobre los que se apoyan arcos apuntados. Está cubierta con techumbre de madera con cuidados artesonados. Tiene triple ábside semicircular y en el central hay un retablo plateresco de Francisco de Espinosa. Conserva también varias interesantes lápidas sepulcrales y pinturas de Juan de Tovar.

Uno de los elementos destacados del templo es la capilla bautismal con escalones, para permitir el rito del bautismo por inmersión, muy común cuando quienes recibían el sacramento eran conversos. Quiere la tradición que desde el púlpito mudéjar de estuco lograra muchas conversiones la encendida oratoria de San Vicente Ferrer. Terminada una de esas prédicas, salió el santo a la calle y a golpe de hisopo transformó la Sinagoga Mayor en Iglesia de Santa María la Blanca. El pueblo se lanzó a una de las varias matanzas de judíos que vivió Toledo.

SANTA MARIA DEL SALVADOR (Chinchilla del Montearagón, Albacete)

Esta ciudad, cuyo casco urbano ha sido declarado conjunto histórico artístico, disfrutó de su época de mayor prosperidad durante su etapa musulmana y medieval. Fueron los árabes quienes la convirtieron en uno de los más importantes centros textiles de la época y fama tuvieron sus trabajos en seda y lana. En el año 1242 fue conquistada por las tropas cristianas a mando de Pelayo Pérez Correa, un general portugués que había sido nombrado ese mismo año Gran Maestre de la Orden de Santiago, a la que pertenecía; después de ayudar a su rey, Sancho II, al que conocimos con la construcción de la iglesia de Santiago del Arrabal en Toledo. Estuvo unos años al servicio de Fernando III de Castilla y fue esta ciudad una más de la que añadió a la corona del rey santo. Después Chinchilla de Montearagón, capital de la comarca conocida como La Mancha de Montearagón mientras Albacete era poco más que una aldea, pasó a formar parte del marquesado de Villena. Posteriormente la ciudad cometió uno de esos errores históricos que siempre se pagan: apoyó a Juana la Beltranjera en contra de Isabel la Católica quien la castigó después con una pérdida progresiva de sus privilegios.

La iglesia de Santa María del Salvador comenzó a construirse en el siglo XV sobre otra mudéjar del siglo XIII, y ofrece una mezcla y sucesión de estilos que van del gótico al barroco. La portada es gótica de 1440. Destaca el campanario, gótico en el cuerpo inferior y barroco en el superior. El ábside plateresco es de 1540 y del murciano Jerónimo Quijano, y por el exterior lo remarcan contrafuertes muy decorados. En el interior presenta tres naves de cuatro tramos y cabecera poligonal que son del siglo XVI. Destacan los artesonados mudéjares con motivos heráldicos que se han conservado del edifico anterior. La capilla mayor es gótica y en ella destaca la rejería realizada por Antón de Viveros en 1503. Entre sus obras de arte destaca una imagen gótica en alabastro de la patrona de la ciudad, Nuestra Señora de las Nieves, que conserva parte de la policromía original. También posee un *San José* de Salzillo y un lienzo de un autor desconocido con el encuentro entre Cristo y la Magdalena, después de la Resurrección, el célebre «no me toques» o «noli me tangere». En la antigua sacristía se ha creado un pequeño museo parroquial que muestra objetos de culto, vestiduras litúrgicas y varias pinturas.

El cuerpo principal de Santa María del Salvador, en Chinchilla de Montearagón, y el interior de su bóveda. En la página siguiente, San Andrés, en Alcalá de Júcar.

SAN ANDRÉS (Alcalá del Júcar, Albacete)

Alcalá del Júcar fue una fortaleza en poder de los musulmanes que formaba parte de la línea de castillos defensivos que éstos habían construido en las riberas de este río. El rey Alfonso VIII logró tomar las ciudadelas de Agradén, Jorquera y Alcalá durante una expedición relámpago que realizó al frente de sus tropas en el año 1211, pero los castillos cambiaron dos veces de mano en poco tiempo, hasta que finalmente la batalla de las Navas de Tolosa puso fin al dominio de los almohades y logró ganar definitivamente para Castilla estas poblaciones, que dominaban el curso del río Júcar. En el año 1364 obtuvo el título de villa, y se convirtió algún tiempo después en aduana real en el camino que unía los reinos de Castilla y de Valencia.

Perteneció, como toda esta zona, al señorío y después marquesado de Villena. Fue una de las poblaciones que no les fue arrebatada en ningún momento y de hecho, hasta bien avanzado el siglo XIX las relaciones de los vecinos con los marqueses fueron prácticamente feudales.

Sus empinadas calles, que en muchos casos se inclinan hacia el río, se han convertido hoy en un lugar de gran atractivo turístico que recorre buen número de visitantes. En el centro de la población se alza el principal monumento de la población, que es la iglesia parroquial de San Andrés.

Las primeras obras de construcción de este edificio comenzaron en el siglo XVI y no concluyeron hasta el XVIII, por lo que la iglesia presenta en nuestros días una curiosa amalgama que, sin embargo, ha conseguido un resultado final que podríamos calificar, cuanto menos, de afortunado.

El curioso descubrirá en primer lugar una imponente portada de estilo neoclásico, junto a la que se alza la torre del campanario, edificada en la misma época. Tanto una como otra son obra del arquitecto murciano Lorenzo Alonso.

En el interior, la iglesia presenta una nave única con planta de cruz latina. En uno de sus tramos puede contemplarse todavía la silueta de una bóveda gótica que fué realizada en las últimas etapas de este estilo en España. El crucero presenta una importante cúpula en la que figura una inscripción que señala el año 1767 como el de su construcción, y al obispo murciano don Diego de Rojas y Contreras como el responsable del proyecto.

El altar mayor de San Patricio, en Lorca (Murcia), con bóveda de concha. Abajo, la iglesia, con la fachada barroca y la torre, vista desde el suroeste.

SAN PATRICIO (Lorca, Murcia)

Es el principal templo de la monumental ciudad de Lorca y su construcción se desarrolló a lo largo de dos siglos, desde 1533 hasta 1763, aunque se sabe que desde 1683 se celebraban en ella servicios religiosos. Recibió el título de Colegiata que después perdió, y en un principio estuvo dedicada a San Jorge. Cambió su denominación por la de San Patricio, ya que éste es el santo del 17 de marzo de 1452, fecha en que las tropas castellanas vencieron al ejército nazarí.

El diseño original del templo es obra de Jerónimo Quijano, maestro de obras del obispado de Cartagena; posteriormente participaron otros arquitectos entre los que destaca Lorenzo de Goenaga.

La fachada principal es barroca y fue realizada entre los años 1694 y 1710, bajo la dirección de José Vallés y con la colaboración de Ortiz de la Jara, Salvador y Diego de Mora. Una obra del padre Morote que da cuenta de los gastos de ejecución de la fachada, afirma que intervino también «un escultor forastero que había trabajado en Versalles para Luis XIV y es el autor de los niños de los tres arcos del primer cuerpo». La portada cuenta con gran profusión de relieves, hornacinas y tallas de obispos, santos y ángeles. Los cuerpos centrales están ocupados por imágenes de San Patricio y la Virgen del Alcázar.

Las fachadas laterales son más sobrias y sencillas. La puerta lateral que se abre sobre la plaza Mayor, es un arco de triunfo de medio punto y con un solo vano flanqueado por columnas pareadas de orden compuesto. En las hornacinas superiores aparecen las imágenes de la Inmaculada, San Francisco y San Antonio.

En el interior consta de tres naves, doce capillas laterales entre los contrafuertes, coro y trascoro, crucero, girola con siete capillas y torre en la cabecera, en cuyo interior está la sacristía, a la que se accede por una portada a modo de arco de triunfo con una imagen de la Inmaculada flanqueada por ángeles en relieve. En las enjutas de la portada puede distinguirse el busto de Isaías, que se corresponde en el lado opuesto con una figura no identificada. En el interior con bóveda de casetones, pueden observarse varios lienzos, el pendón de la colegiata, restos de la cajonería tallada por Nicolás de Rueda, y un crucifijo que perteneció al desaparecido retablo de la Virgen del Alcázar.

En el altar mayor, cubierto por una semicúpula tallada como una concha, pueden contemplarse unos lienzos de San Clemente y San Patricio que junto con los que se guardan en la capilla de la Anunciación, formaban parte de las puertas menores del órgano y se deben todos a la mano de Camacho Felices. Además se encuentran en esta zona principal del templo otros dos lienzos del mismo artista, la *Adoración de los pastores* y la *Epifanía,* ambos llegaron a la como herencia del abad Fernández Fartán.

De arriba a abajo, el sagrario, situado bajo el altar mayor, y dos de las capillas de la iglesia.

El altar mayor está presidido por un gran *Cristo en la Cruz* obra del maestro Manuel Wssel de Guimbarda, de origen cubano y que realizó la mayor parte de su obra en Cartagena. También junto a este lugar puede contemplarse una pequeña pila bautismal que procede de la ermita medieval de San Roque. La reja fue realizada en 1736 por el artista alicantino José de Campos.

Las capillas de la girola, dedicadas a San Camilo de Lelis, Santa Cecilia y San Eduardo, muestran pinturas recientes que sustituyen a las desparecidas en la guerra civil. En la de la Anunciación se encuentran obras de Camacho Felices. Junto a ésta se abre la del Santísimo Sacramento o de la Virgen del Alcázar, de la que desapareció la mayor parte de la ornamentación original. En su lugar podemos contemplar las tablas *San José* y *Santa Catalina*, procedentes del retablo mayor de la ermita de San Lázaro. Dos tablas de la misma procedencia están en la capilla de la Soledad. En el resto de capillas de la girola destacan un lienzo de San Miguel que es una de las primeras obras de Muñoz Barberán, y el testero de la capilla de San Ildefonso con un lienzo de Pedro Atanasio Bocanegra.

Por último hay que destacar la Capilla del Cristo de Esquipulas «sobrenombre ignoto y raro para estos países», dijo el Cabildo cuando aceptó dedicarle una capilla a petición de Joaquina Sancho, hermana de un sacerdote de San Patricio y viuda de José de Arcos, fideicomisario de la testamentaría de Alonso de Arcos y Moreno, Teniente General, Gobernador y Gapitán General del reino de Guatemala. Este caballero había mandado edificar en Chiquimula un templo para dar culto a la milagrosa imagen de Cristo, pero cuando regresó a España se lo trajo con él y lo dejó en herencia a la Colegiata de Lorca, de la que uno de sus hermanos había sido abad. Pero esta historia de expolios a los dos lados del Atlántico no había terminado, todavía puesto que el lienzo original, firmado en el año 1757 por el indio Manuel, desapareció sin que se tenga noticia de él.

En San Patricio tienen su sede también dos antiguas cofradías relacionadas con la importantísima Semana Santa lorquiana, la de la Curia o Paso Negro, dedicada a la Virgen de la Soledad, y la del Resucitado, que data de 1601 y que procesiona con el paso del Cristo Resucitado, una obra realizada en madera de pino carrasco realizada por el imaginero Roque López.

SANTIAGO (Jumilla, Murcia)

En estas tierras tuvieron su lugar de residencia guerreros y pastores de la Edad del Bronce y algunos historiadores aseguran que aquí estuvo emplazada la mítica ciudad ibérica de Coimbra. Los romanos fundaron una población a la que denominaron Gémina. Fue después fortaleza árabe hasta que en el año 1243, por el Tratado de Alcaraz, fue incorporada a la Corona de Castilla. Tras la rebelión mudéjar de 1261 fue despoblada de musulmanes y la repoblaron ochenta caballeros castellanos. Se incorporó a la Corona de Aragón en el año 1288 con el resto de Murcia, hasta que en 1358 pasó de nuevo a Castilla. En 1445 fueron olvidadas las promesas reales de mantenerla indefinidamente como ciudad libre y fue entregada al todopoderoso Juan Fernández Pacheco, Marqués de Villena, cuyas andanzas ya conocimos en las páginas dedicadas a Castilla-La Mancha. Desde hace siglos está vinculada al cultivo de la vid y la elaboración de vinos.

La iglñesia de Santiago, en Jumilla (Murcia), fue declarada Monumento Nacional en 1931. A la izquierda, su retablo mayo[r]. Sobre estas líneas, detalle de su *Jesús prendido*.

El interior de la sacristía barroca de la iglesia de Santiago, y un notable *Cristo Crucificado*.

La iglesia de Santiago fue declarada Monumento Nacional en 1931. Su construcción había comenzado en el año 1497 bajo el mando de los arquitectos Pedro y Juan de Oma siguiendo las normas del estilo gótico tardío con destacadas influencias platerescas y flamígeras.

El pórtico y la fachada norte son un trabajo de factura neoclásica dirigido por Lorenzo Alonso, que ocultó la anterior portada gótica con esta nueva, que quedó inconclusa. También es de estilo neoclásico el amplio atrio con banco corrido de la fachada. En el interior nos encontramos con el gótico original, que destaca tanto en la nave principal como en las capillas laterales, en las que aparecen los típicos arcos ojivales, capiteles figurados y bóveda, decorado con dragones en las nervaduras policromadas. La puerta sur, concluida en 1575, es de arco de triunfo.

La cabecera se en el año 1562 y es de planta trilobulada. Está formada por los extremos del transepto y del presbiterio, cubiertos con bóvedas de veneras sobre la que se apoya la cúpula del cabecero.

Del retablo mayor dijo González Simancas que era «el monumento más hermoso de su época y género de cuantos hay en la región». Es obra de Francisco y Diego de Ayala, que utilizaron los tres órdenes de arquitectura clásica y lo compusieron sobre un basamento de mármol negro y banco del mismo material. Las separaciones de las calles están trazadas por estatuas de jóvenes desnudos y el tema central es la vida del Apóstol Santiago. En la capilla mayor pueden contemplarse también parte de los pasos más característicos de la Semana Santa de Jumilla, como el Cristo Yacente, San Juan y la Virgen obra de José Planes, el Jesús Prendido de Ignacio Pinazo o el Cristo de la Sentencia, anónimo.

La torre del campanario comenzó a levantarse en el siglo XVI, y para hacerlo se derribó la vieja sacristía renacentista, que fue sustituida por un añadido barroco. En esa misma época se adosó un cuerpo al norte del transepto con entrada desde la nave central y también directamente desde la calle, que alberga la Capilla de la Comunión o del Santísimo Sacramento.

Lorenzo Alonso, el arquitecto que modificó la fachada principal, es también el autor del coro que se añadió a los pies del templo. En este lugar puede también admirarse la sillería, que es de estilo neoclásico. Destacan la magnífica rejería que cierra la sacristía, que es una obra del siglo XVI, así como un Cristo tallado en marfil y dos custodias labradas.

SAN SALVADOR (Caravaca de la Cruz, Murcia)

Caravaca de la Cruz tuvo orígenes íberos y romanos, y fue también la Carctucat Todmir de los visigodos y la Qaravaka árabe. En todos los casos constituyó una poderosa una fortaleza militar que controlaba los caminos entre la Meseta y el mar Mediterráneo. Cuentan las viejas crónicas que en el año 1231, cuando Abu Zeid era el señor musulmán de la fortaleza, se encontraba entre sus prisioneros el sacerdote Ginés Pérez Chirinós, quien pidió permiso al señor para celebrar una misa, para la que no contaba ni siquiera con una cruz. El caudillo musulmán consintió en que se celebrara la ceremonia pero no quiso ayudar al sacerdote en sus propósitos. Sí lo hicieron dos ángeles, que descendieron del cielo llevando con ellos una cruz de doble brazo. Más tarde el patriarca de Jerusalén aseguró que ese mismo relicario, en el que se encuentra un fragmento del «Lignum crucris», le había sido arrebatado de las manos por los ángeles. La tradición dice que la mayoría de los musulmanes se convirtieron ante el milagro y la ciudad pasó a manos de la Orden del Temple, que dió voz a la noticia, de manera que el milagro incrementó la fama de la ciudad. Al desaparecer los templarios fueron sustituidos por los caballeros de la Orden de Santiago.

La iglesia del Salvador está considerada el más importante edificio renacentista de la Comunidad Autónoma Murciana, y ya en el año 1931 fue declarada Monumento Nacional. La mayor parte de los trabajos de su construcción tuvieron lugar entre los años 1534 y 1600, bajo la dirección del maestro de obras de la diócesis de Murcia, Jerónimo Quijano. Intervinieron también en la construcción del templo Pedro de Antequera, Juan Garzón, Pedro y Martín de Homa, y Pedro y Andrés Monte. Sin embargo, la iglesia quedó inconclusa, como puede observarse tanto en sus fachadas, que presentan carencias, como sobre todo en su interior, donde es manifiesto.

El templo tiene planta de salón cuadrangular con tres naves, y la de mayor tamaño es la central. Cuatro poderosas columnas de casi dos metros de diámetro cada una, con fuste nervado y de orden jónico, con grandes basas de mármol, sostienen las bóvedas, que son de crucería. El primitivo plano contaba con la construcción de otro tramo y también con dos columnas más, lo que sin ninguna duda, hubiera proporcionado una mayor armonía a todo el conjunto.

Junto al altar mayor está situada la sacristía, que fue construida en el siglo XVIII bajo la torre del campanario, y es obra de los maestros Daniel Pla y Manuel de Madariaga. En ella hay que resaltar una magnífica bóveda de abanico, y también la existencia de una expresiva cruz procesional realizada en el periodo gótico, que tiene algunos añadidos platerescos y barrocos.

El rico altar mayor, trabajado en estilo barroco, fue tallado por el artista José Sanz entre los años 1756 y 1758 y llegó a este emplazamiento tras la llamada Desamortización de Mendizábal, procedente del convento de los jesuitas, donde había estado emplazado. A ambos lados se sitúan otros dos altares barrocos con columnas salomónicas y dos púlpitos, por encima de los cuales aparecen tallas de ángeles. Siete capillas, sufragadas todas ellas por distintos vecinos de la localidad, rodean las naves centrales. En ellas pueden contemplarse algunas obras de arte interesantes, como una *Dolorosa* atribuida a Salzillo, la *Virgen de la Soledad* de Miguel Calzado o una magnífica talla de San Benito. Destacan también las rejerías, obra de Ginés García y de Morales.

La iglesia de San Salvador, en Caravaca de la Cruz, considerada uno de los más importantes edificios renacentistas de Murcia. Arriba, su portada sur.

CONCATEDRAL DE SANTA MARÍA (Cáceres)

Aunque hay vestigios de que hubo aquí poblamientos anteriores, la ciudad de Cáceres fue fundada en el año 24 a. de C. por el cónsul Cornelio Balbo, quien la denominó Norbensis Cesarian y la fortificó con murallas. Los visigodos la llamaron Cesarina y los árabes la reconstruyeron y embellecieron dándole los nombres primero de Qazris y después de Kaçares. La leyenda cuenta que el rey de León Alfonso IX consiguió en el año 1229 tomar esta plaza porque una mora, hija del caíd de la ciudad, se enamoró de un capitán cristiano y le franqueó las puertas. Como es evidente, al padre no le hizo ninguna gracia el amorío y maldijo a la enamorada, que vaga en pena las noches de San Juan. La dominación cristiana no trajo la paz a estas tierras que estuvieron sometidas a constantes luchas entre señores hasta que los Reyes Católicos obligaron a desmochar las torres para impedir la matanza.

La iglesia de Santa María, que comparte el rango episcopal con Coria, es una construcción comenzada en el siglo XII que se prolongó lo suficiente como para que el románico cambiara al gótico.

El visitante actual se encuentra con un templo con algo de fortaleza al que se abren tres portadas góticas. La llamada del Evangelio está en un cuerpo algo saliente y tiene arco apuntado y tímpano que probablemente estuvo trabajado pero que en la actualidad es liso. Por encima se levanta un tejaroz o alero sostenido por canecillos muy trabajados. La puerta sur es similar a la anterior. Por su parte la de la Epístola se abre a la calle de Santiago y es más sencilla. La torre del campanario es una obra ejecutada en el año 1554 bajo la dirección de Pedro de Ibarra. Consta de tres cuerpos de los que el mediano es el más pequeño; se alternan ventanas cuadradas y arcos de medio punto y en la parte superior tiene un medallón de la Virgen. En un ángulo inferior de la torre se encuentra una estatua en bronce de San Pedro de Alcántara, obra de Pérez Comendador. Fue el de Alcántara un religioso y escritor del siglo XV nacido en dicha localidad cacereña y fundador de los franciscanos descalzos. Mantuvo conversaciones, correspondencia e influyó considerablemente en contemporáneos tan notables como fray Luis de León y San Francisco de Borja y ayudó a Santa Teresa a fundar sus conventos. No se sabe por qué los pies de la estatua de hombre tan piadoso y docto han conseguido ser protago-

La iglesia concatedral de Santa María, en Cáceres, que se comenzó en el siglo XII y se terminó en el XVI.

El interior de una de las naves laterales de la iglesia. Abajo, el parteluz en el pórtico de la entrada y un detalle del interior de la nave principal.

nistas de una tradición que quiere que la moza soltera que los toque se casará antes de un año con el primer soltero a quien roce con la misma mano. Desde luego, esa parte de la estatua no necesita que servicio municipal o eclesiástico la abrillante. En el interior del templo encontramos una planta rectangular con tres naves divididas en cinco tramos y tres ábsides poligonales. Las cubren bóvedas de crucería que se apoyan en finas columnas adosadas a los pilares. A lo largo de las nervaduras del templo aparecen escudos y nombres que se repiten por todo el templo: Orellana, Espadera, Becerra, Ovando, Golfín, Ulloa, Aldana, Figueroa, Carvajal y Mayoralgo. Fueron los amos de la ciudad; algunos, como Marta Martínez de Orellana, quien pagó la obra de la cabecera del templo, fueron generosos con la iglesia y la mayoría tienen aquí sus sepulturas, entre las que destaca el magnífico sepulcro gótico en alabastro de García de Mayoralgo y el del doctor Rivera, realizado por el escultor Etor Hernández en el año 1538. Junto al presbiterio se abren dos capillas y otras dos en el lado de la Epístola. Todas ellas acogen diversas sepulturas. En 1547 fueron contratados en Sevilla los maestros Guillén Ferrán y Roque Balduque. Realizaron un retablo magnífico con el estilo plateresco imperante en el momento, trabajado en pino y cedro, centrado en la vida de la Virgen. Emplearon tres años y medio en completar la obra. Destacan también en el templo el púlpito de hierro forjado que perteneció al Convento de Jesús; las pilas bautismales de alabastro y la puerta de la sacristía de estilo plateresco, que es obra de Alonso de Torralba. En la sacristía se da cabida a un pequeño museo que recoge algunas muestras interesantes de orfebrería y también de vestuario .

Uno de los momentos más especiales para contem-

plar la concatedral es la medianoche del Miércoles Santo, cuando la Hermandad del Cristo Negro se reúne para sacar en procesión una oscura talla anónima del siglo XIV. Sólo pueden participar cincuenta cofrades, hombres y mujeres según la tradición, que antes de salir, cubiertos ya con su túnica negra y encapuchados realizan un juramento de silencio y obediencia. Después procesionan a la luz de los hachones, en silencio y llevando como único acompañamiento sonoro una esquila, les antecede un timbal. La impresionante procesión, que transcurre por el recinto medieval de la ciudad, se cierra con un incensario que pesa casi cien kilos.

LA ASUNCIÓN (Arroyo de la Luz, Cáceres)

Este templo, declarado Monumento Histórico Artístico Nacional, es un edificio de proporciones regulares y muros lisos construido con sillares de granito entre el último cuarto del siglo XV y la primera mitad del XVI en un estilo que oscila entre el gótico con reminiscencias mudéjares que conocemos como isabelino, y el gótico profusamente decorado del estilo manuelino portugués.

Tiene tres puertas de acceso y dos torres. De éstas, la actualmente conocida como del Reloj fue edificada en el siglo XV para cobijar el campanario. Posteriormente, entre 1552 y 1554, Pedro de Marquina construyó otra atalaya en la que fueron emplazadas definitivamente las campanas. La primera torre quedó como emplazamiento del reloj y el campanario se transformó en una capillita en la que situaron cuatro columnas toscanas procedentes de un templo romano hallado en las proximidades. Fue también Marquina el autor de llamada puerta del Sol, que se abre en el lado sur, que se corresponde a la Epístola, la más antigua de las actuales. En el lado contrario, sobre el costado del evangelio se abre la puerta norte, con varios arcos apuntados. La fachada más importante se encuentra a los pies del templo. Es abocinada con arco de medio punto entre dos haces de fustes. Por encima se encuentra un arco conopial que enlaza con un segundo cuerpo decorado con rombos y un tercer tramo con arco lobulado en el centro y conopiales a los lados y remate estrellado.

En el interior es templo de nave única, dividida en tres tramos, un tanto oscura porque son muy pocos los huecos que abren en sus muros. Arcos de medio punto que se apoyan sobre pilares sirven de inicio a la bóveda de terceletes. La capilla mayor es de menor anchura y altura que la nave principal. Junto a la puerta del Sol se encuentra la capilla de San Andrés, construida en 1495.

Destaca en la iglesia el coro gótico emplazado a los pies del templo. Lo sostienen tres arcos y una bóveda de crucería rebajada. Abundan en él los detalles escultóricos.

En la capilla mayor se encuentra una de las joyas de la iglesia, su retablo mayor. La arquitectura y escultura fue ejecutada por Alonso de Hipólitos y los dorados son obra de Pedro de Aguirre. Las veinte tablas que se pueden contemplar salieron de las manos de Luis de Morales «el Divino». Se compone de banco, tres cuerpos y ático y tiene cinco calles y cuatro entrecalles. Las esculturas representan a los padres de la Iglesia, la Asunción de la Virgen, apóstoles, mártires y en el ático una escena del Calvario. Las pinturas del banco se dedican a San Juan. Las del primer cuerpo a lo ocurrido entre la Resurrección de Cristo y la venida del Espíritu Santo. En el cuerpo central se describe la infancia de Jesús y en el superior su pasión y muerte.

Abajo, el excepcional retablo mayor de la iglesia de La Asunción, en Arroyo de la Luz (Cáceres). Arriba, el pórtico gótico del lado norte.

NUESTRA SEÑORA DE LA GRANADA (Llerena, Badajoz)

En tiempos del Califato de Córdoba se llamó Ellerina. Obtuvo en 1297 sus fueros, fue elegida por residencia por los maestros de la Orden de Santiago y en el siglo XV se convirtió en capital del priorato de San Marcos de León. Desde ese momento y hasta finales del XVI vivió una etapa de esplendor en la que convivieron artistas, intelectuales y herejes. Aquí nacieron Cieza de León, cronista de las Indias, y Luis Zapata, hombre de confianza de Felipe II.

En 1508 se instaló en la ciudad el Tribunal de la Inquisición para luchar contra los grupos de «iluminados» que iban apareciendo tanto en Almendralejo como en la misma Llerena. Hacia 1570 llegó a formarse toda una secta presidida por Chamizo y Hernando Álvares, quienes seguidos por un gran número de mujeres meditaban sobre las llagas de Cristo hasta «derretirse por amor de Dios». Su lema era: «alcanza el éxtasis y nada de te estará vedado». Se recuerdan en las crónicas Filomenas, Priscilas y Marías, una de éstas de apellido Sánchez que, en palabras de un fraile que asistió al proceso: «tenía tanta hambre del Sacramento quel día que no se lo daban caía enferma en cama».

Sobre la plaza Mayor, escenario de autos de fé, se alza la silueta de la iglesia de Nuestra Señora de la Granada, templo iniciado en el siglo XIV y concluido en el XVIII, en el que se complementan los estilos gótico, mudéjar, renacentista y barroco. Para construir este templo llegaron artistas de varios lugares de España, y surgieron también talleres propios en los que la pintura y la escultura alcanzaron un gran desarrollo. Las partes más antiguas de la iglesia son los primeros cuerpos de la torre y las capillas de los Zapara o del Prior.

La espectacular iglesia de Nuestra Señora de la Granada, en Llerena, con su galería doble de estilo mudéjar, y su gran torre. En el centro, detalle de la portada principal, adintelada.

La fachada norte es la que se abre a la plaza Mayor, y en ella podemos observar dos niveles. El primero se ha atribuido a José de Hermosilla, arquitecto de la localidad. Estafá formada por una portada adintelada flanqueada por doble par de columnas gigantescas adosadas a la pared. Están rematadas por un frontón con un escudo alegórico y flores. Por encima pueden verse los escudos de Llerena, el Pontificado y de Castilla. Frontones triangulares y hornacinas adornan el resto del cuerpo. Por encima se alza una galería doble de estilo mudéjar con arcos de medio punto que se apoyan sobre pilares octogonales.

La fachada oeste está ocupada por los dos primeros cuerpos de la torre, en los que se abre la puerta del Perdón, con arco apuntado rodeado por cinco arquivoltas, la más exterior decorada con leones y una cruz flanqueada por dos castillos y la siguiente con decoración vegetal. Por encima, se alzan otros cuatro cuerpos; en el tercero y cuarto aparecen doce grandes machos de sección rectangular y en el último se abre una terraza con balaustrada sobre la que se levantan cuatro torrecillas cilíndricas cubiertas por cupulines de cerámica vidriada. Remata el conjunto una linterna. La fachada sur corresponde a la capilla de los Zapata o San Juan, y muestra un pequeño pórtico con arco de medio punto y campanario de tres cuerpos que disminuyen en altura, decorados con los bustos de los fundadores.

En el interior nos encontramos con planta de salón, de tres naves de similar altura, separadas por columnas de cantería e iluminadas por dos ventanas abocinadas sobre la línea de imposta en forma de arco apuntado y con una sencilla decoración de tracerías. Adosado a la cabecera del templo se encuentra el camarín de Nuestra Señora de la Granada. Es una construcción realizada a finales del siglo XVIII, casi independiente del resto de la iglesia. Tiene planta octogonal y está cubierta por cúpula sobre pechinas y tambor y decorada con motivos vegetales, zoomórficos y antropomórficos realizados en yeso y según las pautas del estilo rococó.

Dos capillas destacan especialmente, la ya citada de San Juan está situada junto a la cabecera y ocupa varios tramos de la zona de la Epístola. La fundó el contador mayor de Castilla Hernando de León, a quien el Santo Oficio condenaría por hereje, de modo que la capilla fue subastada y comprada por el licenciado Luis Zapata. Tiene planta poligonal cubierta por bóveda estrellada de terceletes. Una banda decorada con motivos vegetales recorre las impostas y hace las funciones de capiteles de los pilares de baquetones que en la parte inferior sostienen un coro. Dispone además de sacristía propia, por lo que configura una iglesia adosada a la anterior. Tres arcos lo comunican con el resto de el eficicio, el que se abre a la nave central es rampante.

La Capilla del Prior fue fundada por Gonzalo de la Fuente en 1580 y es una construcción de planta rectangular con arcos de medio punto sobre pilastras toscanas. En la puerta que da acceso a la sacristía aparece un adornado dintel con la inscripción: «Esta capilla dotó y fundó don Gonzalo de la Fuente, prior de la provincia de León. Año 1580».

Abajo, la nave principal de Nuestra Señora de la Granada, y detalle de un ángel barroco. En la página siguiente, portada de Nuestra Señora de la Consolación, en Azuaga (Badajoz).

NUESTRA SEÑORA DE LA CONSOLACIÓN (Azuaga, Badajoz)

El nombre le viene a Azuaga de la familia bereber de los Al Zugawa que se asentaron en este territorio, en el que ya había habido una villa musulmana. Fue el portugués Pelay Pérez Correa, gran maestre de la Orden de Santiago quien en 1263 asaltó sus murallas y entregó la población al rey de Castilla Fernando III. En el siglo XVI era una de las ciudades más pobladas de Extremadura y como tal emprendió la construcción de un templo de considerables dimensiones, sólo superado en la provincia por la catedral emplazada en Badajoz. El 23 de marzo de 1993 esa iglesia fue declarada Monumento de Interés Histórico y Artístico.

Estamos en un edificio de estilo gótico al que podemos apellidar isabelino, renacentista o manuelino, porque influencias tiene de los tres. Fue construido en mezcla de sillares en piedra de arenisca que se utilizaron en pilares, contrafuertes, torres y nervios de bóvedas y el más dúctil ladillo, que ocupa las bóvedas y los paramentos más susceptibles de recibir un tratamiento decorativo. La torre del campanario forma parte de la facha principal. Los dos primeros cuerpos están ocupados por la portada en arco de herradura apuntado, mientras que los tres últimos acogen ventanas abiertas en arcos isabelinos y platerescos. El conjunto en su totalidad alcaza unos respetables treinta y cuatro metros de altura. Existen otras dos puertas más sencillas: la del norte, llamada del Perdón y la situada en el costado opuesto de la iglesia, junto a la Epístola, o del sur. Por cualquiera de ellas podemos acceder a un interior de planta rectangular alargada en la que se abren tres naves, separadas unas de otras por diez columnas con un diámetro superior al metro y medio. La cabecera ochavada está ocupada por el ábside poligonal que tiene adosado; en el lado de la Epístola está la sacristía; en el lado del Evangelio se abren tres capillas.

Los arquitectos que trabajaron en el proyecto imaginaron distintas y felices soluciones para cubrir las diferentes estancias con bóvedas de crucería. Las más acertadas probablemente corresponden a las estrelladas del tramo de la nave próxima a la cabecera, las del sotocoro o las de la sacristía. Destaca por su delicado trabajo decorativo la balaustrada de piedra del coro.

Es inexcusable detenerse ante la original pila bautismal de barrio vidriado, una de las tres de su estilo que quedan en todo el mundo. Para contemplar las otras dos hay que viajar a Sevilla o a la lejana Nueva York. Fue realizada en un obrador de Sevilla entre los siglos XV y XVI, es de tono verdoso y su exterior aparece decorado profusamente con figuras y motivos geométricos de clara inspiración morisca. Entre los restantes tesoros que se conservan en la iglesia de la Consolación se incluyen tres lámparas de plata barrocas y varios cálices, copones, coronas, cruces, vinajeras e incensarios. La más valiosa es sin duda una custodia-sagrario de plata, sobredorada en algunos lugares, realizada en el siglo XVI, que tiene aspecto de templete. Posteriormente se le añadió en el siglo XVIII un basamento rococó.

El 7 de agosto de 1888 se propagó un gran incendio entre sus paredes y como consecuencia del mismo desaparecieron pinturas, lienzos, paños litúrgicos y parte del retablo del altar mayor, así como el zócalo de azulejos mudéjares y renacentistas que adornaba la capilla mayor. Con las tablas que quedaron del retablo se ha realizado una afortunada reconstrucción gracias a la cual podemos contemplar hoy algo similar a lo que vieron durante siglos los vecinos de Azuaga. Una composición de planta ochavada formada por un banco, tres cuerpos, tres calles, seis entrecalles y un ático central. Los relieves del cuerpo inferior representan la Anunciación y los desposorios de María Virgen. En el cuerpo central aparecen el nacimiento de Jesús y la Adoración de los Magos. En la parte superior se representa la Asunción, la llamada Quinta Angustia y la Ascensión de Cristo. El centro de retablo se dedica a la imagen titular de Nuestra Señora de la Consolación. Rematan el conjunto en el ático, una Crucifixión sobre la que asoma entre nubes, Dios Padre. Las entrecalles están ocupadas por diversas tallas de los Apóstoles y otros santos. Algunos autores como Banda y Vargas han calificado a este retablo como: «la obra más importante que el bajo renacimiento sevillano dejó en tierras extremeñas.»

Arriba, el interior de la nave principal, y vistas hacia la entrada y el coro y hacia el altar mayor. En la fotografía pequeña, la pila bautismal (s. XV-XVI). A la izquierda, la entrada principal, gótica.

LA CONCEPCIÓN (Granja de Torrehermosa, Badajoz)

Hasta en el nombre del municipio hace referencia el pueblo a la torre de su iglesia. Esa población, situada en el límite de las provincias de Badajoz y de Córdoba, con el río Zújar como frontera natural entre una y otra Comunidad Autónoma, conoció asentamientos griegos y romanos que muy probablemente estuvieron dedicados a la agricultura, de donde parece que le vino el nombre. Hasta el año 1565 fue una encomienda de Córdoba y en ese año, el rey Felipe II le concedió título de villa y decidió unir al sencillo Granja con el que ya se nombraban otras dieciocho poblaciones en toda España, una definición que concretara un poco más que esta Granja en particular destacaba por su hermosa torre. Y con el nombre se quedó a pesar de que en todo el siglo XIX y buena parte del siglo XX fue más conocida por la existencia de sus minas que por la torre-campanario de su iglesia.

Como el pueblo está situado en un terreno bastante llano, la torre de la iglesia de la Concepción rompe el paisaje y sitúa inmediatamente al viajero. Fue construida la iglesia de la Purísima Concepción durante el siglo XV, y se emplearon técnicas que alternaban la mampostería de piedra sin enlucir y el ladrillo, con el que se realizaban trabajos decorativos de gran finufa y efectismo. En este caso, el campanario surge de en medio del edificio, como si se tratara de una prolongación de la portada del templo.

En el documento por el que la Academia de San Fernando (no Real porque estamos hablando de 1932) apreciaba los méritos del edificio para ser catalogado como monumento histórico y artístico nacional, se dice textualmente: «Escuadra, con su cara occidental a las haces de la fachada de la iglesia, a cuya altura sobrepasa con otro tanto. En dicha cara se perfila la puerta, en arco apuntado bastante abierto con columnillas y delgadas arquivoltas. De éstas se elevan finas nervaturas que se arquean formando hornacina para una imagen y luego entre haces de columnas que bordean el primer cuerpo en todo su altura, llenan el largo lienzo dividiéndolo en cuatro fajas verticales, con arquillos o gabletes que se suceden de abajo arriba en seis líneas, con lo cual el conjunto produce efecto análogo al de las torres árabes cuajadas de alicatados».

Sobre este cuerpo se abren otros dos con ventanas en los que se encuentran las campanas. La separación entre cada cuerpo está marcada por una trama de arquillos. El remate de la torre es un chapitel de ladrillo.

El interior es de nave única que tuvo cubierta un día de madera hasta el siglo XVIII en el que fue sustituida por otra hecha de fábrica. Contaba la iglesia con un importante retablo mayor y con un notable órgano, ambos barrocos, pero fueron destruidos en el año 1936. El retablo actual es obra de Gabino Amaya.

La espectacular portada, la planta y detalle del reloj en La Concepción, en Granja de Torrehermosa (Badajoz).

SACRA CAPILLA DEL SALVADOR DEL MUNDO (Úbeda, Jaén)

Madinat Ubbadat Al Arab la llamó Abderramán I antes de amurallarla y convertirla en una de las ciudades más importantes de su reino. Fue conquistada, reconquistada y vuelta a conquistar varias veces, hasta que en 1234 quedó definitivamente en manos de Fernando III de Castilla. Su lugar de privilegio en el camino que unía Andalucía con Levante la llevó a alcanzar su mejor momento durante el reinado de Carlos I. Luego llegó la decadencia de la ruta y ahí quedó esa ciudad poblada de iglesias, palacios y conventos, como un museo vivo del Renacimiento español.

La capilla del Salvador del Mundo fue construida por iniciativa del comendador y secretario del emperador Carlos, Francisco de los Cobos, quien se quiso procurar el mejor monumento fúnebre posible y contó con una nómina en la que se juntaron todos los grandes del momento. Cada uno de los artistas que contribuyó al proyecto justifica por sí solo la visita. Unidos Diego de Siloé, Andrés de Vandelvira, Esteban Jamete, Berruguete, Villalpando y Aquiles crearon uno de los edificios más suntuosos de España.

Diego de Siloé fue el encargado de realizar los planos en 1536 y trabajó en el proyecto hasta que se instaló en Granada para construir la catedral y fue sustituido por su discípulo, Andrés de Vandelvira. Este último fue el auténtico ejecutor de la obra entre los años 1540 y 1556. Al terminar, también él construyó una catedral andaluza, la de Jaén.

Desde el exterior, la iglesia puede presentar un aspecto demasiado macizo que se olvida al contemplar las impresionantes portadas. La principal, plenamente renacentista, en su parte inferior es un trabajo del imaginero francés Jamete, quien realizó un proyecto escultórico en el que se mezclaban elementos paganos y cristianos y se prefijaban temas que iban a ser característicos del barroco español, como el honor, la gloria, la muerte o la eternidad. La entrada se realiza por un arco de medio punto con intradós formado por dioses paganos de pequeño tamaño. Dos torretas de forma cilíndrica enmarcan la entrada y en ellas destacan los escudos de los Cobos y de los Mendoza, familia a la que pertenecía la esposa del secretario. La parte superior de la portada es

obra de un escultor distinto que desarrolló el tema de la Transfiguración de Jesucristo en el Monte Tabor. Las portadas laterales fueron también obra de Jamete aunque representan un estilo más próximo al plateresco que al renacimiento. La fachada del lado norte fue dedicada a Santiago Apóstol para recordar que el fundador perteneció a esa Orden de Caballeros.

El interior de la capilla es fastuoso, la planta es basilical con nave rectangular de tres tramos cubierta por bóvedas nervadas y capillas cubiertas por bóvedas de cañón, separadas de la nave central por arcos de medio punto.

Un arco toral separa la cabecera del presbiterio, que en una original solución, tiene planta redonda y está cubierta por una cúpula. Bajo su suelo están enterrados los restos de los esposos Cobos Mendoza. En el altar mayor destaca un inmenso retablo del siglo XVIII, en forma de baldaquino en el que se colocó el grupo de la Transfiguración del Señor, una magnífica obra de Alonso Berruguete.

La aportación más importante de Vandelvira a la iglesia fue la sacristía. La portada desde el templo está decorada con gran número de imágenes obra de Jamete que recogen las tradiciones de la antigüedad clásica y que parecen presagiar el nacimiento de Cristo. La planta de la iglesia es oblicua a la portada y está dividida en tres tramos por arcos que cubren bóvedas vaídas en las que se abren dos ventanales simétricos.

Esteban Jamete desarrolló un gran trabajo ornamental en el que se mezclan cariátides, talantes, ángeles y sibilas, todos ellos dominados por la Virgen de la Paz, que es quien procura la concordia entre el pueblo y el gobierno. Entre tantos tesoros como pueden verse en el templo, no debe pasar inadvertida una pequeña talla de alabastro de San Juan Bautista, situada a la izquierda del altar mayor, y que se atribuye a Benvenuto Cellini.

Destacan también de manera especial la reja del coro, obra de Villalpando y la magnífica sillería renacentista del mismo.

La renacentista capilla del Salvador, en Úbeda (Jaén). Junto a estas líneas, la portada sur y la principal, obras de Esteban Jamete.

SAN ILDEFONSO (Jaén)

Érase una humilde parroquia construida en 1248 y situada en el arrabal de San Ildefonso, cuando Jaén fue sitiada una vez más por los ejércitos musulmanes y la Virgen, al decir de los testigos, bajó del cielo, llegó a esta iglesia y se quedó en ella. Así, la pequeña parroquia creció, se enriqueció y se transformó hasta alcanzar sus magnitudes actuales, sólo superadas por las de la catedral.

Todavía conserva algo del aspecto de fortaleza, ya que fue parte de la muralla defensiva de la ciudad. En sucesivos periodos fue ampliada y enriquecida. En el exterior pueden seguirse los distintos caminos y épocas de devoción. La portada más antigua, elaborada en tiempos del obispo Alonso Suárez, es una obra del gótico tardío que aparece enriquecida por un mosaico de Santiago Padrós que representa el descenso de la Virgen. El cardenal Pacheco, en el siglo XVI, encargó a Andrés de Vandelvira, a quien ocupaba ya en las obras de la Catedral, que realizara una portada plateresca que es la principal del templo y da a la plaza de San Ildefonso.

Por último, en el siglo XVIII, se encargó la realización de una tercera portada a Ventura Rodríguez quien diseñó un trabajo neoclásico que fue realizado por Francisco Calvo. Este tercer acceso es el más monumental y está formado por cuatro columnas compuestas adosadas que sostienen una cornisa en la que apoya un frontón triangular. Sobre el muro de la fachada hay una estatua del titular del templo. El campanario situado a la derecha de esta última fachada fue renovado al mismo tiempo y es una torre de dos cuerpos rematada por una cúpula.

El interior es de estilo gótico. Tiene planta de salón con cabecera plana y está dividida en tres naves. El punto culminante es la imagen de la Virgen de la Capilla, patrona de la ciudad. Según las crónicas, María descendió sobre la sitiada Jaén en la noche del 10 al 11 de junio del año 1430. El cortejo celestial, del que dieron constancia numerosos vecinos, llegó a la catedral y se trasladó desde allí hasta la humilde parroquia de San Ildefonso. La talla está expuesta en una capilla con amplias ventanas que permiten a los fieles contemplarla sin necesidad de entrar en el templo. Como otras imágenes marianas que despiertan gran devoción es una Virgen negra. La talla es gótica, de madera, mide 60 centímetros de altura y el niño forma parte de la misma. La cabellera está toscamente labrada y el rostro es oscuro y brillante. Descansa sobre una almohada también de madera.

La parroquia tiene también interesantes retablos como el barroco esculpido por Pedro y Juan Roldán, del Descenso. El templo guarda el sepulcro del arquitecto del siglo XVI Andrés de Vandelvira.

El interior de San Ildefonso, en Jaén, y su torre de dos cuerpos, con cúpula. En la página siguiente, la portada principal de San Pablo, en Córdoba.

SAN PABLO (Córdoba)

Dicen algunos que bajo esta iglesia cordobesa están las ruinas del circo romano en el que fueron martirizados los cristianos por su fe. Y lo cierto es que en esta ciudad donde no faltan ruinas ni restos de otras culturas que encontrar, se ha hallado muy cerca del emplazamiento del templo restos de la prisión romana, lo que hizo volar la imaginación. Pero no pensaba precisamente en Roma el rey Fernando III cuando tomó la ciudad que había sido capital del Califato independiente el 29 de junio de 1236 y con un «decretazo» fulminante mandó constituir y construir nada menos que catorce parroquias.

Extramuros de la ciudad, cercana a la muralla de la Pescadería se levantó este templo que fue consagrado a San Pablo por aquello de celebrarse su festividad y la de San Pedro el 29 de junio. Cinco años después de la toma de la ciudad en 1241 comenzaron las obras. Pronto fue encomendada a la Orden de los Dominicos, quienes construyeron al lado un convento que resistió hasta la Desamortización y que desapareció entonces junto con el claustro. El mal estado del templo aconsejó a finales del siglo XIX cedérselo a los religiosos claretianos y poco después Mateo Inurria comenzó a trabajar en la reconstrucción.

Como otros muchos templos, el cordobés de San Pablo ha sido objeto de muchas modificaciones a lo largo de los siglos. La portada que permite acceder desde la plaza del Salvador fue realizada en 1706 en jaspe negro y es de una gran riqueza ornamental que permite calificarla de barroco casi churrigueresco. Aparecen columnas salomónicas, frontones, hornacinas y toda la complejidad de ese estilo. Tras franquear la puerta hay que descender unas escaleras y cruzar un patio para llegar a la antigua portada principal, de piedra caliza, que conserva un espléndido rosetón y los contrafuertes de la primitiva construcción gótica. Gótica es también la portada que da a la calle de San Pablo y que no ha sido prácticamente retocada lo que nos permite contemplar los interesantes capiteles, las trabajadas arquivoltas y toda una gama de canecillos que nos presentan motivos vegetales y animales.

En el interior encontramos una iglesia amplia, de tres naves de las que la central es mayor que las laterales y que finalizan todas ellas en ábsides de los cuales el mayor es poligonal y tiene ventanales.

Destacan las capillas que se abren a los lados, de las que la más interesante es la que mandó edificar Leonor López para enterrar a su padre y que está considerada la primera construcción puramente gótica de Córdoba. Su construcción fue contratada en 1248 con la idea de que fuera una sacristía independiente y la finalizó más de dos siglos después, el cantero Pedro López. Pero no acabaron aquí las modificaciones, puesto que en 1758 se incluyó en la capilla un camarín barroco dedicado a la Virgen del Rosario que contiene las reliquias que estaban en poder de la iglesia. Está decorado con esculturas de Pedro Duque Cornejo y con pinturas de Palomino y de Pedro Antonio. Su inclusión obligó a retocar la fábrica, pero aún puede contemplarse buena parte de la original estructura gótica.

La iglesia posee otras capillas notables de estilo mudéjar, como son las dedicada a la Virgen del Pilar, al Cristo de las ánimas y a San José.

La iglesia de San Pablo posee uno de los cuatro o cinco carillones que existen en España, que ha sido objeto de estudio en congresos internacionales y que ha sido sometido a un largo proceso de restauración. Se trata de un instrumento musical excepcional en el que los teclados hacen sonar las campanas. Cinco de estas últimas tienen doble badajo, lo que permitía compaginar los conciertos musicales, con la rutina de las llamadas a misa o a los redobles a muerto.

Al fondo de la nave del Evangelio puede admirarse el paso de Nuestra Señora de las Angustias, uno de los más queridos en la Semana Santa cordobesa. Es la última obra que realizó Juan de Mesa, autor por ejemplo, del Jesús del Gran Poder de Sevilla. El grupo escultórico muestra a la Virgen en su dolor con Cristo muerto en sus brazos. Algunos indicios permiten suponer que la intención del escultor era que Jesús estuviera tendido a los pies de su madre, pero a su muerte, sus discípulos no siguieron su criterio. La imagen sorprende no sólo por su dramatismo sino por el excepcional estudio anatómico en el cuerpo del crucificado.

San Pablo es la primera construcción puramente gótica de Córdoba. Abajo, el interior, con el altar mayor.

SAN JOSÉ o San Cayetano (Córdoba)

El convento de San José, más conocido entre los cordobeses como San Cayetano por la devoción que inspira el Santo de una de las capillas, fue fundado en 1580 por San Juan de la Cruz. Pero el edificio actual no es el que albergó a sus santos, sino el construido entre los años 1616 y 1656. El acceso debe realizarse por unas rampas, ya que está situado en una pequeña elevación, lo que permite una perspectiva excepcional de la fachada barroca. Andrés Gutiérrez fue el constructor de esta parte del templo y siguió los criterios del arquitecto carmelita Fray Alberto de la Madre de Dios. Se pueden observar tres registros diferenciados. En el inferior encontramos un arco triunfal con tres puertas rematado por los escudos de los patronos. El arco central descansa sobre pilastras. Por encima encontramos una hornacina con la imagen de San José, realizada en piedra por Bernabé Gómez del Río, así como dos ventanas que permiten iluminar el coro. La portada se remata por un frontón con óculo central y dos triángulos enfrentados. La fachada tiene otras dos puertas de más sencilla hechura que comunican con el convento y con la torre del campanario, rematada por espadaña.

La iglesia tiene nave con crucero de brazos cortos y capillas laterales. La central está cubierta con una bóveda de medio cañón, con lunetos y reforzada por arcos formeros. En la intersección se levanta una gran cúpula. El coro está situado a los pies y bajo él encontramos un vestíbulo, que es uno de los primeros que se construyeron en España.

La iglesia de San José, o de San Cayetano, fundada en el siglo XVI por San Juan de la Cruz.

Llama la atención el excepcional trabajo pictórico anónimo realizado en sus paredes entre 1725 y 1727. En la bóveda hay escenas de la vida de San Juan de la Cruz y en los lunetos de las de San José y Santa Teresa. En la cúpula están los padres de la Iglesia y los evangelistas, y en las pechinas los escudos de la familia Haro.

En la cabecera del templo hay tres altares. El retablo mayor, realizado entre 1680 y 1697, tiene tres calles y dos registros; en el centro se encuentra el tabernáculo y por encima la Virgen del Carmen con San Juan de la Cruz y San Alberto Magno. Al pie del altar mayor se lee: «Aquí yace doña Beatriz de Haro, señora de Luque, fundadora y primera patrona de este convento.»

En los brazos del crucero se abren dos puertas y sobre ellas hay dos lienzos pintados entre los años 1667 y 1668 por fray Juan del Santísimo Sacramento con escenas relativas la vida de Cristo y de la Orden del Carmelo. La puerta situada en el lado del evangelio da acceso a la capilla de Jesús Caído, en la que además de este paso procesional se encuentran también los de Santa Teresa y el de Nuestra Señora de los Dolores, todos ellos de la Cofradía de Nuestro Padre Jesús Caído, que desfila la noche del Jueves Santo con túnica morada y capirote negro.

SAN BARTOLOMÉ (Montoro, Córdoba)

Los griegos la llamaron «mirador elevado del cielo» o Aipora, que los romanos transformaron en Epora cuando la convirtieron en una de las tres ciudades de la Bética confederadas con Roma.

La ciudad es todavía un mirador elevado sobre un meando del río Guadalquivir que permite contemplar y vigilar todos los altozanos y facilita una defensa que fue especialmente efectiva ante las tropas napoleónicas, que no consiguieron tomarla.

La iglesia parroquial de San Bartolomé ocupó su actual emplazamiento en la plaza Mayor en 1483. Fue construida en la característica piedra rojiza de molinaza, y su estilo plateresco del principio se transformó en renacentista y concluyó con añadidos de tinte neoclásico. La portada plateresca es obra de Hernán Ruiz I, adintelada con marco elevado sobre un panel decorado con cuadrilóbulos que sostienen un arco de medio punto. Sobre las columnas laterales aparecen tallas de San Bartolomé y Santiago. Una imagen de Nuestra Señora del Rosario remata el conjunto. Junto a la puerta puede contemplarse un pedestal de una estatua romana dedicado a Marco Atilo Silviano y una lápida visigótica en honor del diácono Recesvinto.

En 1548 Leopoldo de Austria, tío del emperador y en ese momento obispo de Córdoba, aprobó obras de remodelación que incluyeron la nueva sacristía, un frontón triangular con el escudo del obispo y el monumento a San Rafael, obra de Hernán Ruiz II. También en esta época se inicia la construcción del primer cuerpo prismático del campanario. En 1817 se quiso completar la torre elevando un cuerpo neoclásico con pilastras toscanas y balaustrada corrida. Por encima se alzó otra edificación octogonal coronada por una cúpula. Tras sucesivas modificaciones, la iglesia mide treinta y cinco metros de largo por veinticinco de ancho y presenta tres amplias naves señaladas por arcos apuntados. La triple cabecera está rematada por bóvedas de terceletes con ligaduras.

El magnífico artesonado de su techo resultó muy dañado durante la Guerra Civil y tuvo que ser restaurado. Los daños llegaron también a la capilla de la Patrona, de 1745, en la que aparecen de nuevo imágenes de San Bartolomé y la Virgen del Rosario. Nada queda del retablo barroco que ocupaba este lugar. Sólo queda la cúpula barroca. Otros tesoros del templo son el coro de 1793 con una gran sillería de nogal; un órgano; una tabla flamenca del siglo XV con un San Jerónimo, y un relieve de la maternidad de María, tallado sobre alabastro en el siglo XVI por algún artista de la escuela florentina.

La fachada principal y el interior de la nave central de la iglesia de San Bartolomé, en Montoro (Córdoba), de los siglos XV y XVI.

La blanquísima portada y un detalle del exterior de la cúpula de la Asunción, en Priego de Córdoba.

LA ASUNCIÓN DE LA VIRGEN (Priego de Córdoba, Córdoba)

Los asentamientos ibéricos que se han encontrado en las cuevas de Murcielaguina y los Cholones nos permiten conocer el origen de esta ciudad, que fue también romana y a la que los árabes llamaron Medina Bahiga. Conquistada, perdida y reconquistada de nuevo por Fernando de Antequera en 1409, fue una población próspera que los Reyes Católicos otorgaron a Pedro Fernández de Córdoba tras la conquista de Granada.

En el siglo XVIII vivió una bonanza económica producto de la pujanza de su industria textil. Sus habitantes invirtieron parte de los beneficios en mejorar su ciudad, a la que artistas como Francisco Hurtado Izquierdo o Francisco Javier de Pedrajas convirtieron en la cuna del barroco cordobés.

Sin embargo la decadencia llegó a la ciudad y la ruina acecha a uno de sus monumentos más venerables, la parroquia de la Asunción de la Virgen. En el momento de escribir este libro su párroco titular, Pedro Crespo batalla por conseguir rehabilitarla. El 12 de octubre de 1999 un accidente pudo resultar mortal. Diez minutos antes de que comenzara la misa de ocho, se desplomó sobre la nave central del templo una de las campanas, que pesaba más de 1.500 kilos. La cuestación realizada para reponerla aún no resulta suficiente, pero sí se ha conseguido colocar en las ventanas una copia de las vidrieras originales. En 1957 habían sido sustituidas por unos vitrales modernos que nada tenían que ver con el resto del edificio. Los originales, relegados a un almacén han sido reproducidos por el artista Gabriel Ortiz y desde el verano de 2002 tamizan la luz que ilumina la iglesia. La Junta de Andalucía y una entidad de crédito regional piensan iniciar la reconstrucción del tejado, que permite el paso de la lluvia, así como del techo mudéjar que permanece oculto bajo los trabajos barrocos. Otro pacto similar permitirá reconstruir la casa parroquial, que será destinada a museo, donde podrán contemplarse los libros de coro y archivos; los vestuarios y ornamentos, y las obras de orfebrería que se exhiben ahora en dependencias que resultan insuficientes.

Entre los tesoros de la colección destacan el templete y custodia de plata de 1589 y el juego de altar de oro y esmaltes donado por un singular personaje, Antonio Caballero y Góngora. Este sacerdote español fue arzobispo de Nueva Granada (hoy Colombia) y fue Virrey de la misma zona. Entre sus logros están la creación del Instituto de Ciencias Naturales de aquel país. Dimitió de sus cargos para regresar a España en 1785, donde fue nombrado cardenal y arzobispo de Córdoba.

La iglesia de la Asunción, situada en el centro del tradicional barrio de la Villa, fue construida por iniciativa de la Marquesa de Priego a partir del año 1525 en el estilo gótico tardío que todavía puede contemplarse en la puerta de Santa Ana, atribuida a Martín de Bolívar, uno de los artistas del círculo de Diego de Siloé. Destaca también la reja de la puerta principal, obra de 1574, y la torre del campanario, construida en la misma época.

En el interior presenta tres naves con arcos apuntados sobre pilares octogonales rematados originalmente por una cubierta con artesonados mudéjares. En el altar mayor destaca el retablo montado en el año 1567. Presenta banco y tres cuerpos, rematados por un ático, y se divide en tres calles y cuatro entrecalles. Las esculturas han sido atribuidas a Juan Bautista Vázquez el Viejo y las pinturas son de Pedro de Raxis y Ginés López. A lo largo del siglo XVII se construyeron numerosas capillas laterales entre las que destaca la del Cristo de las Parrillas, cuya imagen titular es atribuida a Alonso de Mena.

Jerónimo Sánchez de Rueda realizó en el siglo XVIII una remodelación general del templo. Los arcos góticos desaparecieron cubiertos por otros de inspiración barroca y todo un muestrario de yeserías y molduras ocultó el primitivo artesonado. Entre los años 1772 y 1784 Francisco Javier Pedrajas completó la obra con la construcción de la Capilla del Sagrario, de planta octogonal rodeada de paso inferior y con una tribuna rematada por una impresionante cúpula gallonada en cuya base se abren ocho ventanales que no han sufrido ninguna modificación posterior. En el centro de la capilla se encuentra un tabernáculo que fue realizado en 1921 por Manuel Garnelo.

La parroquia de la Asunción vive su momento más espectacular del año durante la celebración de la festividad del Corpus Christi; sus procesiones se remontan al siglo XVI y continúan realizándose con la misma majestuosidad. El lugar principal del destino lo ocupan, desde luego, las andas de plata en las que se transporta el Santísimo Sacramento, que se estrenaron en la procesión de 1592. Tienen doble pedestal hexagonal sobre el que se alzan seis columnas corintias que sostienen el entablamiento y va cubierta por cúpula. Aparecen cinceladas escenas como la Última Cena, el maná recibido en el desierto, el pan y vino ofrecidos por Melquisedec o el cordero pascual. En el interior se muestra la custodia portátil dorada y decorada con esmaltes que Juan Polaíno realizó en el año 1633.

El interior de la iglesia de la Asunción, que fue remodelado en el siglo XVIII en estilo barroco.

LA MAGDALENA (Sevilla)

En esta iglesia de su convento sevillano de San Pablo volcaron los religiosos de la Orden de Santo Domingo toda su influencia, poder y dinero para convertirla en un lugar privilegiado. A mediados del siglo XIX se trasladó a él la vecina parroquia de la Magdalena, que había sido destrozada por las tropas de Napoleón. Se logró así salvar al templo de la Desamortización y preservar el patrimonio. Está considerada la mejor muestra del arte barroco sevillano aunque aún conserva algunos restos medievales, y sus cúpulas de cerámica mudéjar pertenecen a una antigua basílica, anterior al siglo XIV.
A partir de 1709 Leonardo Figueroa inició las obras de rehabilitación del templo, que tiene tres naves y dos grandes capillas laterales. Pese a la riqueza arquitectónica y a los trabajos que aparecen en sus muros, destaca la iglesia por los variados tesoros que acumula.
En la capilla Sacramental se encuentran los dos primeros cuadros que Zurbarán realizó en Sevilla. Los dos están dedicados a la vida de Santo Domingo, uno lo presenta en Soriano y otro reproduce *La curación milagrosa del beato Reginaldo de Orleáns*. Pueden contemplarse también un *Descendimiento de la Cruz* de Pedro Roldán y un *Cristo en el Calvario* de Juan Martínez Montañés. A la izquierda del crucero podemos contemplar por ejemplo la talla de la Virgen de las Fiebres, obra de Juan Bautista Vázquez, bajo la cual, según la tradición, descansan los huesos del escultor Martínez Montañés. Otra imagen de María, la del Amparo, se atribuye a Roque Balduque, y es la titular de la Hermandad de la Gloria que procesiona el segundo domingo de noviembre y a la que pertenecieron entre otros, los duques de Montpensier, padres de la reina Mercedes de las canciones.
La otra capilla anexa es la de la Quinta Angustia y en ella hay un excepcional retablo de San Benito de Calatrava obra de Valdés Leal, así como esculturas de la Escuela de Pedro Roldán y dos obras manieristas de Jerónimo Hernández. La Hermandad de la Quinta Angustia que sale en procesión el Jueves Santo está considerada la más señorial de Sevilla. El Viernes de Dolores acuden los cofrades a realizar el *descendimiento* para situarlo en el paso correspondiente. Así lo contó el escritor Antonio Burgos: «Ahí viene una cruz alzada, que sale de allí, de junto al cancel, de la capilla de los mármoles que perpetúan títulos de Castilla. En sus brazos lo llevan. Señores de traje azul llevan en sus brazos a un Cristo muerto. Son los señores de Sevilla que hoy llevan hasta el paso de caoba y lirios a su Cristo muerto».

La iglesia de La Magdalena (arriba y a la derecha), está considerada la mejor muestra del barroco sevillano.

SANTA MARÍA DE LA OLIVA (Lebrija, Sevilla)

Estrabón en su *Geografía* habla de esta población a la que llama Nebrisa y cuya fundación atribuye a Baco, aunque resulta más probable un origen fenicio. Los romanos la llamaron Veneria. Pero fue Seleyman ben Mohamed, en el siglo IX quien reconstruyó la ciudad y le dio el nombre de Lebrisah. Tres siglos más tarde, fue conquistada por Fernando III, recuperada por los árabes e incorporada definitivamente a Castilla por Alfonso X el Sabio.

Fue entonces cuando la antigua mezquita almohade fue adaptada al culto cristiano. Entre los siglos XV y XVI se sucedieron varias reformas que continuaron en el XVIII hasta constituir el edificio, que mezcla elementos árabes, románicos, góticos y barrocos.

Buena muestra de esta sucesión de gustos y hasta religiones es la llamada puerta del Sol, la principal de la iglesia, sobre cuyo dintel se sitúan dos discos de piedra decorados y una lápida funeraria de mármol de la etapa visigoda. Esta puerta está realizada en piedra, pero la vecina del Perdón, emplazada a los pies del templo, tiene arco apuntado abocinado de ladrillo que se apoya sobre columnas del mismo material. La torre, situada a los pies de la nave izquierda, fue levantada entre los años 1756 y 1758 y consta de cuatro cuerpos de los que el primero se realizó en piedra y los restantes en ladrillo.

El interior del templo tiene tres naves y cinco tramos separados por pilares con arcos de herradura apuntados. La primitiva iglesia era de planta rectangular y ocupaba sólo cuatro tramos que se distinguen por los capiteles de origen románico, gótico y almohade. Las cúpulas están adornadas con lacerías y pueden verse restos de los frescos primitivos.

A partir de 1475 comenzó la construcción del crucero y el ábside, que aparecen cubiertos por bóvedas de casetones. Del siglo XVI es la sacristía, realizada por Pedro de Palacios según un proyecto de Hernán Ruiz II. Una de las joyas del templo es el retablo del altar mayor, dedicado a la Virgen de la Oliva. Es de Alonso Cano, quien realizó las esculturas de Cristo y las de san Pedro y san Pablo. El camarín de la Virgen y los sagrarios del altar mayor y de la sacristía son obra del lebrijano Juan Santa María Navarro. Destaca el retablo de la Capilla de la Vela, de Juan Bautista Vázquez «el Viejo». El claustro es de planta cuadrada. Sus arcos de medio punto se apoyan sobre columnas de mármol.

En la página anterior, el altar mayor de Santa María de la Oliva (Lebrija), de Alonso Cano; un lateral y su gran torre. Abajo, el patio y el altar mayor de la iglesia de Santiago, en Écija (Sevilla).

SANTIAGO (Écija, Sevilla)

En una ciudad declarada Monumento Nacional en la que se suceden palacios, templos y conventos de marcado interés, la iglesia de Santiago está considerada la construcción religiosa más interesante y es, además, una de las más elegantes de la Baja Andalucía.

Un agradable patio edificado en el siglo XVIII permite el acceso al templo a través de una portada gótica. El edificio fue construido en estilo gótico mudéjar pero el hundimiento de parte del tejado en el siglo XVII obligó a una reconstrucción de las tres naves centrales que comenzó en 1628. Pese a ello, aún se conservan algunas ventanas mudéjares que formaron parte del primitivo edificio.

La llamada Capilla Indiana de los Montero fue construida en el siglo XVI y está presidida por una talla de la Virgen de Gracia atribuida a Pedro Millán. La sacristía es del siglo XVII y corresponde a la misma época que la torre del campanario.

En el interior del templo destaca su gran tesoro pictórico. El ábside de la nave central está ocupado por un retablo mayor de transición del gótico al renacimiento que está considerado el más importante de la diócesis tras el de la catedral de Sevilla. Los relieves de la Pasión son del grupo de escultores que trabajaba con Jorge Fernández, mientras que las pinturas son de Alejo Fernández. En la nave de la Epístola aparece un retablo con pinturas sobre tabla del siglo XVI atribuidas a Villegas Marmolejo. El camarín central lo ocupa una talla de la Virgen de los Dolores que ha surgido del taller de Roldán.

Lo que queda en Écija del retablo situado en la capilla del antiguo Sagrario, se encuentra ahora en la nave del Evangelio. Son unas pinturas de Pedro de Campaña, nacido en Bruselas en 1503. Con el nombre de Pieter Kempener, se estableció en Sevilla, donde se casó y realizó numerosas obras de estilo manierista entre 1537 y 1562. Junto a estas pinturas puede admirarse también el *Cristo de la Expiración,* obra maestra de Pedro Roldán, realizada en el siglo XVII.

SANTA MARÍA (Écija, Sevilla)

Antes de ser llamada «la sartén de Andalucía» por sus calores extremos, la ciudad de Écija conoció otros nombres de prestigio. Su origen se remonta a los griegos y la leyenda quiere que fuera fundada por un hombre de esa nacionalidad llamado Astur. Los romanos la convirtieron en Colonia Augusta Firma Agisti, pero fue durante la época visigoda cuando vivió uno de sus momentos de esplendor cuando San Fulgencio fue obispo de la ciudad y su hermana Santa Florentina fundó el convento del Valle, considerado la primera orden conventual femenina instalada en Andalucía.

Llegaron los árabes que reconstruyeron la ciudad y de nuevo cambiaron su nombre. Se convirtió entonces en Estigga y en Medina Al-Cotón porque se hizo famosa por la producción y comercialización de esa fibra textil. En 1240 fue conquistada por Fernando III el Santo y durante el siglo XVIII vivió un momento de especial riqueza que llevó a los señores del lugar a edificar palacios e iglesias y a reconstruir algunos de los antiguos.

Eso es lo que ocurrió con la parroquia de Santa María, edificio medieval cuya reconstrucción proyecto Pedro de Silva y en cuyas obras trabajaron entre otros Antonio y Ambrosio de Figueroa.

La elevada torre de su campanario, adosada al cuerpo central, es visible casi desde cualquier punto de la ciudad. Su estructura y la disposición del último cuerpo recuerdan algo a la Giralda, pero el espíritu barroco impuso su ley en toda una serie de trabajos de cantería y también en la colocación de los azulejos romboidales. La portada del templo fue diseñada por Figueroa en un estilo barroco que roza ya el rococó. Tiene una disposición original, ya que está cobijada bajo un arco elevado. Sus puertas realizadas en noble madera de caoba, están remachadas con clavos de bronce. Por ellas se accede a una cancel que mezcla elementos barrocos con los mudéjares y está cubierta por una bóveda de lacería de cuarto de esfera.

En el interior encontramos un templo de tres naves que aparecen separadas por pilares y cubiertas por bóvedas vaídas. Sobre el crucero Pedro de Silva proyectó y realizó una elevada cúpula que convirtió al templo en uno de lo más luminosos de Andalucía. Otro elemento excepcional es la Capilla del Sagrario que esta decorada con pinturas al fresco. Su

retablo del siglo XVIII se levanta en forma de arco triunfal que presenta honores al Santísimo Sacramento guardado en un sagrario de plata realizado por el orfebre Cayetano González, autor también de la lámpara de la misma capilla.

En el retablo del altar mayor una columna tallada y dorada según las normas del estilo rococó sostiene una imagen de la Asunción de Nuestra Señora, que es la titular de la parroquia. También se conserva en la iglesia una pintura sobre tabla de Villegas Marmolejo, también de inspiración mariana dedicada en esta ocasión a la advocación de La Antigua.

A la izquierda, la portada y la torre barrocas de Santa María, en Écija. Arriba, la nave central y la bóveda del crucero, de Pedro de Silva.

Junto a la iglesia y rodeado de las distintas dependencias parroquiales se encuentra un claustro con arquería sobre columnatas que se ha convertido en un original museo parroquial que no está dedicado a exponer orfebrería u ornamentos religiosos, sino restos arqueológicos que tanto abundan en la zona. La historia de esta colección comenzó en 1945, cuando el sacerdote Francisco Domínguez, párroco de Santa Maria, recibió el permiso del Cardenal Seguro para convertir en museo su particular exposición, recogida únicamente por su curiosidad y erudición de buscador de lo que dejaron en esas tierras los antiguos.

Una de las joyas de la colección es un friso con guerreros que data de la época ibera. Pueden verse también algunas esculturas, relieves, lápidas y la mitad trasera de un león de origen griego. Lápidas y frisos romanos conviven con una figura femenina, probablemente una amazona que está muy deteriorada, y con una cabeza en mármol que mide trece centímetros y representa al rey Pirro, cubierto por un casco con carrilleras.

La pieza más valiosa se encuentra en una hornacina en el interior de las dependencias policiales, pues se trata de un busto del desdichado Tiberio Druso Claudio Nerón, nieto de Augusto, más conocido por el sobrenombre de Germánico. Este general romano a quien su abuelo encomendó los ejércitos del Rhin y quiso como sucesor, sucumbió a la traición del gobernador Piso y del nuevo emperador Tiberio y murió envenenado en Siria.

NUESTRA SEÑORA DE LA CONCEPCIÓN (Almonaster la Real, Huelva)

El municipio de Almonaster la Real está situado en el interior del espacio protegido denominado Parque Natural de la Sierra de Aracena y Picos de Aroche, en la provincia de Huelva. La totalidad del municipio ha sido declarado de interés local, ya que es uno de los pocos lugares donde es posible reconstruir la vida rural de los españoles de religión musulmana durante los siglos en que mantuvieron una situación de privilegio sobre las restantes confesiones religiosas de la Península Ibérica.

Este pueblo recoleto en el que conviven la agricultura y la minería, que se dedica a la explotación de minas de cobre, tiene probablemente un origen romano y continuó habitado durante los siglos en que los reyes visigodos se asentaron en España. Su nombre procede sin embargo, de los árabes que reconstruyeron la ciudad y le dieron el nombre de Al Munia, la fortaleza, por el impresionante castillo que construyeron en su cima con el fin de controlar los caminos que la rodeaban.

El tratado de Badajoz firmado entre las coronas de Castilla y Portugal determinó que Almonaster, junto a otra serie de municipios de la zona, pasara definitivamente a Castilla. Fue cedido durante unos años al arzobispado de Sevilla y en el año 1570 se convirtió definitivamente en ciudad real.

En la parte superior de la ciudad todavía se conservan las ruinas del castillo construido por los musulmanes a base de utilizar argamasa y sobre todo mampostería. La que fuera fortaleza inexpugnable ha sido abatida por el paso del tiempo y pocos de sus muros quedan en pie. Junto a la entrada prin-

La iglesia de Nuestra Señora de la Concepción, antigua mezquita de Almonaster la Real, convertida en iglesia cristiana durante el siglo XIII.

El interior del templo conserva la disposición original de las arquerías de ladrillo, similares a las primeras realizadas en la Mezquita de Córdoba.

cipal se conserva la parte exterior de la torre de homenaje, de planta rectangular. La fortaleza fue usada como almacén municipal y en el año 1891 se construyó en su interior una plaza de toros que todavía continua en pie.

En la amurallada ciudadela se encontraba también la pequeña mezquita de la localidad, que es una de las contadas muestras de templos musulmanes rurales que han llegado casi intacto hasta nuestros días. El origen del edificio se remonta al siglo V, ya que fue construida por los visigodos como una ermita sobre un oratorio anterior. Posteriormente los musulmanes utilizaron sus materiales para edificar su lugar de culto, que en el siglo XIII fue consagrado como iglesia por los cristianos con el nombre de ermita de Nuestra Señora de la Concepción, aunque por fortuna conservó la mayor parte de su estructura.

Se trata de una pequeña edificación que consta de cinco naves de anchura desigual que aparecen separadas entre sí por pilares de piedra de planta cuadra, que a su vez se intercalan con columnas en las que pueden advertirse algunos elementos romanos y también visigodos. Los arcos y las bóvedas están construidas con ladrillo.

Su mihrab, un pequeño nicho que permite la orientación hacia la Meca de los fieles cuando éstos practican sus rezos, es el más antiguo de los que se conservan en la Península Ibérica, ya que se cree que fue levantado entre los siglos IX y X. La totalidad de la mezquita parece estar inspirada en el mismo modelo que las primeras construcciones de la mezquita de Códoba.

Durante su cristianización en el siglo XIII, fue añadido al conjunto un ábside. El aislamiento de la zona ha permitido lo que hubiera sido impensable en otros lugares de España, la conservación hasta nuestros días de esta magnífica muestra de la arquitectura musulmana, minarete incluído, casi sin modificaciones de ningún tipo.

SANTA MARÍA DE LA GRANADA (Niebla, Huelva)

En la orilla izquierda del río Tinto se levanta la ciudad de Niebla. Dice la tradición que fue fundada por la tribu de los ligures y que para apoderarse de ella los cartagineses iniciaron el primero de los numerosos asedios que en el transcurso de los siglos iba a vivir la ciudad. Los romanos se la arrebataron a los hombres de Cartago, le dieron el nombre de *Ilipla* y le permitieron acuñar moneda.

Fue sede episcopal en la época visigoda y sus obispos participaron en el Concilio de Toledo. Los musulmanes establecieron en ella un reino independiente que abarcaba la totalidad de la provincia de Huelva y parte de Sevilla y el Algarbe. De nuevo cambió el nombre y fue conocida como Lebla, «la Roja». Seis meses tardó el rey Alfonso X en dominar sus fortificaciones y adentrarse en sus tierras, que cedió poco después a Juan Alonso de Guzmán, primer conde de Niebla. Después entró en decadencia hasta nuestros días.

La iglesia parroquial de Nuestra Señora de la Granada ha sido testigo de los numerosos cambios y avatares que se han sucedido en estas tierras. Fue en su origen una catedral de estilo bizantino que mandó edificar el obispo Basilio. Los árabes, cuando ocuparon la ciudad, la transformaron en mezquita y posteriormente volvió a ser transformada en iglesia cristiana.

Las obras para transformarla en edificio de culto musulmán tuvieron lugar en el siglo XI. Construyeron un edificio con cinco naves y una sexta posterior que se utilizó como alminar para llamar a la oración. De esa época han llegado hasta nosotros buena parte de los muros laterales, el mihrab en el muro de la quibla y otro hueco donde, mientras no era utilizado, se guardaba el aminbar: un púlpito móvil de madera desde donde predicaban los imanes. También de esa etapa son las galerías orientales, el arranque de los arcos y los canes del alero de la cubierta.

Tras la entrada de las tropas castellanas fue reforzada la torre del aminar para que pudiera soportar el peso de las campanas y se cubrió la anterior estructura. El campanario actual es de planta cuadrada dividida en tres cuerpos de los que el segundo tiene ventanas geminadas de arcos de herradura.

En el siglo XV se realizaron modificaciones más importantes, que consistieron fundamentalmente en

La iglesia de Santa María de la Granada, en Niebla (Huelva), había sido en su origen una catedral bizantina.

derribar los arcos de las naves centrales para dejar únicamente tres naves a las que se les dio mayor altura y se cubrió con cubierta de madera. Se añadió también en esa época el ábside de estilo gótico mudéjar, cubierto con bóveda estrellada. Los brazos del crucero también tienen bóvedas de crucería estrelladas. Por una puerta de arco de herradura se puede acceder al llamado Patio de los Naranjos, un pequeño y alargado claustro de bella factura.

En 1931 el gobierno de la República declaró monumento Histórico-Artístico a la parroquia de Santa María de la Granada, lo que no impidió que sufriera un asalto en el que resultaron destrozados los artesonados mudéjares de su cubierta. Posteriormente, el día 18 de marzo de 1982 fue declarado conjunto histórico-artístico, la totalidad del casco antiguo de la ciudad.

Niebla celebra sus fiestas patronales el 7 de junio, festividad de un santo bastante desconocido llamado Walabonso. Era hijo de la localidad y tanto él como su hermana María forman parte de los mártires de Córdoba que dejaron los monasterios de los alrededores de la ciudad de los minaretes, donde los musulmanes les dejaban vivir tranquilamente, para sumarse al martirio de Perfecto, que desafió a Abderraman II proclamando su fe y denunciando públicamente a Mahoma. Walabonso, que había sido educado en un monasterio, fue degollado el 7 de junio del año 851. Su hermana María estaba recluida en el cenobio de Cuteclara, y al conocer

la muerte de su hermano acudió a Córdoba también a proclamar su fe. En la iglesia de san Acisclo encontró a otra joven llamada Flora y las dos se presentaron juntas ante los jueces a aformarse en su cristianismo. Fueron degolladas en el 24 de noviembre del mismo año.

A la derecha, el interior del ábside gótico (s. XV) de Santa María de la Granada. Abajo, la nave principal.

SANTA CLARA (Moguer, Huelva)

La ciudad donde nació el poeta Juan Ramón Jiménez, y uno de los lugares clave para el descubrimiento de América, fue una colonia de Tartessos, una ciudad romana y posteriormente, durante la dominación árabe, se convirtió en una alquería de la vecina y todopoderosa ciudad de Niebla. A ella continuó unida cuando el rey Alfonso X el Sabio tomó la zona y la vinculó, como aldea, a su vecina. En 1333 el rey Alfonso XI la independizó y la cedió como un señorío a Alonso Jofre Tenorio, a la sazón Almirante Mayor de Castilla. Posteriormente, entre los siglos XIV y XIX, formó parte de la Casa de Alba.

Por Moguer pasó Cristóbal Colón en su búsqueda del camino de las Indias y aquí se construyó una de las carabelas que emprenderían la aventura, la Niña. De Moguer salieron también varios marineros, entre los cuales han quedado en la memoria los nombres de Pedro Alonso, Juan y Francisco Niño. Y por supuesto, a Moguer y al convento de Santa Clara regresaron el almirante y cuanto quedaba de su tripulación a agradecer las venturas recibidas en el viaje, al regreso de su primera travesía hasta aquellas tierras que serían llamadas América.

El convento de Santa Clara había sido fundado en 1333 por el recién nombrado señor de la localidad Alonso Jofre, y por su esposa Elvira Álvarez. Fue construido entre los años 1337 y 1338 y destinado a las religiosas clarisas. La iglesia, con cierto aspecto de fortaleza, es de estilo gótico mudéjar y consta de tres naves sin crucero, cubiertas por bóvedas de crucería. Un ábside poligonal remata la cabecera de la nave central, y en su interior se encuentra su notable retablo mayor, una obra de Jerónimo Velázquez. El templo cobija también los sepulcros del matrimonio fundador, cubiertos por estatuas yacentes, talladas en mármol, así como un interesante panteón gótico, perteneciente a la familia Portocarrero. A la entrada del coro pueden observarse unas puertas pintadas durante el siglo XV, un díptico con la Inmaculada Concepción, y un San Juan que ha sido atribuido a Montañés. La sillería, de madera tallada, descansa sobre un zócalo de azulejos mudéjares, y es de estilo nazarita.

En el convento destacan también la sala capitular, con retablos de azulejos y sobre todo los tres claustros. El llamado del Compás tiene pilares de ladrillo y arcos apuntados. El pequeño claustrillo es mudéjar, y el más suntuoso de ellos, llamado de las Madres, es de dos plantas con bellos arcos de medio punto que siguen la tradición almohade. El convento es sede del Museo Diocesano de Arte Sacro de Huelva, y fue declarado Monumento Nacional en 1931.

La iglesia del convento de Santa Clara, en Moguer (Huelva), y su nave central. A la derecha, la fachada de la parroquial del mártir San Jorge (s. XV a XVII), en Alcalá de los Gazules (Cádiz) y la portada norte del templo.

SAN JORGE (Alcalá de los Gazules, Cádiz)

Yo que soy andaluz y requeteandaluz, suspiro por Málaga, por Córdoba, por Sanlucar la Mayor, por Algeciras, por Cádiz auténtico y entonado por Alcalá de los Gazules, por lo que es íntimamente andaluz». Estas palabras de García Lorca enorgullecen sobremanera a los habitantes de esta población situada en el valle del Barbate, en pleno centro del Parque Natural de los Alcornocales.

Plinio menciona en sus escritos a la entonces Regina Turdetana como la más importante ciudad de los turdetanos, heredera directa de Tartesos. Fue visigoda y después estuvo en poder de los árabes, que la denominaron Al-Kalat, el castillo. Más tarde recibió el apellido de Gazules por la beligerante familia berberisca a la que el rey de Granada la cedió.

En 1248 fue conquistada por el rey Fernando III, quien firmó con los habitantes de la ciudad unas capitulaciones que les reconocían el derecho a seguir practicando su religión. Los acuerdos no fueron cumplidos, de modo que los ciudadanos se sublevaron, y fue Alfonso X quien tuvo que repetir la batalla dada por su padre y reconquistar la ciudad el 23 de abril de 1264.

Vivió Alcalá de los Gazules años de paz y de prosperidad hasta 1810, durante la Guerra de la Independencia, cuando fue sitiada por el general Nobourgn, quien tras conquistar la plaza, pasó a

cuchillo a sus habitantes y voló el viejo castillo que le daba nombre, y que estaba en pie desde la época romana.
La iglesia parroquial del mártir San Jorge fue construida por el privilegio otorgado por el entonces Papa, Clemente VIII, al marqués de Tarifa, que era a la sazón señor de la ciudad. De esta forma desaparecían tres ermitas que prestaban sus servicios a la población y en su lugar, en los terrenos de la antigua mezquita, se construyó una iglesia dedicada al santo titular del 23 de abril, día en que la plaza fue reconquistada.
El actual templo fue construido entre los siglos XV y XVII y es fundamentalmente de estilo gótico, como su impresionante portada ojival. En el interior presenta planta de cruz latina con tres naves, la central de mayor tamaño que las laterales.
A lo largo de los siglos se han acumulado en la iglesia tesoros de todo tipo. Se conserva por ejemplo, un pedestal visigodo, y la leyenda quiere que bajo una lápida, que así lo manifiesta, se conserven las reliquias de los santos mártires Servando, Germán, Saturnino, Justa y Rufina. Lo más curioso es que junto a esos santos más locales, se conservan también reliquias de San Juan Bautista. La imagen de la Virgen del Rosario que puede verse en la parroquia está considerada la primera obra del escultor Juan Martínez Montañés, mientras que el Cristo yacente es obra de Juan de Mesa. Se conservan también en el templo una talla anónima policromada de Santa Isabel de Portugal y un curioso retablo dedicado a las Ánimas del purgatorio.
El visitante debe dedicar unos instantes a admirar el coro con una magnífica sillería realizada por Agustín de Medina y Flores en 1472, así como el órgano, obra de Francisco Pérez y la interesante colección de libros corales. Destaca también por su excepcional belleza la mesa de los cálices, que ha sido realizada con jaspe de estas sierras.

Detalle del dintel de la parroquial del mártir San Jorge (a la izquierda, abajo), y el altar mayor de la iglesia. En la página siguiente, la fachada de San Miguel, en Jerez de la Frontera (Cádiz).

SAN MIGUEL (Jerez de la Frontera, Cádiz)

Lo que hoy constituye uno de los barrios más señoriales de la blanca localidad gaditana de Jerez de la Frontera, fue en su origen tan solo un grupo de viviendas que se acogían al amparo de una ermita dedicada a San Miguel, construida apenas hubo terminado ese largo y aún confuso periodo de nuestra historia llamado Reconquista. Las dimensiones y la riqueza de aquel pequeño núcleo urbano fueron creciendo con el tiempo, hasta que sus habitantes se constituyeron en parroquia. La construcción del actual templo comenzó en 1482, en un momento de gran expansión económica de la ciudad, y se prolongó durante varios siglos hasta que aquella pequeña obra inicial llegó a convertirse casi una segunda catedral.

La fachada principal que podemos contemplar actualmente fue construída por el arquitecto jerezano Diego Moreno Meléndez entre los años 1663 y 1702. Está estructurada en tres cuerpos. En el primero aparecen cuatro columnas dóricas que sostienen un arco de medio punto a través del cual se accede a un gran vestíbulo con bóveda de cañón, que conforma un arco triunfal. El esquema se repite en el cuerpo superior, aunque aquí incorpora un rosetón y la hornacina con la imagen del titular del templo, el arcángel San Miguel. Remata todo el conjunto una bonita torre de dos cuerpos con campanas, sobre las que se alza un chapitel de azulejos.

Existen además otras tres portadas. Dos de ellas fueron realizadas a finales del siglo XV en el estilo gótico de influencia borgoñona que se había impuesto en Andalucía con la construcción de la catedral de Sevilla. Una de las portadas está dedicada a la Purísima Concepción y otra a San José. La tercera portada es la del Sagrario, realizada a mediados del siglo XVIII, en estilo barroco y en ella aparece un buen número de esculturas, entre las que destaca la del Buen Pastor.

También el interior de la iglesia fue objeto de varias modificaciones y reestructuraciones a lo largo de cuatro siglos, con todos los cambios estilísticos que ello implica. La primitiva iglesia era de planta rectangular dividida en tres naves de cinco tramos. La nave central se caracteriza por su mayor altura y porque sus bóvedas y pilares están más ricamente trabajados. Veintitrés ventanales ojivales proporcionan luz al templo. Los tres primeros tramos de la nave presentan bóvedas góticas con nervaduras diagonales, mientras que las del crucero, la cabecera y el baptisterio se corresponden con el gótico isabelino.

En épocas posteriores se añadieron al conjunto nuevas construcciones. La capilla llamada de Nuestra Señora del Socorro es un buen ejemplo de estilo renacentista, como la sacristía del templo, construida a mediados del siglo XVI. Esta última estancia tiene planta cuadrada y su notable cúpula sobre pechinas es un trabajo de Andrés de Ribera. Se conserva en este lugar un importante retablo plateresco labrado en piedra en el que se aprecian restos de policromía y en el que destaca especialmente el Cristo Crucificado, de transición entre el gótico y el renacimiento.

El retablo mayor fue diseñado en el año 1601 por Juan de Oviedo el Mozo, Martínez Montañés y Gaspar del Águila. Montañés modificó el proyecto original en 1617. El proyecto final se hizo en madera de haya, pintada y dorada, y está considerado por los expertos uno de los más importantes de la escuela sevillana. Está formado por banco, dos cuerpos y un ático, divididos en tres calles. Los tres relieves centrales representan la lucha entre ángeles y demonios, la Transfiguración de Jesús en el monte Tabor, y también la Ascensión a los cielos. Tanto éstas imágenes, como las de Pedro y Pablo, Santiago el Mayor y el Menor y las alegorías de las Virtudes, son trabajos de estilo manierista realizados por Martínez Montañés. En el mismo retablo colaboró algunos años más tarde José de Arce, quien realizó los relieves laterales del Nacimiento, la Epifanía, la Anunciación y la Circuncisión en estilo más barroco.

Durante la primera mitad del siglo XVIII se procedió a la construcción de la Capilla del Sagrario, considerada una de las mejores muestras del barroco jerezano. El artista Andrés Benítez realizó en el año 1759 las dos hojas de la puerta, que están flanqueadas por columnas corintias y gran número de motivos eucarísticos. Rematan el conjunto un arco de medio punto y una cornisa. El interior aparece completamente decorado con rocalla. Tiene forma de cruz latina y está cubierta por una notable cúpula sobre pechinas. El retablo está recubierto con plata de México y el reclinatorio está realizado con mármol y jaspe.

La nave central de San Miguel, en Jerez de la Frontera (Cádiz), con la bóveda del crucero y el altar mayor, del siglo XVII.

NUESTRA SEÑORA DE LOS MILAGROS (El Puerto de Santa María, Cádiz)

La portada sur de la iglesia de Nuestra Señora de los Milagros, en El Puerto de Santa María (Cádiz).

A mediados del siglo XIII era una aldea marítima llamada Alcantif que parecía resistir al avance de las tropas de Alfonso X el Sabio. Según la leyenda, mientras el rey castellano dudaba si ordenar el asalto final, se le apareció la Virgen sobre una torre del castillo, invitándole a avanzar. Obedeció el rey y la aldea fue tomada por las tropas cristianas sin resistencia de sus habitantes. El rey, que ya era muy devoto de la Madre de Dios, a quien le había dedicado parte de sus Cántigas, cambió el nombre de la población por el de El Puerto de Santa María. Por si fuera poco, al iniciar las obras de adaptación del castillo apareció una talla de la Virgen de los Milagros que había sido ocultada por los cristianos cuando llegaron los musulmanes.
La Corona de Castilla cedió la población a la familia Zaccaria, después a los La Cerda y por último a la Casa de Medinacelli que en 1486 ordenó construir en lo más alto de la ciudad una iglesia dedicada a Nuestra Señora. Alonso Rodríguez, que había trabajado en las obras de la catedral de Sevilla, recibió el encargo. Realizó un templo en piedra arenisca de la sierra de San Cristóbal, en estilo gótico, con tres naves, pequeño crucero y ábside poligonal y trazó la puerta del Perdón.
A mediados del siglo XVI fueron añadidas las capillas dedicadas a la Patrona, la Sacramental y la de los Valera. Pero a comienzos del siglo XVII se desplomó parte de la nave principal y hubo que realizar importantes obras que fueron confiadas al maestro Antón Marín Calafate. Éste utilizó parte de las ruinas y aprovechó los muros exteriores, el ábside y algunas capillas. A partir de 1659 se hizo cargo de las obras Francisco de Guindós.
La iglesia actual presenta dos portadas, la más antigua es la del Perdón, que fue reparada en el mismo estilo gótico en que fue creada y conserva arbotantes y gárgolas. El acceso principal se reali-

za por la puerta del Sol, construida en el siglo XVII, es una fachada retablo de estilo barroco que presenta elementos platerescos y barrocos. Del primer estilo son los medallones, balaustres y el retablo, mientras que del segundo encontramos las columnas estriadas, el ático, la decoración floral y las figuras de las virtudes teologales y cardinales. En esta fachada aparece reproducida en piedra la escena de la aparición de la Virgen al rey de Castilla.

En el interior se ha conservado la estructura de tres naves, crucero y ábside. El altar mayor presenta un templete neoclásico, balaustrada y una escalinata obra de Torcuato Benjumea. Las naves están flanqueadas por capillas. La de la titular del templo está presidida por un retablo barroco de la escuela de Pedro Duque Cornejo, en cuyo centro destaca la hornacina con la talla de la Virgen que fue descubierta en el castillo. Esta imagen fue coronada por el Cardenal Almaraz el 8 de septiembre de 1916. Desde el siglo XVII dispone de cofradía propia, fundada bajo el patronazgo de Manuel Filiberto de Saboya, capitán general de la Mar Océana, que tenía su residencia en El Puerto de Santa María.

En la capilla de Jesús Nazareno están expuestas las imágenes de Cristo y San Juan Evangelista, obra de Pedro Roldán que, junto a la de la Virgen de los Dolores, forman un paso procesional. También se muestra una talla de la Virgen de la Soledad, atribuida a Gaspar Becerra, que llegó a la iglesia en el siglo XIX procedente del Monasterio de la Victoria. En la capilla de las Ánimas destaca un retablo barroco del siglo XVII al que se le han atribuido influencias de Bernardo Simón de Pineda y que está presidido por la imagen del Arcángel San Miguel. En la capilla de San José destaca el retablo rococó y en la de Benavides uno de estilo gótico-flamenco. Por último destaca la riqueza decorativa de la capilla del Sagrario, en la que se encuentra un retablo tallado sobre plata mexicana en 1682 por José Medina, platero de San Luis de Potosí, y que fue donado a la iglesia por Juan Luis Camacho. Las credenciales laterales y la balaustrada de plata fueron añadidas en el siglo XVII. En el XIX fue sustituida el águila que remataba el conjunto por una corona. En la misma capilla se conserva también un interesante ángel lamparero, atribuido a Luisa Roldán, llamada «La Roldana». Otro elemento interesante de la iglesia es el coro, en el que destaca la sillería tallada por Juan Bautista Vázquez, el Joven, así como el órgano del siglo XVIII.

El altar mayor de Nuestra Señora de los Milagros, con un templete renacentista, balaustrada y escalinata.

SANTA MARÍA LA MAYOR (Antequera, Málaga)

Las excavaciones arqueológicas han descubierto que los hombres tuvieron asentamientos en estas tierras hace más de 4.500 años. Tuvieron aquí una fortaleza los cartagineses, quienes fueron sustituidos por los romanos, que la llamaron Anticaria «ciudad antigua». Los árabes la rebautizaron como Antaquira y se mantuvieron en ella hasta el año 1410, cuando la ciudad fue conquistada por el infante de Castilla, Fernando, que a partir de entonces fue apodado de Antequera y que por el compromiso de Caspe, se convirtiría más adelante en el rey Fernando I de Aragón.

Entre los siglos XVI y XVIII la ciudad vivió momentos de esplendor que se tradujeron en su actividad constructora. En esa época, por iniciativa del obispo de Málaga, Diego Ramírez de Villaescusa, fue edificada la Real Colegiata de Santa María que logró reunir a un buen número de intelectuales y estudiantes. Fue el primer edificio de estilo renacentista levantado en Andalucía y para su construcción se emplearon elementos procedentes de las ruinas de la ciudad romana de Singilia Barba, como lo prueba el pedestal del muro oriental en el que todavía se lee esta inscripción: «Julia cornelia Maerna, hija de Materno y madre de Corneliana, dispuso en su testamento que se hiciera esta estatua al Genio del Municipio de Anticaria».

La fachada es una de las más monumentales de Antequera, y fue realizada en piedra de sillería por el arquitecto Diego de Vergara. Está dispuesta en tres calles separadas por contrafuertes, en cada una de las cuales se alzan arcos de pedio. En el ático aparece una balaustrada ciega. Tres grandes nichos y unos pináculos cónicos son los principales elemento de ornamentación, junto a un bello ventanal renacentista de tres óculos y tres vanos, adintelados los laterales y de medio punto el central .

El interior del templo es de planta basilical con tres naves separadas por columnas jónicas, sobre las que descansan los arcos, de medio punto, decorados con perlas. La nave central es de mayor altura que las laterales. La capilla mayor, de planta rectangular, es muy luminosa debido a las ventanas florentinas abiertas en sus muros. Está cubierta con bóvedas de estilo gótico-mudéjar.

Desde hace varios años la Colegiata no se dedica al culto, sino que se utiliza como sede de diversos acontecimientos culturales.

La fachada de sillería de Santa María la Mayor, en Antequera (Málaga), y su interior, con columnas jónicas y arcos de medio punto.

SANTA MARÍA DE LA ENCARNACIÓN (Ronda, Málaga)

Fue el rey Fernando el Católico quien tomó la llamada Izn Rand Onda, o «ciudad de los castillos» a los musulmanes el día 24 de mayo de 1485 y mandó edificar sobre la antigua mezquita mayor una iglesia cristiana. El emplazamiento del edificio resultaba ideal, ya que en este lugar se levantaron también un templo romano y una iglesia visigoda.

Bajo el reinado de los Austrias alcanzó el rango de Colegiata, que perdió en el siglo XI para convertirse en simple parroquia. En el año 1580 un terremoto derrumbó parte de la construcción, que fue después reformada y ampliada, en sucesivas etapas.

En el exterior de la iglesia destacan dos elementos: la torre y las galerías. La primera aprovecha el antiguo alminar desde el que se llamaba a la oración de los fieles musulmanes. Está coronado por un piso de planta octogonal sobre el que se ha añadido una zona hueca para insertar las campanas, una obra realizada en estilo gótico. Dos galerías superpuestas de arcos adintelados y estilo renacentista recorren la fachada y fueron utilizados como palcos privilegiados para observar los espectáculos y celebraciones que tenían como escenario la plaza principal. Dispone de dos puertas principales que permiten acceder a la nave del crucero, una de estilo gótica y otra renacentista, aunque las dos presentan añadidos barrocos.

A un lado de la fachada se adosa una pequeña capilla que el estudioso Pavón Maldonado considera «una miniatura de las gubbas nazaríes» y que parece ser parte de la antigua mezquita.

La parte inferior del templo conserva el estilo gótico original. Tiene tres naves, separadas por columnas fasciculadas sobre las que descansan capiteles corridos adornados con ornamentación vegetal y antropomórfica, desde donde se elevan los arcos ojivales. Tras la reforma del siglo XVII las primitivas armaduras de madera fueron sustituidas por bóvedas de arista y semiesféricas. El crucero y la cabecera fueron reconstruidos también tras el desastre y obedecen al estilo manierista de su época. El ábside plateresco recuerda el de la catedral de Málaga. En el arco destaca el antiguo nicho del mihrab, decorado con escayolas. En la cabecera de la iglesia hay tres capillas semicirculares y se abren otras dos a cada lado de las naves laterales.

La iglesia Mayor de Ronda conserva diversas imágenes, entre las que destacan un Cristo Crucificado del siglo XV; un retablo de finales del siglo XV o el retablo de la Virgen del Mayor Dolor, de madera policromada, situada en la nave del Evangelio. Está organizado en tres calles con un camarín central donde se exhibe una talla de la Virgen de los Dolores que unos atribuyen a Martínez Montañés y otros a «La Roldana», Luisa Ignacia Roldán, hija de Pedro Roldán, una magnífica escultora que logró fama sobre todo por sus pequeñas esculturas y a quien Carlos II nombró Escultora de Cámara. Esta imagen de María sale en procesión el Miércoles Santo junto con el Cristo de la Sangre. Forman uno de los cortejos más impresionantes, ya que se realiza en completo silencio y en cada parada los hermanos tienen la obligación de dar la espalda al público. En el centro de las filas penitenciales, circulan siete cofrades con túnicas y capuchón negro y cadenas en los pies, que alzan carteles en los que pueden leerse los siete pecados capitales. Otros siete hermanos llevan vestiduras blancas y exhiben letreros con las virtudes opuestas a las faltas capitales.

El coro de la iglesia sigue también el estilo manierista. Es un magnífico conjunto de dos pisos. La sillería baja está formada por doce asientos en cuyos respaldos aparecen tallados motivos relativos a las letanías del rosario. Los respaldos de los veinticuatro sitiales superiores están dedicados a los apóstoles y a santos. Junto al retablo central se encuentra un baldaquino con el que se transporta a la Virgen de la Cabeza, el segundo sábado de junio, hasta la iglesia de la Merced, en una curiosa procesión en la que sólo participan mujeres vestidas de faralaes.

En 1932 fue bautizado en esta iglesia Antonio Ordóñez, hijo y nieto de toreros, quien iba a convertirse en uno de los mejores maestros de la tauromaquia. Sus lances quedaron inmortalizados por las palabras de Hemingway. Sus cenizas reposan a pocos pasos de la iglesia, delante de la puerta de toriles de la cercana plaza. Él mismo mandó preparar el hueco para la urna y dispuso en ese lugar una foto de su nieto Francisco Rivera Ordóñez. Otro inmortal del siglo XX, el genial Orson Welles, quiso que sus cenizas descansaran en Ronda, y lo hacen en la finca del torero.

La gran torre de Santa María de a Encarnación (izquierda), y el trascoro del templo, de estilo manierista, al lado.

SANTIAGO (Guadix, Granada)

En esta ciudad se han descubierto algunos de los asentamientos humanos más antiguos de la Península. La ciudad propiamente dicha, tiene un origen ilustre, ya que fue fundada por Julio Cesar en el año 45 como donación para los soldados veteranos que había combatido en la batalla de Munda. Su nombre original fue Julia Gemella Acci y así fue citada en los escritos de Plinio y Tolomeo. Fue un importante centro visigodo y desde el siglo IV tuvo carácter de sede episcopal. Los musulmanes la rebautizaron como Guad-Haix o «río de la vida», y bajo su dominio se convirtió en una espléndida urbe capaz de competir con la vecina Granada. En 1489 el Zagal rindió Guadix a los Reyes Católicos, que propiciaron la repoblación, y el impulso de la ciudad continuó vivo hasta el siglo XVIII, cuando entró en una franca decadencia.

La iglesia de Santiago está anexa al convento de clausura del mismo nombre, fundados ambos por el obispo Gurpar de Ávalos en el año 1538. El edificio monástico fue construido sobre los antiguos baños árabés y esta organizado alrededor de un patio central con columnata de árbol y doble galería superpuesta. La orden religiosa que lo habita es de estricta clausura y no permite las visitas.

El templo fue levantado en el extremo del antiguo «decumanus» y ocupa el emplazamiento de una mezquita árabe que a su vez se asentó sobre una iglesia mozárabe. Intervinieron en la construcción varios arquitectos. Francisco Antero realizó el chapitel policromado que remata el campanario, de clara estructura mudéjar. Cristóbal Nuño talló, por su parte, el escudo que aparece en la puerta de la sacristía. Diego de Siloé fue el artífice de la fachada renacentista, considerada un ejemplo característico de la época imperial. Consta de dos cuerpos que se presentan con un remate clásico, sobre el que se alza el águila bicéfala del emperador Carlos. En la actualidad, la portada presenta un preocupante deterioro motivado por la disgregación de la biocalcarenita utilizada para su construcción.

En el interior nos encontramos con un edificio de tres naves, sin crucero y con un presbiterio exento con girola. De las tres naves, la central es la mas ancha y las tres son de estilo gótico con influencias mudéjares que se acentúan sobre todo en el magnífico artesonado de su techumbre. A ambos lados de las nave se abren capillas laterales que están separadas por arcos y soportes góticos de ladrillo enlucido.

La iglesia de Santiago, en Guadix (Granada), que ocupa el emplazamiento de una mezquita y de un templo romano anterior.

La iglesia de La Encarnación de Montefrío (Granada), inspirada en el panteón de Adriano, en Roma, se hizo en tiempos de Carlos III.

LA ENCARNACIÓN (Montefrío, Granada)

Se han descubierto en esta zona dólmenes megalíticos y otros yacimientos prehistóricos que prueban una antigua presencia humana en Montefrío. Se establecieron después en estas tierras los cartagineses, y el general romano Cayo Flaminio plantó aquí su campamento para luchar contra la primera rebelión de esta zona de las Alpujarras, que aparece en los libros de historia casi siempre como consecuencia de su espíritu levantisco. La ciudad que se asentó en esta zona se llamo Hipo-Nova y ése fue el nombre con el que la conocieron los visigodos. Los musulmanes se asentaron pronto en ella y en 1352 el rey de Granada Abú Abdalá-Yusuff, mandó edificar una alcazaba que resistiría todos los asedios hasta el 26 de junio de 1486, cuando se rindió a las tropas de Fernando el Católico.

La iglesia de la Encarnación no es una obra de los primeros años tras la Reconquista, sino que se realizó bajo el reinado de Carlos III. Los planos del edificio, inspirado en el Panteón de Adriano en Roma, han sido atribuidos al arquitecto Ventura Rodríguez. Las obras fueron dirigidas por Francisco Aguado y como aparejador y auténtico responsable se contó con Francisco Quintillán. Los trabajos que comenzaron el 11 de noviembre de 1786 se dieron por concluidos en agosto de 1802, y habían costado la enorme suma de 2.325.000 reales de vellón. El templo fue construido en estilo neoclásico y realizado en mampostería. Al exterior presenta una sólida y sobria fachada circular con muros y desnudos. La puerta principal está encuadrada por contrafuertes y un frontón triangular. Por encima, una ventana circular facilita la iluminación interior. La puerta adintelada está hundida en un arco semicircular. En la clave puede verse un escudo. La torre está adosada al edificio circular y tiene dos cuerpos casi cuadrados y con esquinas biseladas. En el cuerpo superior que acoge las campanas, se han abierto balcones semicirculares. La cubierta tiene forma de cúpula de media naranja, similar a la que cubre la nave principal de la iglesia.

En el interior, la capilla mayor tiene planta rectangular, aunque la cubierta, como hemos dicho, es semicircular. A los lados se abren dos dependencias rectangulares, una de las cuales acoge la sacristía. Alrededor de la nave se abren cuatro nichos labrados en mármol destinados a altar. El templete del Altar Mayor está realizado en mármol y lo sostienen varias columnas dóricas.

La decoración pictórica del templo fue obra de Francisco Valdecasas, las vidrieras las realizó Tomás Barrosa y el sagrario y los altares fueron labrados por los canteros José González y Manuel de la Fuente. Hubo también cuatro lienzos de Fernando Marín que han desaparecido de forma misteriosa.

LA ENCARNACIÓN (Vélez Rubio, Almería)

Este templo colosal, declarado Monumento Nacional en 1980, es uno de los grandes protagonistas de la ciudad. Se inició en 1753 con el objetivo de sustituir a la parroquia de San Pedro, que había resultado muy dañada en el terremoto del año 1751. El arquitecto director de la obra fue Fray Pedro de San Agustín, lego del monasterio jerónimo de San Pedro de la Ñora, y la labor escultórica fue realizada por Francisco Fernández. Los gastos de construcción corrieron a cargo de Antonio Álvarez de Toledo y Guzmán, entonces duque de Montalto, marqués de Villafranca y señor de los Vélez, quien cumplió así con un acuerdo con el arzobispado.

La iglesia fue construida en ladrillo con placas enlucidas en yeso con cadenas de piedra, que refuerzan las esquinas y permiten un contraste de colores y materiales. La portada principal fue diseñada como un retablo con dos cuerpos y ático. Abunda la decoración a base de molduras quebradas, frontones, volutas y hornacinas. La fachada está flanqueada por dos torres de treinta y siete metros de altura, integradas en el volumen del templo. Tienen planta cuadrada y se presentan separadas por una línea de imposta. En el primer piso el elemento decorativo son las ventanas y en el segundo los balcones. El último cuerpo es de planta octogonal y de ladrillo, y aparece rematado por chapiteles.

En el interior observamos planta de cruz latina con tres naves de desigual altura. La central cubierta por bóveda de cañón con lunetas, y las laterales con bóveda de crucería. Sobre el crucero se eleva una gran cúpula sobre pechinas con tambor octogonal. Las naves laterales se dividen en cuatro tramos que vienen marcados por pilastras compuestas. Vidrieras de colores cubren las ventanas y tamizan la luz que ilumina el conjunto. Las capillas laterales se han hecho aprovechando los huecos entre contrafuertes y resultan bastante pequeñas; en ellas pueden observarse tallas de valor desigual, entre las que destaca un San Antonio de Salzillo. La cabecera del templo se divide en tres capillas, las laterales dedicadas al Sagrario y a la Encarnación. Un suntuoso retablo barroco preside el altar mayor, una obra de Francisco Zesta, quien trabajó con pino sin policromar. Está dividido en sotobanco, banco, cuerpo principal y ático. En el centro del primer cuerpo, sobre el altar hay un expositor para el Santísimo. Arcos y espejos contribuyen a dar profundidad al conjunto, en cuyo centro geométrico aparece la figura del Espíritu Santo rodeado de rayos.

Por último, es de destacar el interesante órgano, una obra de Gregorio Denoyen.

La fachada y la nave principal de la iglesia de La Encarnación, en Vélez-Rubio (Almería), con su suntuoso retablo barroco.

SANTA EULÀRIA
(Santa Eulària des Riu, Ibiza)

Fueron los fenicios los primeros en instalarse en este lugar de la isla de Ibiza. En sus afanes les sustituyeron sus parientes los cartagineses, quienes dejaron el lugar a sus vencedores, los romanos. El griego Diodoro Sículo describía así a la isla, tomando como base los trabajos que realizó Timoteo trescientos años antes del nacimiento de Cristo: «...está la llamada Pitiusa, que lleva esta denominación a causa de la multitud de pinos que en ella crecen. Está en medio del mar y dista de las columnas de Hércules tres días y otras tantas noches de navegación; un día y una noche bastan para llegar a Libia y sólo un día de viaje la separa de Iberia. Es de pequeña extensión y de mediana fertilidad; tiene tierra de viñedos y olivos. Las lanas que en ella se producen son reputadas y bellísimas por su suavidad. La entrecortan campos risueños, colinas y tiene una ciudad que se llama Ebusos y es colonia de los cartagineses. Tiene también puertos dignos de mención, grandes murallas y un considerable número de casas admirablemente construidas. La habitan bárbaros de todas clases, principalmente fenicios. La colonización de esta isla tuvo lugar después de ciento setenta años de la fundación de Cartago».

Los musulmanes la llamaron Xarc, y en el año 1235 fue conquistada por caballeros catalanes a las órdenes del rey Jaime I. Se la llamó entonces Quartó del Rei, porque dependía sólo del monarca y sólo a él le entregaban los impuestos. Después recibió el nombre de Santa Eulària porque a esa mártir fue consagrada la primera iglesia construida, que desapareció a principios del XVI en un ataque de los piratas turcos. Poco después comenzó la construcción de la actual iglesia en el Puig de Missa. A su alrededor, a lo largo de los años, surgió un primer núcleo urbano, que poco tenía y poco tiene que ver con el nuevo enclave, que se ve invadido cada año no por piratas sarracenos, sino por turistas del norte de Europa.

Santa Eulària, como otras parroquias de la isla, no cumplía sólo una misión religiosa sino también política, social y defensiva. Era el único punto de encuentro de los vecinos y el lugar donde se tomaban las deciciones, como organizar la defensa cuando eran atacados.

La construcción de este templo en concreto fue encargada en 1555 al ingeniero Juan Bautista Calvi. La primera construcción se corresponde con la mayoría de los templos de la zona y presenta planta cuadrada. Fue consagrada el 12 de febrero de 1568. Su función defensiva se delata en su austero exterior, más propio de una fortaleza que de un lugar de culto. Dentro de esta estructura defensiva hay que encuadrar a la torre de la iglesia, que aunque parece formar una estructura única, fue levantada anteriormente, procede de la primitiva construcción y fue edificada con piedra caliza y mortero de cal. Según las crónicas fue considerada defensa de la isla hasta el año 1876.
En los siglos XVI y XVII se volvieron las tornas y fueron los marineros ibicencos los que recorrieron el mar Mediterráneo en busca y a la captura de riquezas. Sus barcos asolaron las costas del norte de África y las riquezas que acumularon permitieron realizar la ampliación del templo. Así la primitiva y sencilla iglesia de planta rectangular se vio engrandecida hasta formar un conjunto de tres naves separadas por arcos que descansan sobre columnas cuadradas con esquinas biseladas. La cubierta interior es de bóveda de cañón y se le añadieron magníficas capillas barrocas que en algunos casos están rematadas por cúpulas.
También corresponde a esta época el añadido del porche, que cumplía en este tipo de iglesias una función importante como lugar de reunión de la comunidad. En él se encontraban los campesinos antes y después de los oficios para intercambiar noticias. En él se leían los pregones y bandos oficiales, se concertaban bodas y hasta se preparaban compraventas. En la actualidad el acceso hasta la iglesia encalada se realiza a través de una empinada cuesta en la que aparecen las estaciones penitenciales del Vía Crucis.

Detalles del atrio y de los arcos del porche de la iglesia de Santa Eulária des Riu (Ibiza), con vigas de sabina. Junto a estas líneas, la torre.

SANT MIQUEL (Sant Miquel de Balansat, Ibiza)

La iglesia de Sant Miquel de Balansat, en la localidad ibicenca del mismo nombre.

En 1235 los conquistadores catalanes llegaron a Ibiza, que los musulmanes habían dividido administrativamente en cinco jurisdicciones llamadas Alhaueth, Xarch, Benizamid, Portumany y Algarb. El de Benizamid correspondía a una antigua familia musulmana de origen probablemente hispano que supo adaptarse a los catalanes tan pronto y tan bien como lo habían hecho sus antepasados a los musulmanes. Para ello no dudaron en mudar de nuevo de religión y costumbres y así siguieron conservando posesiones y riquezas. Cambió ligeramente el nombre del lugar y se convirtió en Quartó de Balansat. En la parte norte de este territorio, en lo alto de una colina, se levantó una iglesia que fue encomendada a San Miguel Arcángel. La iglesia de muros gruesos y sólidos no era sólo un lugar donde dar culto a Dios, sino que cumplía una importante misión defensiva, y así la población, que vivía dispersa, acudía a la fortaleza para protegerse de los ataques piratas, que en el siglo XVI llegaron a ser tan continuados que el párroco decidió vivir en la Vila de Ibiza y sólo acudía a Sant Miquel de Balansat los domingos, para celebrar la misa.

El edificio actual, probablemente uno de los más bellos de la isla, es una reconstrucción de la primitiva iglesia del siglo XIV. Como la mayoría de las parroquias de la época, tenía en origen planta de salón de una sola nave con cubierta de cañón. Alrededor del año 1690, en momentos en los que la isla gozaba de prosperidad y ya no vivía el continuo peligro de los ataques corsarios, fueron añadidas la mayor parte de las capillas que pueden verse en el edificio actual. Dos de ellas, sin embargo, son posteriores, y no fueron edificadas hasta el siglo XVIII. En el exterior del templo, se aprecia una decoración que lo singulariza respecto a las restantes iglesias de la zona. Sobre su fachada rectangular se han realizado en sus muros toda una compleja serie de esgrafiados que combinan diferentes figuras geométricas y que son muy características de los edificios italianos del Barroco.

Dispone del indispensable pórtico cubierto con tres arcos en el que se desarrollaba buena parte de la vida social de los vecinos de la zona. En la torre de gruesos muros y espadaña es donde más puede observarse la primitiva función defensiva de la iglesia. Esta torre, como las de Sant Jordi de ses Salines y Sant Antoni de Portmany, está sin blanquear, a diferencia de las restantes parroquias de la misma zona, lo que hace resaltar más aún su aspecto de atalaya, más dedicada al disparo de ballestas, flechas o arcabuces que al sencillo repicar de las campanas.

SANT MIQUEL (Felanitx, Mallorca)

El primitivo nombre de esta población fue Fenalicius, y así aparece en unos documentos del año 1232, lo que parece demostrar que los musulmanes no cambiaron su nombre latino. Después de la conquista realizada por Jaime I el nombre pasó a ser Felanitx, y en él se incluía también el actual término municipal de Porreres. Fue este rey conquistador quien en el año 1300 encargó a Pere Sturç y a Ramon Desbrull el trazado de un primer plano de la villa, que entonces se destacaba por su actividad agrícola. En el año 1886 la reina regente María Cristina de Hasburgo le concedió el título de ciudad. En la actualidad, la población como ha ocurrido con casi todas las de las islas, ha desarrollado mucho la actividad turística.
La iglesia de Sant Miquel domina la ciudad con su sólida y elevada estructura. Hubo en este lugar una primitiva iglesia dedicada a Santa María que está englobada en lo que actualmente es el edificio de la rectoría, obra del siglo XIV recientemente restaurada. Hacia el año 1374 una nueva construcción ocupó el emplazamiento de la actual y fue dedicada ya entonces al Arcángel, caudillo de los ejércitos celestiales.
Entre los años 1551 y 1603 la construcción de un nuevo templo fue encomendada a los maestros Jordi y Antoni Genovard. A medida que avanzaban las obras iba derruyéndose la vieja iglesia. Los constructores crearon un austera fachada de piedra en la que la portada única aparece rodeada por columnas dobles que sostienen un arco de medio punto con arquivoltas. Por encima de él aparece una sencilla talla del titular, que pisa a Satanás, encogido y derrotado. En la parte superior se abre un gran rosetón que ilumina el interior de la sencilla iglesia. La gran torre rectangular de seis cuerpos se eleva desde uno de los costados del templo, dominando todos los edificios cercanos.
Entre los años 1684y 1687 el rector Pere Antoni Mayo procedió a empedrar el rellano y construir la escalinata que todavía hoy permite el acceso al templo. En 1719 el rector Miquel Soler encargó al arquitecto Juan de Aragón la construcción de la capilla del Rosario.
En el año 1746 se completó la gran fachada con el coronamiento, de estilo churrigueresco, en el que intervinieron varios maestros de obras para hacer realidad los dibujos creados por el capuchino padre Gaietà de Mallorca. La nueva estructura incorporó balcones, pináculos y un reloj.
El 29 de septiembre de 1798, festividad de San Miquel, tuvo lugar en este lugar una sencilla ceremonia por la que cuatro mujeres de la villa se comprometían a una nueva vida y fundaban una congregación: las Filles de la Caritat. Entre ellas se encontraba Francinaina Cirer, que fue beatificada por el papa Juan Pablo II en el año 1989.

La fachada de la gran iglesia de Sant Miquel, en Felanitx (Mallorca), y un detalle de su torre (arriba).

SANTA MARÍA (Sineu, Mallorca)

Dos mil ochocientos tres habitantes y ochocientas cincuenta y cuatro casas forman el municipio de Sineu, presidido por la silueta de su gran templo parroquial. Esta localidad, en la que se han descubierto restos íberos y romanos, formó parte del distrito árabe de Djidjnaw, y tras la conquista formó parte de las tierras que Jaime I se adjudicó para sí mismo y para algunos de los judíos que lo acompañaron en la empresa. La primera iglesia se construyó en el siglo XIII y fue destruida por un incendio en 1505, tras lo cual fue reconstruida.

La austera fachada gótica aparece dividida por cuatro líneas de impostas. La portada principal está formada por cuatro arquivoltas ojivales y tímpano liso. A cada lado se abre una ventana apuntada y por encima un rosetón circular. En el siglo XVII se construyó por encima un nuevo triangular en el que se colocó un reloj de sol con la fecha de 1664. En el lateral de derecho hay un segundo portal con otro reloj de sol de 1783.

La torre del campanario es de planta cuadrada y siete cuerpos de altura. Su construcción se prolongó entre 1549 y 1589 y tiene la particularidad de formar un cuerpo independiente de la iglesia al que está unida por un puente cubierto conocido como el «Pontet de Santa Bárbara», ya que a su lado se encuentra el portal que permite el acceso a su torre coronado por un nicho en el que aparece la talla de esa santa. Quiere la leyenda que la tuerca que regula la marcha del planeta Tierra se encuentre justo debajo de esa capilla, por lo que cada día 31 de diciembre el párroco, el alcalde y el maestro deben descender hasta el centro de la tierra bien provistos de aceite para engrasarlo y evitar que el mundo se detenga.

En el interior de la iglesia nos encontramos con una planta de nave única y con cinco tramos de cubierta con bóveda de crucería. Los brazos del crucero tienen el mismo tipo de bóveda, mientras que el crucero está coronado con una cúpula estrellada de base octogonal que se sostiene sobre trompas, construida, como el presbiterio, en el año 1880 por iniciativa del conde Josep d'Espanya i Rossinyol, conde d'Espanya y señor del lugar, quien encargó las modificaciones al arquitecto Joaquín Pavía y Birminjan. Preside el templo una imagen de Santa María de las llamadas vírgenes-sagrario, realizada en el año 1509 por Gabriel Moguer. El retablo mayor de estilo manierista que había realizado Gaspar Gener fue retirado al construirse el nuevo presbiterio y algunos de sus fragmentos pueden verse distribuidos en el ábside, la capilla de San Martín y la del Coronado. De entre las capillas destacan la del Rosario u honda, con cúpula sobre pechinas y retablo barroco de Gabriel Torres, y la de San Martín con notables tablas y la lápida sepulcral de los Rossinyol y los Espanya.

El coro, situado a los pies de la nave, está sostenido por un arco rebajado y tiene cubierta de crucería. El órgano es un instrumento creado en 1600 por Pau Estrada que fue reformado por los hermanos Caimari en 1754.

La fachada de Santa María, en Sineu (Mallorca), del siglo XVI. A la derecha, una bóveda de crucería.

La iglesia de Santa María la Mayor, en Inca (Mallorca), reconstruida a partir del siglo XVIII, con su gran torre.

SANTA MARÍA LA MAYOR (Inca, Mallorca)

Hubo en este lugar de la isla de Mallorca poblados talayóticos y villas romanas antes de que los musulmanes lo convirtieran en uno de los doce distritos de la isla con el nombre de Inkàn. Después llegaron los cristianos y en 1248 construyeron en este lugar una iglesia de estilo gótico que desapareció para ser sustituida por un nuevo templo renacentista que definitivamente desapareció para ser sustituido de nuevo por el actual templo, que comenzó a ser construido a partir del año 1706.

La fachada principal, austera como casi todas las de las islas Baleares, está dividida en dos cuerpos y acaba en un remate curvilíneo por encima del cual se alza una cruz de hierro. La portada es neoclásica y está flanqueada por columnas de mármol, las sucesivas reestructuraciones la dejaron inconclusa hasta 1997. Sobre la puerta, un ojo de buey facilita la iluminación del templo, mientras más arriba, en el segundo cuerpo, se abre un rosetón. Las fachadas laterales son muy sencillas, pero hay una galería con cinco arcos y barandilla de contrafuerte que recorre cada uno de los lados. Los arcos de la derecha son de medio punto y los de la izquierda apuntados. En este lado se abre la puerta de Nuestra Señora de los Ángeles, presidida por una imagen de la Virgen protegida por un frontón triangular.

El campanario, separado de la fachada del templo, procede de la construcción del siglo XVI. El arquitecto Miquel Amengual inició las obras, que fueron finalizadas por Jaume Blanquer. Para su edificación se eligió piedra viva. El primer cuerpo es de planta rectangular y tiene ocho tramos marcados con líneas de imposta y rematados por una cornisa sostenida por canecillos. En los dos últimos aparecen ventanas ojivales. Por encima se eleva un segundo cuerpo de planta octogonal, rematado por una linterna.

Una sola nave acabada en ábside semicircular es la disposición interior que presenta la iglesia, cubierta por bóveda de medio cañón con lunetas, en el interior de las cuales se abren ventanas.

Siete capillas rectangulares se abren a cada lado ocupando el espacio entre los contrafuertes y separadas por pilares de mármol bermellón. Sobre ellos se alzan capiteles jónicos que sostienen unas cornisas que rodean la totalidad del templo.

En el altar mayor se encuentra la tabla gótica de Santa María de Inca, pintada por Joan Daurer en el año 1373, así como la talla de Santa María la Mayor realizada por Pere de Sant Joan. Otras obras interesantes son los retablos renacentistas del Nombre de Jesús y de San Pedro y el retablo barroco del Santo Cristo.

SANTUARIO DE LA VIRGEN DEL TORO (Es Mercadal, Menorca)

El techo de la isla de Menorca, en la que se encuentran restos de más de dos mil monumentos megalíticos, romanos, paleocristianos y árabes, es el monte Toro, que se alza 358 metros sobre el mar. Desde allí se divisa prácticamente toda la extensión de la isla de Menorca, e incluso la vecina isla de Mallorca.

A estas alturas subía en la Edad Media un religioso mercedario del convento de Podio d'Osterno, que entonces existía en Llinàritx, para recogerse en meditación. Mientras oraba una noche descubrió una luz en forma de estrella que descendía hasta la montaña. La visión se repitió varias noches seguidas y el monje acabó confiándose a su superior. Organizó éste una procesión con el resto del convento para ir a comprobar lo ocurrido, pero hacia la mitad del camino descubrieron un toro salvaje que acabó con sus buenos propósitos y les hizo correr monte abajo. El animal, aunque les siguió, no les hizo ningún daño, e incluso se puso en cabeza de la comitiva y los guió por un sendero hasta que encontraron una cueva con la imagen de la Virgen. Cuenta la tradición que fue el cornúpeta el primero que hincó sus patas delanteras en señal de veneración.

El actual Santuario de la Virgen del Toro se levantó en el año 1670 y está coronado por una sencilla cúpula. En su interior, de una nave muy sencilla, se abren tres capillas laterales, una de las cuales constituye el acceso a la primitiva cueva. Se muestra en este lugar un ánfora en la que la imagen permaneció escondida entre 1936 y 1939, después de que un payés de Mercadal la salvara de un incendio.

La talla milagrosa preside el altar mayor, y es una sencilla imagen de madera que sigue con la tradición de las vírgenes negras, tan frecuentes también en las tierras de Cataluña.

El santuario está presidido por un amplio patio de entrada en el que se encuentra una torre de defensa edificada en el año 1558 sobre una construcción anterior. Desde esta atalaya se enviaban señales de humo cuando se avistaban naves enemigas acercándose a la isla. En el patio hay desde tiempo inmemorial un pozo para que los peregrinos que realizaban el camino a pie pudieran refrescarse antes de entrar en el templo.

El santuario del Toro está ocupado actualmente por una comunidad de franciscanas.

La entrada al Santuario de la Virgen del Toro, situado en lo alto de la colina más elevada de la isla de Menorca.

SAN MARCOS (Icod de los Vinos, Tenerife)

Este fértil valle cerca del Teide fue uno de los primeros lugares en los que decidieron asentarse los colonizadores a su llegada a la isla de Tenerife. En 1501 fundaron la primera ciudad y edificaron aquí sus palacios, templos y conventos, muchos de los cuales continúan en pie. Fueron los colonizadores quienes introdujeron también en este vergel el cultivo de la caña de azúcar y el de los viñedos. Fue el segundo el que prosperó más, y en los últimos años el vino de esta tierra ha conseguido recuperar el prestigio de otros tiempos.

Según la tradición, muy cerca del lugar donde se encuentra el famoso drago de Icod, uno de los árboles más antiguos del mundo, los guanches veneraban una pequeña talla gótica que ocupa ahora el altar mayor de la iglesia de San Marcos. En poco tiempo se levantó en este mismo emplazamiento un templo que hacia el año 1570 fue reconstruido por el maestro de cantería Miguel Antúnez.

La portada de la iglesia es renacentista y la torre del campanario está inspirada en el gótico francés, pese a ello la mayor parte de la iglesia obedece a la inspiración mudéjar. Tiene tres naves separadas entre sí por columnas y arcos de medio punto, a las que se añadieron posteriormente dos capillas, entre las que destaca la de las Ánimas, con un impresionante techo de madera pintado en 1776 con angelotes y otros motivos decorativos. También destaca el gran cuadro de *Las Ánimas* obra del pintor de Puerto de la Cruz conocido como Pablo.

El gran protagonista de la iglesia es el retablo mayor de estilo plateresco, en cuya hornacina central se encuentra la imagen de San Marcos Evangelista a la que aludimos antes. En las diferentes hornacinas se encuentran otras imágenes interesantes. La de San Diego de Alcalá, de autor anónimo, aunque atribuida al granadino Pedro Mena, es de las más interesantes. Destacan también *Cristo Vivo,* de José de Arce; el grupo de San José y el Niño, de Martínez Montañés; *Nazareno,* de Marín de Andujar; *Señor de la Humildad y Paciencia,* de Alonso de la Raya; *Virgen del Rosario,* de Fernando Estévez y un Crucificado que fue realizado en pasta de maíz por los indios tarascos de México.

En el Museo de Arte Sacro, adjunto a la iglesia, pueden encontrarse diversos tesoros que recuerdan el papel de escala entre España y América que tuvieron estas islas. Destaca especialmente una cruz de plata maciza, ejecutada en La Habana entre los años 1663 y 1665 por Jerónimo de Espanellosa. Esta obra maestra de la orfebrería, que mide dos metros y cuarenta centímetros de altura y pesa cuarenta y ocho kilos, fue pagada por un nativo de Icod, Nicolás Estévez Borges, durante sus años como obispo de La Habana.

La iglesia de San Marcos, en Icod de los Vinos (Tenerife), cuyo campanario está inspirado en el estilo gótico francés. Arriba, una portada.

LA CONCEPCIÓN (La Laguna, Tenerife)

San Cristóbal de La Laguna es la segunda ciudad de Tenerife y la tercera de Canarias por su número de habitantes. Es capital de la Diócesis y la primera universidad de las islas. La ciudad fue fundada en el año 1496 por el Adelantado Alonso Fernández de Lugo en una llanura a la que los guanches llamaban Agüere.

Poco después se inició la construcción de esta iglesia, matriz de todas las que existen en el archipiélago. El templo, declarado Monumento Histórico-Artístico Nacional en el año 1948, ha tenido una accidentada vida en la que han menudeado accidentes, modificaciones, ampliaciones y reformas. Fue el mismo Adelantado quien eligió su emplazamiento tras haber celebrado el día de Corpus por primera vez en Canarias, en 1496. En 1515 se solicitó permiso para ampliar el templo, pero Fernández de Lugo, que había pensado en trasladar el emplazamiento de la ciudad, se opuso a ello, por considerar que un nuevo templo daría más argumentos a la población para permanecer en el mismo lugar. Años más tarde fue concedida la autorización y la primitiva iglesia fue sustituida en 1558 por una que presentaba una disposición muy semejante a la actual. A lo largo del siglo XVII comenzaron a producirse obras y ampliaciones que culminaron en una reforma total realizada en el siglo XVIII, según los planos elaborados por el arquitecto Diego Nicolás Eduardo. En los años sesenta se hundió buena parte de la iglesia, que fue reconstruida en 1974, por lo que el edificio actual constituye toda una mezcla de estilos, derivada de las sucesivas ampliaciones, modificaciones y arreglos efectuados en muy diferentes épocas.

El edificio ha sido construido como la mayoría de los de las islas Canarias con cantos, marcos de puertas y ventanas de piedra, mientras que se ha utilizado material más ligero y endeble para el resto. Las dos portadas de acceso son laterales. La del este, levantada en el siglo XVI, está al nivel de la Plaza. A la del oeste se accede por una escalinata de piedra flanqueada por jardines.

Destaca especialmente el cuerpo independiente de la torre de planta cuadrada, visible desde toda la ciudad y símbolo de La Laguna. También ha sido

Interior de la nave principal de la iglesia de La Concepción, en La Laguna (Tenerife). A la derecha, su gran torre, de planta cuadrada.

objeto de muchas modificaciones. Se alzó por primera vez en 1577, fue derribada y reconstruida en 1630 y modificada en 1694. Está compuesta por cubos prismáticos de cantería que aparecen perforados por vanos adintelados. Un remate poligonal inconcluso remata el conjunto. Bajo la torre se encuentra una estancia cubierta por una bóveda gótica que es utilizada como baptisterio. Se accede a ella desde una capilla de la iglesia.
En el interior, la iglesia de La Concepción presenta un trazado que fue imitado posteriormente en otros templos canarios: tres naves, separadas por columnas rematadas en arcos de medio punto, con artesonados de estilo mudéjar y capillas abiertas a lo largo de las naves.
A lo largo de los siglos son muchos los tesoros artísticos que se han acumulado entre estas paredes. Uno de ellos es el púlpito barroco que un autor anónimo talló sobre maderas nobles a finales del siglo XVIII. El coro, labrado en el primer tercio del siglo XVIII por Rodríguez Bermejo es también muy notable. Igualmente representativa es la antigua pila bautismal, realizada en cerámica sevillana. Dice la tradición que fue el Adelantado Fernández de Luna quien la trajo consigo desde la capital andaluza en el transcurso de su primer viaje, y que se utilizó para bautizar a los guanches.
También se cuentan historias sobre el cuadro *San Juan Evangelista,* obra de Cristóbal Ramírez. Se vio manar sangre del mismo en 1648. Sin tradiciones asociadas, pero también espléndido, es el cuadro llamado *Las Ánimas* obra de Cristóbal Hernández de Quintana, un maestro pintor que vivió entre los años 1651 y 1725.
La escultura también cuenta con una buena representación en el templo, como la imagen llamada *La Predilecta,* que es una Virgen Dolorosa, realizada por José Luján Pérez, y que se encuentra en la Capilla del Santísimo Cristo. Del siglo XVI es el *Cristo del Restaco,* y del XVII el grupo llamado *La Piedad,* obra de Lázaro González, y también un *San José,* anónimo, aunque con características de la escuela genovesa. Por último destacan también las tallas de San Pedro y de la Inmaculada Concepción realizadas por el imaginero local Fernando Estévez hacia el año 1850.
En el tesoro de La Concepción son interesantes también algunas buenas piezas de orfebrería, entre las que destacan dos grandes custodias: la del marqués de Bajamar, y la de Corpus.

A la izquierda, el púlpito y un detalle con el órgano. En la fotografía pequeña, la pila bautismal, traída por el Adelantado Fernández de Luna desde Sevilla.

LA ASUNCIÓN (San Sebastián de La Gomera, La Gomera)

La capital de esta isla canaria de tan atormentada orografía, en la que sus vecinos desarrollaron un lenguaje de silbidos para comunicarse entre los diferentes valles, se encuentra situada muy cerca de la playa y fue fundada en el año 1440 por Peraza el Viejo. Su situación estratégica fue su mejor riqueza, ya que fue escala de muchos de los navegantes que partían a descubrir lejanas tierras. Abrió rumbo Cristóbal Colón en su primer viaje, y es posible seguir sus pasos por las viejas calles del casco histórico: la casa donde bebió agua y el pozo del que se extrajo, aquella otra en la que durmió durante su estancia, y la iglesia donde oyó misa antes de partir hacia América: la de la Asunción.
También se detuvieron aquí en su camino hacia los mares desconocidos Hernán Cortés, Francisco Pizarro y Núñez de Balboa. De todos ellos conserva recuerdos esta ciudad de casas rosadas que creció respetando una explanada frente al primer templo fundado en la isla. Ese territorio se convirtió en la plaza Mayor, el punto de encuentro y de mercado de la población.
Se dice que fue Hernán Peraza el Viejo quien promovió la construcción de este edificio en el siglo XV. La primitiva iglesia fue muy sencilla, apenas de una sola nave, aunque con un importante pórtico realizado en piedra roja de cantería. Posteriormente, en el siglo XVIII, el templo fue ampliado y se agregaron dos naves laterales, cada una de las cuales tuvo su propio portada, también construida en piedra, pero de estilo neoclásico, con arcos de media punta.
En el interior destaca el magnífico retablo barroco y la pintura mural en la capilla de la Virgen del Pilar; importantes son también un *Cristo Crucificado,* obra del escultor José Luján Pérez; la talla barroca de Nuestra Señora de la Asunción y un San Miguel de terracota de la escuela sevillana del siglo XVIII. Son de remarcar también varias imágenes barrocas que han sido atribuidas al escultor Fernando Estévez y una talla de Santa Teresa que fue realizada en la isla de Cuba.

La portada en piedra roja de cantería de la iglesia de La Asunción, en San Sebastián de La Gomera (arriba), y un detalle de una de sus capillas laterales.

NUESTRA SEÑORA DEL PINO (Teror, Las Palmas)

Teror es el más importante centro de peregrinación mariana de las islas Canarias. Según la tradición, un día de 1481 se apareció la Virgen, entre las ramas de un pino, al obispo Juan de Frías. Junto al árbol se mando edificar una iglesia que albergara a la imagen. Ese primitivo templo fue sustituido por uno mayor en 1692, pero en agosto de 1718 un incendio destrozó el lugar y sólo quedó en pie la torre del campanario, donde según la tradición, cuelgan las campanas que aparecieron en el «Pino Santo» dando señal de la llegada de María, árbol milagroso al que un rayo irrespetuoso había quemado hasta la raíz en 1684. Se procedió pues a levantar un nuevo templo entre los años 1760 y 1767, que es que el actualmente acoge la visita de miles de peregrinos cada 8 de septiembre.

Toda la población de Teror vive un poco en función del santuario. Casas señoriales, conventos, albergues y otras iglesias surgieron en torno al templo. Son edificios tradicionales de fachadas blancas y grandes balcones de la característica madera de «tea». El elemento principal de la plaza es el templo, en el que destaca la majestuosidad de su fachada barroca. Junto a ella se alza la torre del campanario que, como dijimos, es el único resto que queda en pie de la construcción anterior. En el interior encontramos un edificio de tres naves que aparecen enmarcadas por catorce arcos de medio punto, sostenidas por columnas y medias columnas.

El tesoro de templo es la talla de la Virgen que se encuentra en un camerino situado por encima del altar mayor. Cada 8 de septiembre la imagen es bajada de su sitial para estar más cerca de los peregrinos, que acuden a entregar productos de la tierra y a interpretar cantos y bailes canarios.

Junto al camarín de la patrona se encuentra el del tesoro, que fue desvalijado en la noche del 15 al 16 de enero de 1975, pero que ha ido llenándose de nuevo de ofrendas de los fieles.

Destacan también cinco retablos rococó del maestro San Guillermo y otras obras, como el *Cristo de la Columna*, un Crucificado, la Virgen de los Dolores, y un San Juan, así como otras imágenes, surgidas todas de las manos de Luján Pérez.

Nuestra Señora del Pino, cuya torre es el único elemento que se conservc del edificio original (siglo XV), en Teror (Las Palmas).

SANTA MARÍA (Betancuria, Fuerteventura)

La torre y el blanco perfil de la iglesia de Santa María, en Betancuria (Fuerteventura)

En el año 1402 un aventurero normando llamado Juan de Béthencourt llegó a estas costas acompañado por un compatriota, Gadifer de la Salle. Estaban al servicio de la corona de Castilla y llegaban en busca de una aventura muy distinta de la Guerra de los Cien Años, que destrozaba sus lugares de nacimiento. La primera isla alcanzada y sometida se convirtió en la Fuerte Ventura del conquistador. Buscaron los franceses el lugar más saludable para instalar su primera población y así alcanzaron este valle oculto entre las montañas, un lugar donde la vegetación sustituía al desierto que los rodeaba en aquella isla canaria, la más cercana a las tierras de Marruecos.

Aquí establecieron su capital, que recibió el nombre del capitán y se llamó Betancuria, y el 14 de julio de 1405 quedó incorporada a la Corona de Castilla. Como otros conquistadores, comenzaron pronto los normandos la construcción de una iglesia, que se encomendó al maestro cantero Jean le Macon, quien había tomado parte en la aventura colonizadora. En 1424 el Papa Martín IV confirió a esa primera iglesia el rango de catedral y llegó a nom-

brar un obispo para presidirla, aunque ningún prelado de tan alto nivel llegó nunca a residir en la arenosa isla y prefirieron todos pastorear a su grey desde lugares más cómodos y menos lejanos. Finalmente, el obispado cayó en el olvido y la iglesia se convirtió únicamente en una parroquia lejana.
No la libró esa condición más humilde de estar sometida al saqueo por parte de los piratas berberiscos y de los capitanes marroquíes, uno de los cuales, Xabán, le prendió fuego en el siglo XVI, por lo que tuvo que se reconstruida a partir del año 1678.
En la actualidad, en una isla dedicada mayoritariamente al turismo playero, Betancuria, en el centro de un Parque Natural, mantiene su imagen de otras épocas. Es una ciudad tranquila y señorial, toda ella Conjunto Histórico Artístico, en la que destaca la silueta de su vieja iglesia totalmente blanca, adornada con un pequeño balcón de madera.
En el año 1691 Pedro de Párraga realizó la portada principal de la iglesia en piedra de cantería blanca. También fue el mismo maestro el artífice de la torre de cuatro cuerpos, que se construyó en la misma época.
En el interior, el templo está dividido en tres naves, separadas por arcos de medio punto que se apoyan en columnillas cilíndricas de cantería, cuyos basamentos pertenecen al primer templo de estilo normando. La techumbre de la iglesia es de madera y las vigas están trabajadas con una cuidada decoración, aunque los mejores trabajos corresponden al artesonado de la sacristía, el coro y el baptisterio. El retablo mayor es una bella pieza barroca realizada en el siglo XVIII, dorado y policromado. En los laterales pueden verse también otros dos retablos que en este caso pertenecen al estilo neoclásico. La iglesia conserva también una interesante colección de pinturas y tallas, entre las que destacan el Cristo de la pila bautismal y las santas que aparecen en los retablos de la nave lateral izquierda. También guarda la parroquia de Santa María otros tesoros de orfebrería entre los que destaca una custodia de plata de finales del siglo XVI que está considerada la más antigua de las Islas y el Pendón de la Conquista.
Destaca en esta iglesia el pavimento, realizado en piedra con intersecciones de madera entre las losas, bajo las que están enterrados algunos de los conquistadores y próceres de estas islas.

El retablo mayor de Santa María, en Betancuria, es una notable pieza barroca. Junto a estas líneas, una de las entradas laterales al templo.

SANTA MARÍA DE ÁFRICA (Ceuta)

Cuenta la leyenda que el emperador bizantino Justiniano, desde su lejano imperio, envió una imagen de la Piedad en la que la Virgen sostiene el cuerpo exánime de Cristo, a Procopio, el gobernador que tenía para controlar estos territorios que denominaban «Vestíbulo del Imperio». La imagen fue entronizada en un templo y la ciudad la proclamó su patrona y le rindió culto. Cuando los musulmanes llegaron a las puertas de Ceuta, los cristianos enterraron la talla para que no fuera profanada y así siguió durante más de seis siglos. Después de que los portugueses conquistaran la ciudad pudo verse un gran resplandor sobre la loma, se dirigieron los soldados hacia la luz, escarbaron en la tierra y apareció la imagen que sería denominada de Santa María de África. Trasladada en procesión al centro de la ciudad, se le construyó allí un santuario, mientras que el lugar donde apareció se denomina todavía Otero de Nuestra Señora.

La historia, casi siempre empeñada en destrozar la leyenda, cuenta la historia de otra forma y asegura que la talla de la Virgen fue una donación del príncipe portugués Enrique el Navegante, que la envió desde Lisboa en 1420 con una misiva en la que tras indicar que era una imagen a la que tenía una gran devoción, pedía que: «cada semana, el día del sábado, se diga una misa y antes de comenzarla se pida a los asistentes en alta voz y por amor de Dios un Padrenuestro y Avemaría por mi alma». Petición que el pueblo ceutí sigue cumpliendo cada semana con la tradición de la llamada Sabatina. El santuario actual procede del siglo XV, aunque ha sufrido reformas posteriores de las que la más importante se realizó en el siglo XVIII. La capilla mayor procede del XVI, aunque el retablo barroco fue añadido en el XVIII, al tiempo que construían las naves.

La talla de la Virgen es una obra del siglo XIV, y de su mano izquierda cuelga un bastón de nudos llamado «Aleo», que el primer gobernador portugués, Pedro de Meneses, sostenía en sus manos cuando le fue ofrecido el gobierno de la Ciudad por el rey Juan de Portugal. Es tradición que la primera autoridad militar de la plaza jure el cargo ante esta imagen.

En las capillas que se abren en los lados del templo destacan varias imágenes de interés, entre las que destacan el *Cristo de la Vera Cruz* del siglo XV, una Virgen del Carmen del siglo XVIII y el *Nazareno* de Pineda Calderón.

La fachada de la iglesia de Santa María de África, en Ceuta. Arriba, la hornacina con la imagen de la Virgen.

ÍNDICE

FOTÓGRAFOS Y FOTOGRAFÍAS

© RAFAEL CALVETE:

Fotografías de las páginas 32 y 33; 36 y 37; 117 a 119 y 134.

© JAVIER CANO:

Fotografías de las páginas 34 y 35; 38 y 39; 41 y 42; 45, imágenes del centro y de la derecha.

© ALBERT CAÑAGUERAL:

Fotografías de las páginas 64 a 70; 71, imagen superior izquierda e imagen derecha; 73 a 76.

© FEDERICO PUIGDEVALL:

Fotografías de la portada y de la contraportada y fotografías de las páginas 8 a 31; 40; 43 y 44; 45 imagen izquierda; 46 a 63; 71 imagen inferior izquierda; 72; 77 a 116; 120 y 121; 123 a 133; 136 a 149; 164 y 165; 181 a 183; 187 a 194.

© ROBERTO VILLAGRAZ:

Fotografías de las páginas 122; 135; 184 a 186.

© ANTONIO SUÁREZ:

Fotografías de las páginas 150 a 163; 166 a 180.

Esta edición del libro *Iglesias de España*
estuvo a cargo de Idea Equipo Editorial
y se terminó de imprimir en Madrid
en enero del año 2005